2024 IT
메가 트렌드

2024 IT
메가 트렌드

1판 1쇄 인쇄 2023년 10월 23일
1판 1쇄 발행 2023년 10월 30일

지은이 김재필
펴낸이 김기옥

경제경영팀장 모민원
기획 편집 변호이, 박지선
마케팅 박진모
지원 고광현, 임민진
제작 김형식

표지 디자인 블루노머스
인쇄·제본 민언프린텍

펴낸곳 한스미디어(한즈미디어(주))
주소 121-839 서울특별시 마포구 양화로 11길 13(서교동, 강원빌딩 5층)
전화 02-707-0337 | **팩스** 02-707-0198 | **홈페이지** www.hansmedia.com
출판신고번호 제 313-2003-227호 | **신고일자** 2003년 6월 25일

ISBN 979-11-6007-972-2 (13320)

IT

모든 것의 중심, AI 센트릭 시대가 온다

2024 IT
메가 트렌드

김재필 지음

미래를 바꾸는 3개의 전쟁과 7가지 메가 트렌드

한스미디어

3개의 전쟁, 7개의 미래 기술이 펼치는 2024 AI 메가 빅뱅

'오비토주(烏飛兎走, 까마귀가 날고 토끼가 내달린다는 뜻)'. 쏜살같이 빠른 세월을 의미하는 사자성어로, 2023년 계묘년(癸卯年)은 정말 토끼가 뛰어가듯 정신없이 지나간 한 해였다. 특히 5월에는 세계보건기구(WHO)가 코로나19의 종식을 공식 선언하면서 인류를 공포와 충격 속에 몰아넣었던 3년간의 코로나 팬데믹 시대가 막을 내린 의미 있는 해이기도 하다.

하지만 코로나 팬데믹 시대가 끝나기만 하면 모든 것이 순조롭게 풀릴 줄만 알았던 세계 경제 상황은 그리 녹록지 않았다. 러시아-우크라이나 전쟁 사태로 흔들리던 세계 경제는 미국 연방준비제도(Fed, Federal Reserve System)의 금리인상 기조가 계속 이어지면서 인플레이션과 부동산 가격 하락, 국제유가 급등 등으로 휘청이기 시작했다. 여기에 한국은 수출 부진과 함께 소위 '밥상물가'가 오르면서 서민 경제까지 압박하는 등 전방위적인 경제위기에 직면했다.

이러한 상황에서 세계 경제의 버팀목이 되어준 것은 다름 아닌 '인공지능(AI)'이었다.

알파고 이후 다시 찾아온 '제2의 AI의 봄'

챗GPT의 돌풍으로 급부상한 생성형 AI(Generative AI)는 2023년을 관통한 핫 트렌드이자 매직 키워드였다. 생성형 AI라는 단어만 붙으면 시장의 관심과 투자가 집중했다. 2023년 상반기에만 미국 벤처캐피털(VC) 중 생성형 AI 관련 기업에 투자된 금액은 152억 달러로, 전년 대비 같은 기간보다 50% 이상 증가했다. 극심한 경제침체로 돈줄이 말라버린 벤처캐피털 시장에서도 AI 기업만큼은 대규모 투자유치가 이어졌다. 심지어 스타트업 사업 내용에 생성형 AI만 들어가면 40%의 프리미엄을 인정받는다는 얘기가 나올 만큼 AI의 파급력은 막강했다.

또한 '매그니피센트 세븐(magnificent seven, 뉴욕 증시의 강세장을 이끈 7개 기술 종목)'으로 알려진 애플, 메타, 마이크로소프트(MS), 아마존, 엔비디아, 구글, 테슬라의 어마어마한 실적은 AI에 대한 전례 없는 열기를 촉발했다.

MS는 챗GPT 개발사인 오픈AI에 100억 달러(약 12조 8000억 원)를 추가로 투자했고, 구글, 메타, 애플 등 빅테크 기업들은 저마다 생성형 AI 모델을 개발해 관련 생태계 확장에 집중했다. 세계 최대 전자상거래 업체인 아마존은 AI 스타트업 앤트로픽에 최대 40억 달러(약 5조 3700억 원)를 투자한다고 발표했는데, 앤트로픽(Anthrophic)의 최대 투자자 중 한 곳은 MS이기도 하다. 엔비디아는 2023년에만 주가가 200% 넘게 상승했으며 상위 5개 AI ETF(상장지수펀드)에 대한 자금 유입은 2023년 연초 대비 35% 증가하는 등 AI에 대한 쏠림 현상은 그 어느 때보다 두드러졌다.

미국 500개 대형기업의 주식으로 구성된 S&P500은 2023년 상반기에 약 12% 상승했는데, 이는 전체 시가총액의 약 26%를 차지하는 상위 10개 종목이 상승세의 80%를 기여한 덕분이다. 빅테크 기업들이 포진한 상위 10개 종목들은 35% 가까이 오른 반면, 나머지 490개 기업은 10% 정도밖에 오르지 못할 정도로 AI는 2023년 암울한 주식시장과 세계 경제를 지켜준 든든한 '구원투수' 역할을 했다. 국내 역시 AI 관련주 기업들의 주가는 수십에서 수백 퍼센트 성장하면서 전 세계적인 생성형 AI 열풍의 수혜를 받았다.

물론 이러한 AI 열풍에 대해 과거 닷컴 버블 사태를 떠올리며 AI 기업에 대한 과도한 투자를 경계하는 목소리도 적지 않다. 뚜렷한 비즈니스 모델도 없고 성능 측면에서도 많은 개선이 필요한데, 그저 장밋빛 미래 전망만으로 과도하게 자금이 몰리면 나중에 더 큰 부작용이 생길 수도 있다는 우려 때문이었다. 버블의 붕괴는 투자자에 대한 피해는 물론 전반적 경제 상황까지 침체시킬 수 있다. 실제로 닷컴 버블 붕괴, 미국 부동산 모기지 버블 붕괴 등은 전 세계적인 경제 불황을 가져온 바 있다.

다만 생성형 AI가 전체 IT 산업에 직접적으로 미치는 영향은 아직까지 미미한 상황이다. 가트너에 따르면 생성형 AI 기업의 실질적 투자는 아직까지 크게 형성되지 않았고, 생성형 AI에 대한 자금 유입 역시 우려할 수준의 버블이 아니며, 오히려 생성형 AI가 지닌 막대한 잠재력을 고려하면 납득할 수 있는 규모라고 주장한다.

지금의 AI 붐이 버블이든 아니든 중요한 것은 전쟁, 금리인상, 인

플레이션, 유가 급등 등 무엇 하나 만만치 않은 위기 상황 속에서 챗
GPT의 등장은 세계 경제가 쓰러지지 않고 버틸 수 있게 해준 원동
력이 되었다는 점이다.

2024년, 고물가-고금리-고환율의 3고가 몰려온다

2024년에는 세계 경제가 회복되고 살림살이가 좀 나아지겠지 하고
많은 사람이 희망하지만, 경제 전문기관들의 전망은 그다지 밝지 않
다. 경제협력개발기구(OECD)는 인플레이션을 잡기 위한 각국의 긴
축통화 정책과 기대에 못 미치는 중국의 경기 반등세 탓에 2024년
세계 경제성장률(GDP Growth)은 2023년 경제성장률 3.0%보다도
낮은 2.7%로 예상했다. 정점을 찍었던 금리인상 기조와 인플레이션
은 다소 둔화되겠지만, 여전히 석유나 석탄, 가스 공급에 차질이 빚
어질 가능성이 높아 에너지 가격 급등이 불안 요소로 존재한다. JP
모건은 공급 부족과 수급 불안으로 국제유가가 배럴당 100달러를
넘어 최대 150달러까지 오를 수 있다고 내다봤다. 엎친 데 덮친 격
으로 2023년 하반기 들어서는 원/달러 환율이 1300원대를 돌파하
면서 원자재 등을 수입하는 기업들의 경영 환경은 더욱 어려워질 전
망이다.

　전쟁 지속과 기후 이상에 따른 식량 가격 상승도 문제다. 엘니뇨
현상으로 일부 식량 작물이 악영향을 받을 수 있고, 인도의 쌀 수출
제한, 러시아와 우크라이나의 흑해 곡물 협정 중단 등으로 세계 식

량 시장의 공급이 제한될 수 있다. 국내에서는 우유 가격의 상승으로 인해 과자, 빵, 아이스크림 등 관련 제반 제품 가격이 동반 상승하는 '밀크플레이션'이 우려되고 있다. 여기에 내수 침체와 부동산 경기 위축으로 인한 중국의 경기 둔화는 세계 경제 성장에 치명타를 줄 수 있는 주요 리스크로 작용한다.

이렇게 글로벌 경기 악화가 전망되는 가운데, 국내 가계 및 기업 부채는 IMF 때보다 더 위험한 수준으로까지 급증해 2024년 경제 전망을 더욱 어둡게 하고 있다. 한국은행은 적절한 정책 대응이 없을 경우 2년 내 가계빚이 2000조 원을 넘을 것으로 예측했다. 더 큰 문제는 기업부채로, 기업부채 비율은 외환위기(113.6%)와 글로벌 금융위기(99.6%) 때보다 높은 124.1%(2023년 2분기 기준)를 기록했다. 7년 연속 영업이익으로 이자도 못 갚는 '만성 한계기업'은 900개가 넘어 기업의 신용위험도 높아지고 있다.

2024년은 한마디로 고물가, 고금리, 고환율의 3고(높을 高이자 힘들 苦의 3고다)의 해가 될 전망이다. 이러한 상황 속에서 사람들의 소비 심리는 점점 위축되어 2023년보다 더 극심한 경기침체로 이어질 가능성이 높다. 초대형 경제위기, 이른바 '퍼펙트 스톰(Perfect Storm)'이 몰려오고 있다.

AI를 무기로 퍼펙트 스톰 속에서 살아남아라

폭풍우가 몰려오면 개인이든 기업이든 '생존'이 최우선이다. 비바람을 견디고 일단 살아남아야 다음 미래를 도모할 수 있다. 그런 의미에서 2024년 최대 화두는 '생존을 통한 성장'일 듯싶다.

각종 지표들이 보여주고 있는 2024년도의 경제는 암울하기 그지없다. '정말 퍼펙트 스톰 속에서 살아남을 수 있을까'라는 걱정마저 들 정도이지만, 다른 한쪽에서는 생성형 AI며 자율주행, 로봇, 혼합현실(MR) 등 혁신적인 미래 기술들이 정신을 못 차릴 속도로 진화하고 있다. 생존도 중요하지만 빠르게 발전하는 IT 트렌드에 동참해야 한다.

사실 지금의 국내 경제 흐름을 좌우하는 변수들은 대부분 외생변수들이다. 미국 연방준비위원회(Fed)의 통화긴축과 기준금리 인상도 그렇고 러시아-우크라이나 전쟁의 장기화도 우리가 어떻게 할 수 있는 문제가 아니다. 이 와중에 중동 지역에서는 이스라엘과 하마스 간의 전쟁까지 터졌다. 원유를 100% 수입하는 한국 입장에서는 그저 넋 놓고 바라볼 뿐이다(블룸버그는 이란까지 참전해 중동 사태가 확대될 경우, 2024년 세계 국내총생산(GDP)은 약 1조 달러가 감소하고 국제유가는 배럴당 150달러로 치솟아 오일 쇼크가 올 것이라고 전망했다). 식량 문제 역시 당장 곡물을 재배해 자급자족할 수 있는 상황은 아니다.

결국 '퍼펙스 스톰' 속에서 '생존'을 위해 할 수 있는 일은, 버틸 수 있는 힘을 비축하면서 둘러싼 외부 상황이 호전되기만을 그저 기다리는 것이다. 2024년에는 글로벌 경제가 회복되기를 희망하면서 기업과 개인들은 버티는 수밖에 없다. '살아남는 자가 강한 자'라는 진리를 증명해야 할 냉혹한 현실이 우리 앞에 닥친 것이다.

생존한다고 해서 모든 것이 끝나는 것은 아니다. 높은 인플레이션과 저성장으로 인한 스태그플레이션(stagflation, 경기침체 속 물가상승) 후폭풍이 도사리고 있다. 특히 2024년 경제성장세가 예상보다 더 둔화할 것으로 전망되는 한국은 글로벌 스태그플레이션의 부정적 영향을 평균 이상으로 받는 국가 중 하나이다. 반도체 경기가 충분히 회복되지 않은 상황에서 중국 경기 악화까지 지속된다면 한국의 저성장 기조는 굳어질 가능성이 높다.

스태그플레이션은 단기적인 방안으로 해결할 수 있는 문제가 아니다. 중앙은행의 금리조정이나 정부의 재정정책, 공급망 안정을 위한 국제적 협력 등이 다각도적으로 추진되어야 한다. 동시에 기업 입장에서는 혁신적인 방법으로 생산성을 높여 물가상승률을 억제하고 경제성장을 유도하는 장기적 전략이 요구된다.

여기서 기업들이 앞다투어 도입하고 있는 것이 바로 AI이다. 자사의 보유 역량과 AI를 결합시켜 비용을 줄이고 생산성을 높이는 혁신적인 전략으로 '퍼펙트 스톰'을 뚫고 '스태그플레이션'을 극복하는 '생존을 통한 성장'을 실현해야 한다.

예를 들어 스마트 제조(Smart Manufacturing) 분야에서는 AI 기반 예측 유지보수나 자동화된 품질관리, 공정 최적화 등을 통해 제조 공정의 효율성을 높일 수 있다.

테슬라가 만들고 있는 AI 휴머노이드 로봇이 상용화되어 공장에 투입되면 24시간 쉬지 않고 제품을 생산해낼 수 있는 그야말로 '제조혁명'이 일어날 수 있다. 인건비 상승으로 고민이 많은 자영업자들도 진화된 AI 로봇 도입으로 비용과 노동력 부족 문제를 동시에 해결할 수 있다.

　AI로 공급망을 최적화하고 수요예측 및 재고관리, 물류 최적화를 구현할 수도 있다. AI에 기반한 데이터 분석을 통해 제품 개발 및 연구 과정을 가속화하고, 실험 및 시뮬레이션을 자동화해 연구 비용을 절감할 수도 있다. GPT와 같은 생성형 AI를 도입해 고객 문의 처리 시간을 단축하고, 고객 만족도를 향상시킬 수도 있다. 리포트, 메모, 회의록 등의 문서 작성을 자동화하거나, 기존 문서의 내용을 요약 및 검토하는 데도 사용해 업무 효율을 높인다. 금융기관들은 AI를 활용해 투자자나 고객에게 최적의 투자 전략이나 금융 제품을 추천하기도 하고, 법률 및 컨설팅 회사들은 AI로 계약서나 법률 문서의 내용을 검토해 중요한 포인트나 위험 요소를 자동으로 파악한다.

　'생존을 통한 성장'은 무조건 아끼고 비용을 줄이는 것이 아니라, 오히려 기회를 위기 삼아 차별화된 전략으로 경쟁자들과 더욱 격차를 벌이는 것이다. 시장이 어려울 때일수록 과감한 혁신으로 시장을 재편하고 우위를 차지한다면, 경제의 사이클이 다시 회복기로 돌아왔을 때 더 크고 빠르게 치고 올라갈 수 있다. 애플, 아마존 등의 빅테크들도 과거 글로벌 경제위기를 겪으면서 혁신적인 IT 기술을 무기로 시장을 재편하고 우위를 확보해 누구도 넘볼 수 없는 경쟁력으로 지금의 위치에 올랐다.

　언제나 위기와 기회는 함께 흐르고 있다. 위기만 보고 기회를 보지 못한다면 트렌드를 절반만 읽은 것이다. 1997년 IMF와 2008년 세계 금융위기와 비교해 경제적으로는 지금의 위기가 어쩌면 더 위험하고 불안해 보일 수 있다. 하지만 그때는 없고 지금은 우리 곁에 있는 것이 있다. 바로 진일보된 'AI'이다. 하루가 다르게 진화하고 있는 AI를 무기 삼아 위기를 기회로 만든다면 2024년은 '희망의 빛'이 보이는 한 해가 될 것이다.

거대한 변화의 흐름과 앞서가는 IT 기술로: 미래의 방향을 제시하는 'IT 메가 트렌드'

챗GPT가 불러온 생성형 AI 붐으로 변화의 바람이 불고 있다. 기술의 발전은 항상 인류의 생활을 바꾸어왔다. 스마트폰의 음성인식부터 스마트홈 시스템, 그리고 복잡한 산업 공정까지, AI는 우리의 일상, 문화, 그리고 사회 전반에 깊숙이 자리 잡았다. 그 결과로 새로운 가능성이 열리고, 일상은 더욱 편리해지고, 산업은 더욱 효율적으로 발전하게 되었다. 끊임없이 발전하는 기술의 세계에서 AI는 단순한 기술이 아니라 우리의 삶과 문화의 중심이 되고 있다.

하지만 이러한 AI의 발전은 단순히 긍정적인 변화만을 가져오지 않는다. AI 기술의 빠른 진화와 함께 사회적·윤리적 문제들에 직면하게 되고, 그 해결의 방향성에 대해 깊이 고민하게 되었다.

기계가 단순히 계산하던 시절을 지나, 이제는 사람의 감정을 이해하고, 예술을 창작하며, 복잡한 결정을 내리는 시대로 접어들었다. 이런 변화가 빠르게 진행되면서, 인간의 역할은 무엇인지, AI의 한계는 어디인지에 대한 질문이 계속해서 제기되고 있다.

컴퓨터의 등장으로 정보화 시대가 열렸고, 스마트폰의 등장으로 모바일 시대가 시작되었다. 이제 우리는 다음 단계, 'AI 센트릭(Centric) 시대'의 문턱에 서 있다. AI는 더 이상 특별한 기술이 아니다. AI와 함께하는 새로운 시대, 그 중심에서 우리는 어떻게 살아가야 하는지, 그리고 그 변화를 어떻게 받아들여야 하는지에 대한 깊은 통찰이 필요한 시간이다.

지금 우리가 살아가는 세상은 그 어느 때보다 빠르게 변하고, 변화의 속도와 방향은 점점 예측하기 어려워져만 가고 있다. 하지만 한 해가 지나가면서 남겨진 발자취는 또 다른 시작의 발판이 되곤 한다. 앞으로 매해 연말에 발간할 'IT 메가 트렌드' 시리즈는 그 발판 위에 서서 더 넓은 미래를 향해 나아가고자 하는 모든 이들을 위한 디딤돌이 되고자 한다. 이번 책은 그 긴 여정의 첫 번째 디딤돌이다.

AI, 자율주행, 로봇 등 혁신적인 IT 기술 자체가 미래의 트렌드는 아니다. 사회 및 산업적 가치, 문화, 인간의 삶의 질과 같은 부분에서의 변화와 그에 따른 영향까지 아우른 것이 우리가 주목해야 할 중요한 트렌드이다. 《2024 IT 메가 트렌드》는 다양한 분야의 의견과 정보, 그리고 심도 있는 분석을 바탕으로 IT 시장과 산업의 거대한 흐름, 즉 메가 트렌드를 조망하고, 그 속에서 펼쳐지는 다양한 IT 기술들을 보여주어 미래의 방향성을 제시하고자 한다.

《2024 IT 메가 트렌드》는 2024년의 중요한 사회경제적 변화와 함께 AI를 중심으로 한 메가 트렌드 및 미래 IT 기술을 소개하고 있다. 거대한 변화에 해당하는 3개의 AI 전쟁과 sLLM(경량화 모델)·멀티모달 AI·AGI(범용 인공지능), UAM(도심항공모빌리티), 휴머노이드 로봇, 혼합현실, 뷰티테크(안티에이징), AI 디지털 교과서, BCI(뇌-컴퓨터 인터페이스) 등 7개의 IT 미래 기술이 우리의 삶과 사회, 산업과 기업에 어떠한 영향과 혁신을 미치는지 전망하고, 우리는 그 변화에 어떻게 대비해야 할지에 대한 통찰을 얻을 수 있고자 하였다. 또한 이러한 트렌드를 이해하고 활용함으로써 미래에 더 나은 선택과 결정을 내릴 수 있도록 독자들에게 도움을 드리고 싶은 마음으로 집필했다.

세계는 다양성과 무한한 가능성 속에서 끊임없이 변화하고 발전해가고 있다. 미래는 알 수 없다. 그러나 현재를 이해함으로써 미래에 대한 준비는 할 수 있다. 우리는 미래의 시작점에 서 있다. 어제까지의 상상은 오늘의 현실이 되고, 오늘의 상상은 내일의 미래가 된다.

《2024 IT 메가 트렌드》는 변화의 중심에 있는 AI를 테마로 우리가 서 있는 이 시대의 흐름을 한눈에 조망할 수 있는 지도이자, 준비의 시작점이다. 끊임없이 변화하는 세상 속에서 현재의 모습을 이해하고, 그 속에서 새로운 기회를 찾고자 하는 모든 이들에게 한 발짝 앞서갈 수 있도록 작은 나침반이 되어주는 미래 전망서다.

우리는 AI와 함께 새로운 시대의 시작을 맞이하고 있다. 2024년에는 어떤 변화와 기회, 도전이 기다리고 있을지 궁금하다.《2024 IT 메가 트렌드》를 통해 AI와 함께하는 미래를 준비하고, 그 변화의 주인공이 되기를 바란다. 독자 여러분이 미래 세계의 다양한 가능성을 탐험하며, 그 속에서 자신만의 미래를 그려나갈 수 있기를 진심으로 희망한다.

언제나 좋은 인사이트와 방향을 제시해주시는 서강대학교 메타버스대학원의 현대원 원장님, 항상 유익한 정보로 많은 도움을 주시는 리딩투자증권 곽병열 이사님, 뵐 때마다 즐거운 대화를 이끌어주시는 이동우 대표님, 유튜브 홍홍라이브로 지식의 폭을 넓혀주신 홍원준 부장님과 웅달책방의 웅달님, 책 집필에 있어 응원을 해주신 K미디어랩 이성춘 대표님, 김현경 팀장님, 오윤수 팀장님, 이선미 박사님, 그리고 회사의 동료분들께 진심으로 감사의 말씀을 드린다. 부족하지만 이번에도 믿고 책이 발간될 수 있도록 도와주신 모민원 팀장님께도 감사하다는 말씀을 드린다.

끝으로 서점에 가면 제일 먼저 아들의 책을 찾아보시는 어머니와 아버지, 어려울 때마다 아이디어를 들려주는 동생 미리와 재윤, 그리고 글쓰기 외엔 모든 것이 서툰 남편을 항상 응원하고 격려해주는 아내와 아빠 책의 최애(最愛) 독자인 아들 서진이에게 고맙고 사랑한다는 말을 전한다.

2024년은 갑진년(甲辰年), 청룡의 해이다. 도를 깨우친 용이 청룡이 되어 여의주를 물고 승천하듯, 모든 분들이 'IT 메가 트렌드'로 새로운 기회를 잡아 부와 행복을 얻어 승승장구하셨으면 하는 바람이다. 이 책이 여러분의 미래를 위한 통찰과 영감의 원천이 되길 기대하며, 새로운 해의 시작을 함께하게 되어 무한한 기쁨으로 생각한다.

2023년 10월
지은이 김재필

목차

| 머리말 | 3개의 전쟁, 7개의 미래 기술이 펼치는 2024 AI 메가 빅뱅   004
| 프롤로그 | 생성형 AI가 만든 새로운 부의 기회   020

PART1   2024년, 챗GPT가 불러온 3개의 AI 전쟁

제1장 기업 간 AI 전쟁: AI 대전 제2라운드는 LLM(거대언어모델) 경쟁

| 01 | 2024년은 LLM 춘추전국시대   044
| 02 | LLM 개방이냐 폐쇄냐, 그것이 문제로다   051
| 03 | 어제의 적이 오늘은 동지, 합종연횡하는 AI 기업들   056
| 04 | 기업 간 AI 전쟁의 다음 격전지는 기업용(B2B) 시장   066

제2장 국가 간 AI 전쟁: 막는 미국, 추격하는 중국   075

| 01 | 총성 없는 AI 세계대전이 시작됐다   076
| 02 | 어차피 1등은 미국? 아니면 중국의 한판 뒤집기?   083
| 03 | 내 돈 가져가, 쇼미 GPU(Take my money, Show me GPU)   088
| 04 | 한국의 AI 경쟁력은?   091

제3장 인간과 AI의 전쟁:
　　　　자동화의 시대, 인간의 설 곳이 사라진다　　　　095

| 01 | AI 때문에 60년 만에 파업에 나선 할리우드 작가들　096

| 02 | 챗GPT, 시나리오 작성에 도전하다　101

| 03 | AI를 해고의 빌미로 사용하는 경영진　105

| 04 | 걱정 마세요 휴먼, 당신의 일자리를 뺏지 않아요　111

| 05 | AI와의 전쟁에서 승리하기 위한 7가지 핵심역량　115

| 06 | AI를 활용하는 자와 그렇지 못한 자의 진짜 전쟁　121

PART 2　**AI 센트릭 시대, 미래를 바꾸는 7가지 IT 메가 트렌드**

제1장　sLLM(경량화 모델), 멀티모달 AI, 그리고 AGI(범용 인공지능)
　　　　2024년에 GPT-5는 등장할 것인가?　　　　133

| 01 | 2024년, AI는 경량화 모델(sLLM)로 작게 진화한다　134

| 02 | 이미지, 소리, 동영상을 이해하고 만들어내는
　　　멀티모달 AI　144

| 03 | 범용 인공지능은 기존 AI와 무엇이 다른가　154

| 04 | 2024년에 GPT-5는 등장할 것인가　161

제2장　UAM(도심항공모빌리티)
　　　　모빌리티, 하늘로 날아오를 수 있을까?　　　　167

| 01 | 전기차 대중화 시대 도래, 아직은 먼 완전 자율주행　168

| 02 | 지상에서 하늘로 진화하는 모빌리티　173

| 03 | 편리함보다는 안전이 우선 | 180 |

| 04 | UAM의 안전과 편리함, AI가 책임진다 | 186 |

제3장 휴머노이드 로봇

인간형 AI 로봇은 실현될 수 있을까? 193

| 01 | 스스로 생각하는 로봇이 우리 곁으로 온다 | 194 |

| 02 | AI로 더욱 인간에 가까워지는 휴머노이드 로봇 | 200 |

| 03 | 알바 대신 차라리 로봇을 쓸래요 | 209 |

| 04 | 휴머노이드 로봇, 언제쯤 출시될까 | 214 |

제4장 혼합현실(Mixed Reality)

애플의 공간 컴퓨팅은 성공할 수 있을까? 223

| 01 | 애플이 외친 원 모어 씽(One more thing),
그것은 공간 컴퓨팅 | 224 |

| 02 | 혼합현실 속에 숨겨진 AI의 역할 | 235 |

| 03 | 혼합현실의 희망을 보여준 애플의 비전 프로 | 240 |

제5장 뷰티테크(안티에이징)

AI로 인간의 노화를 막을 수 있을까? 249

| 01 | CES 2024의 첫 포문을 뷰티테크가 열다 | 250 |

| 02 | 2024 뷰티테크 트렌드는 AI 기반의 '초개인화' | 255 |

| 03 | '늙고 싶지 않은' 인간의 욕망이 기술과 만나다,
안티에이징 | 263 |

| 04 | 인류의 노화, AI가 막아주고 관리한다 | 271 |

제6장 | AI 디지털 교과서 |

AI는 교육 혁신의 첨병이 될 수 있을까? 277

| 01 | 챗GPT 등장으로 충격에 빠진 교육계 278

| 02 | 2025년부터 도입되는 AI 디지털 교과서,
공교육을 혁신하다 284

| 03 | AI는 교육 혁신의 첨병이 될 수 있을까 295

| 04 | AI로 교육격차는 줄어들까, 더 커질까 305

제7장 | BCI(뇌-컴퓨터 인터페이스) |

AI와 뇌의 연결, 무모한 도전인가?
신인류 혁명인가? 317

| 01 | 일론 머스크의 뉴럴링크,
미국 식품의약국(FDA)의 벽을 넘다 318

| 02 | BCI(뇌-컴퓨터 인터페이스)는 정말 가능한가 326

| 03 | BCI와 생성형 AI가 만나 새로운 꿈과 희망을 만들다 332

| 04 | 일론 머스크가 그리는 영생의 꿈,
무모한 도전일까 인류 혁명일까 339

| 에필로그 | '뜨는 트렌드'는 우리의 생활 속에서 나온다 348
| 참고문헌 | 356

생성형 AI가 만든 새로운 부의 기회

2023년 세계 경제를 살린 챗GPT

챗GPT가 불러온 'AI 골드러시' 시대

산업계 및 IT 업계에는 매년 시장을 주도하며 전 세계 돈을 블랙홀처럼 빨아들이는 마법과도 같은 트렌드 키워드가 등장한다. 2020년에는 코로나 팬데믹으로 사회적 거리두기가 확산되면서 '비대면', '언택트(untact)'가 급부상했다. 2021년에는 비대면 일상이 온오프라인의 경계를 허물어뜨리면서 '메타버스(metaverse)'와 'NFT(Non-Fungible Token, 대체불가토큰, 블록체인 기술을 사용해 디지털 자산의 유일성과 소유권을 증명하는 토큰)'가 대중들의 관심을 받았다. 2022년에는 암호화폐에 대한 투자가 늘어나면서 블록체인 기술을 기반으로 한 탈중앙 분산형 웹 서비스 '웹3.0(web3)'이 새로운 트렌드로 주목을 받았다.

그렇다면 2023년에는 어떤 트렌드가 시장을 지배했을까? 두말할 것도 없이 단연 '챗GPT'와 '생성형 AI'다. 2022년 11월 말에 혜성처럼 등장한 챗GPT(ChatGPT)는 순식간에 이용자수 1억 명을 넘기며 전 세계를 강타했다. 2016년 알파고의 등장 이후 제2의 인공지능(AI) 붐을 일으킨 챗GPT는 아이폰의 혁명에 버금갈 정도로 센세이션을 불러일으켰다.

챗GPT와 생성형 AI의 인기는 벤처투자와 주식시장에서도 확인할 수 있다. 2023년 초, 미국의 실리콘밸리에서는 대규모 감원 열풍이 불었지만, AI 관련 기업에는 오히려 돈이 밀려들었다. 미국 스타트업 시장조사 업체 피치북에 따르면 AI 스타트업에 2023년 5월 한 달 동안에만 무려 110억 달러(약 14조 4000억 원)의 투자금이 몰렸다. 이는 전년도 같은 기간 대비 86% 증가한 금액이다. 생성형 AI만 놓고 봐도 2023년 5월까지 생성형 AI 스타트업이 유치한 투자금은 125억 달러(약 16조 3000억 원)에 달했다. 반면 AI와 무관한 테크기업들에는 벤처캐피털들이 투자를 기피하면서 AI 관련 기업에만 투자가 편중되는 극심한 '빈익빈부익부' 현상이 발생했다.《워싱턴포스트》는 이를 두고 "챗GPT 공개로 새로운 'AI 골드러시(gold rush)'가 촉발됐다"라고 표현했다.

금리인상, 인플레이션, 경기침체 등 여러 악재가 세계 경제를 짓눌렀던 가운데, 주식시장의 성장을 견인했던 것은 역시 챗GPT가 촉발한 AI 붐이었다. 2023년 상반기 미국의 주식시장은 기술주(IT), 특히 소수의 AI 수혜주가 중심이 되어 상승세를 견인했다.

2023년 상반기 10개의 미국 주식이 S&P500과 MSCI ACWI(All Country World Index, 국제지수)의 상승률에 기여했는데(기여 비중 각각 79%와 54%), 여기에는 엔비디아, 마이크로소프트(MS), 애플, 알파벳(구글의 모회사)이 포함되었다. 이들 빅테크는 AI의 직접적인 수혜기업으로, 챗GPT를 만든 오픈AI에 130억 달러를 투자한 마이크로소프트는 AI 열풍에 힘입어 연초 대비 40% 이상 상승하며 애플

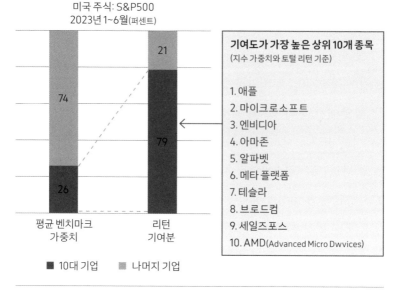

자료: FTSE Russell, MSCI, S&P, Tokyo Stock Exchange and AllianceBernstein(AB)

에 이어 두 번째로 시가총액 3조 달러를 돌파할 기업으로 손꼽혔다 (2023년 8월 25일 기준 2조 3773억 달러). 생성형 AI를 금광에 비유한 모건스탠리의 키스 와이스 애널리스트는 MS가 거대언어모델(LLM), 데이터 관리 등 AI 개발을 위한 모든 도구를 확보했다면서, 이는 흡사 금광을 캐기 위해 삽과 곡괭이를 모두 갖춘 기업이라고 평가하기까지 했다.

더 놀라운 기업은 AI의 중추적 역할을 담당하는 그래픽처리장치(GPU) 제조기업인 엔비디아다. 2023년 1월 초 143달러였던 엔비디아 주가는 AI에 대한 기업들의 관심이 급증하고 GPU에 대한

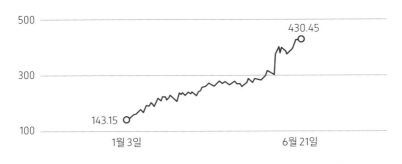

엔비디아 2023년 상반기 주가 추이

430.45

143.15

1월 3일   6월 21일

자료: 언론 종합

수요가 늘어나자 불과 5개월 사이에 주가가 3배 가까이 폭등했다 (2023년 6월 기준 430달러). 2023년 6월 13일엔 시가총액 1조 달러를 돌파하며 미국 증시 정규장의 랠리를 이끌었다.

심지어 엔비디아가 시장의 예상을 상회하는 실적을 발표할 것이란 기대감만으로 애플, 알파벳, 메타 등 미국의 대표적인 빅테크 기술주들이 일제히 상승하기도 했다. 이를 두고 그동안 미국 증시의 대장주는 애플이었지만, 앞으로 그 자리는 엔비디아에게 넘겨줘야 할 것이라며 업계에서는 엔비디아의 목표 주가를 1000달러 이상으로 높게 평가했다.

그야말로 AI는 절망으로 가득했던 어둠 속 세계 경제를 구원한 한 줄기 빛과도 같았다.

더 거대해지고 더 똑똑해진 생성형 AI

AI는 한마디로 정의하면, '인간 지능을 모방하거나 강화해 문제를 해결하거나 작업을 수행하는 컴퓨터 시스템 또는 프로그램'이다. 즉 인간을 대신해 일을 하는 자동화 프로그램이라는 뜻이다. 더하기 빼기를 대신해주는 계산기도 어찌 보면 AI이고, 회사에서 복무 처리나 회계 업무 등을 맡아 하는 프로그램도 AI라 할 수 있다. 요즘 매장에서 심심찮게 볼 수 있는 키오스크도 AI의 일종이다.

단순하든 복잡하든 주어진 명령에 따라 인간 대신 자동적으로 일을 하는 기계나 프로그램이 있다면 거기엔 모두 AI가 탑재돼 있는 것이다. 챗GPT가 등장하기 이전부터 알게 모르게 이미 우리는 일상 곳곳에서 AI와 함께 생활하고 있다.

다만 알파고나 챗GPT와 같이 새로운 AI가 등장할 때마다 깜짝 놀라고 환호하는 것은 인간을 모방한 AI의 지능이 예상을 뛰어넘으면서 생각지도 못한 결과물을 창출하기 때문이다. 바둑을 잘 둘 거라고는 생각했지만 이세돌 9단을 이길 거라고는 생각 못 했던 알파고의 등장에 사람들은 놀랐고, 문장 작성이 가능할 거라고는 생각했지만 인간 수준으로 자연스럽게 글을 만들어낼 거라고는 생각지도 못했던 챗GPT에 대중들은 환호한 것이다.

챗GPT로 급부상한 생성형 AI는 딥러닝(인공신경망을 사용한 알고리즘을 통해 데이터를 학습한 AI 모델)을 기반으로 텍스트나 이미지, 음성 등을 생성하는 데 특화된 인공지능을 의미한다. 여기서 '생성(generative)'이란 새로운 정보, 콘텐츠 또는 데이터를 생성하고 구축하는 능력으로, 과거의 데이터를 기반으로 예측, 창조, 모델링 등의 작업을 수행해 새로운 결과를 생성하거나 문제를 해결한다. 생성형 AI는 주어진 입력으로부터 새로운 콘텐츠를 생성하거나, 이미지를 생성하거나, 대화를 주도하는 등 자연어 처리, 이미지 생성, 음성 생성, 음악 작곡, 예술 창작 등 다양한 분야에서 활용된다.

기존의 AI 기술이 주어진 데이터를 기반으로 예측하거나 분류하는 정도였다면, 생성형 AI는 이용자가 요구한 질문이나 과제를 해결하기 위해 스스로 데이터를 찾아서 학습해 능동적으로 콘텐츠를 만들어내는 한 단계 더 진화한 AI 기술이다.

생성형 AI는 대용량 데이터를 학습해 기존 AI보다 더 인간의 뇌에 가깝게 학습 및 판단 능력이 향상된 형태다. 이를 위해서는 기존 AI보다 수백 배 이상의 데이터 학습량이 필요하다. 인간의 뇌처럼 스스로 생각할 수 있도록 방대한 데이터와 파라미터(매개변수)를 활용하는데, 이때 인공신경망의 파라미터는 인간 뇌의 뉴런 간 정보 전달 통로인 시냅스와 비슷한 역할을 수행하게 된다.

최근에는 '초거대 AI'와 '생성형 AI'를 거의 같은 개념으로 다루어 언급하고 있는데, 이 두 가지가 기술적으로 긴밀하게 연결돼 있기 때문이다. 대량의 데이터를 학습하고, 패턴을 인식하며, 복잡한 문제를 해결하고 예측하는 초거대 AI는 이미지 인식, 자연어 처리, 추천 시스템 등 다양한 작업 등에 활용될 수 있어, 이를 통해 인간의 학습, 창의성, 문제 해결 능력 등과 유사한 수준의 성과를 달성할 수 있다.

특히 생성형 AI인 GPT-3.5나 GPT-4는 거대언어모델인

인공지능과 머신러닝, 딥러닝, 생성형 AI의 관계

인공지능 → 인간의 지능을 따라 하여 그 능력들을 컴퓨터나 기계가 할 수 있도록 만드는 기술

머신러닝 → 명시적 규칙 없이 컴퓨터가 데이터를 기반으로 학습하고 데이터에서 찾은 패턴을 기반으로 추론할 수 있도록 하는 기술

딥러닝 → 인간의 뇌 신경망을 따라 하여 데이터를 계층적으로 학습한 패턴을 기반으로 추론할 수 있도록 하는 기술

생성형 AI → 이용자의 특정 요구에 따라 결과를 생성해내는 인공지능
- LLM: Large Language Model
- GAN: Generative Adversarial Networks
- VAE: Variation Auto Encoder

자료: 조영임, 〈초거대 AI와 생성형 인공지능〉, 《TTA저널》 2023년 5/6월호

LLM(Large Language Model)을 기반으로 하고 있는데, 이 LLM은 엄청난 크기의 파라미터로 대량의 데이터를 학습한 초거대 AI이기도 하다. (물론 생성형 AI 중에는 작은 규모의 파라미터와 데이터로 구축된 AI도 있다.)

생성형 AI, 전혀 다른 모습의 부를 창출하다

누구나 쉽게 생성형 AI를 이용할 수 있게 한 '파운데이션 모델'

많은 사람이 챗GPT를 이용하고 생성형 AI가 주목을 받으면서 왜 엔비디아의 주가가 3배나 급등하고 MS, 메타, 구글 등 빅테크들의 주가가 올랐는지, 또 앞으로 어떤 기업의 가치가 상승할 것인지를 이해하려면 생성형 AI의 구조를 파악할 필요가 있다.

챗GPT가 등장하고 많은 기업이 챗GPT를 활용한 다양한 서비스를 출시하면서 대중들은 보다 더 친숙하게 생성형 AI를 접할 수 있게 되었다. 이를 가능하게 한 것은 바로 파운데이션 모델 덕분이다.

'파운데이션(foundation)'은 기초, 기반이라는 뜻을 지닌 영어이다. 여성들이 화장을 하기 전에 기초화장이라고 해서 피부 결점을 가려주고 피부색을 일정하게 만들어주는 화장품을 바르는데, 바로 그것이 파운데이션이다.

AI에서도 파운데이션 모델은 방대한 양의 데이터로 하나의 AI 모델을 훈련시켜 여러 가지 애플리케이션에 적용시키는 기반 구조이다. 파운데이션 모델은 미국의 스탠퍼드대학 연구소에서 '완성되지 않은 채 배포되는 모델'로 처음 규정했다. 즉 방대한 양의 데이터를 자기 지도 학습을 통해 학습한 모델로서 사용자들은 이를 다시 자신의 목적에 맞게 미세조정(파인튜닝)해 사용할 수 있는 일종의 '범용' 모델이다.

문자, 이미지, 소리 등 다양한 데이터들을 학습(training)한 파운데이션 모델(foundation model, 기초 모델)을 기업들은 각각의 니즈에 맞게 적용(adaptation)시켜 다양한 용도에 활용한다. 여기서 핵심이 되는 파운데이션 모델은 AI를 만들기 위해 필요한 엔진이 되는 기반 모델로, 오픈AI의 GPT가 대표적인 파운데이션 모델이다. 구글, 메타를 비롯해 KT, 네이버, 카카오, SKT, LG 등 빅테크 기업들이 만들겠다고 선언한 AI 역시 이 파운데이션 모델의 개발을 의미한다.

파운데이션 모델은 대규모 데이터셋에서 학습되며, 그 결과 다양한 문제에 적용될 수 있는 강력한 기능을 갖게 된다. 파운데이션 모델은 한 작업에서 학습된 지식을 다른 작업에도 전이해 사용할 수 있는데, 이를 통해 적은 양의 데이터로도 특정 작업을 수행하는 데 필요한 능력을 향상시킬 수 있다. 또 정확한 명령어나 구체적인 목표를 입력해야 했던 기존 AI 모델과는 달리 파운데이션 모델은 간단한 지시어만으로 다양한 결과물을 도출할 수 있다. 챗GPT에 명령어 입력만으로 텍스트 생성, 번역, 질의응답, 간단한 프로그래밍 작업 등 여러 작업이 가능한 것도 파운데이션 모델 덕분이다. 파운데이션 모델의 개발로 생성형 AI가 대중화되었다고 해도 과언이 아

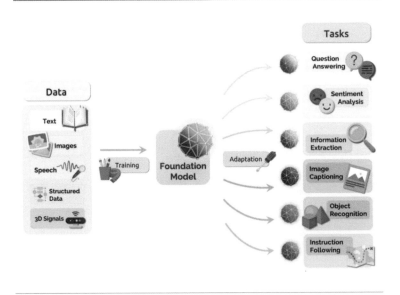

자료: 엔비디아 홈페이지

니다.

파운데이션 모델은 일반적으로 API(응용 프로그램 인터페이스)를 통해 제공되어 개발자들은 쉽게 이를 다양한 시스템이나 서비스에 적용할 수 있다. 더 정확하고 오류(할루시네이션)가 적으면서 가성비 높은 파운데이션 모델이 등장하면 스타트업을 비롯한 많은 기업은 그 파운데이션 모델을 토대로 자사의 데이터를 접목시켜 서비스를 만든다. 빅테크들이 말하는 AI 생태계 확장의 의미도 이 개념에 기인한 것이다.

새로운 부를 창출하는 AI 3대 요소 '인프라', '파운데이션 모델', '애플리케이션'

생성형 AI의 구조를 밸류체인 관점에서 보면 크게 AI 인프라, 파운데이션 모델, AI 적용 서비스로 구분할 수 있다. AI 인프라는 연산 처리의 기반이 되는 반도체와 실시간으로 데이터들을 처리하고 운반하는 통신 및 클라우드 인프라 등으로 구성된다. 반도체는 다시 연산 반도체와 저장 반도체로 구분되는데, 이 중 연산 반도체는 데이터의 연산 처리를 담당하는 것으로 GPU(Graphics Processing Unit, 그래픽처리장치)와 NPU(Neural Processing Unit, 신경망처리장치)가 있다.

생성형 AI의 엔진이라 할 수 있는 파운데이션 모델은 방대한 데이터를 학습시키기 위해 GPU와 같은 하드웨어 장치가 필요하다.

인프라와 서비스의 성격을 동시에 지니고, AI의 학습을 위해 엄청난 개발 비용이 소요된다. 파운데이션 모델은 LLM(Large Language Model)이라고 하는 거대언어모델과 LLM을 기반으로 기업들이 자신들의 목적에 맞게 미세조정한 파인튜닝 모델로 이루어진다.

파운데이션 모델은 자본력이 뒷받침되어야 하지만 그렇다고 돈이 있어도 잘된다는 보장이 없는 영역이다. 우수한 파운데이션 모델은 결과물 자체도 좋아야 하면서 오류가 가능한 제로에 가깝게 적어야 한다. 파운데이션 모델의 경쟁력은 범용성 및 확장성으로 모바일 OS나 플랫폼 시장처럼 결국에는 가장 똑똑하고 다재다능한 몇몇 AI만 살아남을 것으로 예상된다. 그렇기 때문에 빅테크 기업들은 생태계 확장 측면에서 LLM 기반의 파운데이션 모델 내재화를 포기할 수 없다.

파운데이션 모델을 활용해 AI 서비스를 만드는 애플리케이션은

밸류체인 관점에서의 생성형 AI 구조

| AI 인프라 | 파운데이션 모델(기초 모델) | AI 적용 서비스 |

자료: 언론 종합

주로 스타트업들의 영역이다. AI 인프라와 파운데이션 모델을 활용해 상대적으로 빨리 서비스를 구축할 수 있어 진입장벽이 낮다. 출시 2개월 만에 100만 이용자를 확보한 '아숙업(AskUp)'도 개발사인 업스테이지 대표가 주말 동안 뚝딱 작업해 카카오톡 버전을 만들어 선보였다. 진입장벽이 낮은 만큼 경쟁도 치열해 같은 파운데이션 모델을 사용하더라도 누가 더 사용자 친화적인 서비스와 마케팅을 통해 강력한 브랜드를 구축하느냐가 관건이다. 이용자와 접점을 만들어 많은 사람이 모여들어 자체 데이터를 확보하고, 이를 통해 다시 성능을 높이는 선순환 구조를 만들어야 살아남을 수 있다.

GPU 시장의 황제, 엔비디아

생성형 AI의 핵심이라 할 수 있는 LLM의 학습과 운영을 담당하고 있는 반도체가 바로 GPU로, 컴퓨터 시스템에서 그래픽 연산을 빠르게 처리해 결과값을 모니터에 출력하는 연산장치다. 원래는 컴퓨터 게임에서 사용자의 요구사항이나 게임 진행 상황에 맞게 빨리빨리 데이터를 처리해 그래픽으로 구현하고자 만들어진 칩이었는데, 이 기능이 AI의 데이터 처리에 활용되면서 급부상하게 된 것이다.

우리가 컴퓨터 하면 흔히 알고 있는 것이 CPU(Central Processing Unit, 중앙처리장치)이다. CPU는 순차적인 실행이 필요한 범용 처리 및 처리 작업을 위해 설계되어 일반적으로 복잡한 계산 및 의사결정에 최적화돼 있다. 반면 GPU는 병렬 처리를 처리하는 데 특화되어 그래픽 렌더링(3차원 이미지를 만드는 과정)과 같이 동시에 수행할 수 있는 연산에 적합하다. CPU는 높은 수준의 논리와 복잡한 명령이 필요한 작업에는 탁월하지만 대규모 데이터들을 동시에 처리해야 하는 병렬 계산에는 어려움이 있다. 하지만 GPU는 이미지의 픽셀을 렌더링하거나 기계학습에서 신경망을 훈련하는 작업 등에서 데이터를 병렬 처리해 CPU에 비해 더 효율적으로 수행할 수 있다.

이러한 병렬 처리 기능 때문에 GPU는 머신러닝(ML, Machine Learning) 및 딥러닝(DL, Deep Learning) 등의 AI 개발에 있어 각광을 받고 있다. 무엇보다 챗GPT 같은 생성형 AI의 데이터 인프라 역할을 하는 LLM을 학습시키려면 GPU가 필수적이다. 챗GPT 서비스를 작동시키기 위해서는 약 1만여 개의 GPU가 필요한데, 이 구축비만 약 1300억 원 정도이다. 그리고 이 GPU의 선두주자가 바로 전 세계 1위 그래픽카드용 칩 제조회사인 엔비디아다.

현재 생성형 AI 시장 반도체 점유율의 80% 이상은 엔비디아가 차지하고 있다. GPU 시장에서는 엔비디아가 독점적 위치를 확고히 하고 있는 상황으로, 2위인 AMD가 엔비디아를 추격하려고 안간힘을 쏟고 있는 중이다.

하지만 글로벌 기업들의 엔비디아 GPU 러브콜은 끊이질 않는다. 2024년까지 판매되는 엔비디아의 GPU인 H100 프로세서는 이미 품절된 상태다. 전 세계 빅테크 기업들이 물량 확보를 위해 앞다투어 선제적으로 주문을 넣었기 때문이다. H100은 챗GPT와 같은 생성형 AI 개발과 데이터 학습에 쓰이는 고성능 반도체로, 독점에 가까운 위치를 차지하고 있는 대체불가의 유일무이한 제품이다.

엔비디아 독점에 도전장을 낸 경쟁업체들도 있기는 하다. AMD는 GPU 시장에서 엔비디아의 유일한 경쟁사로 꼽힌다. AMD는 엔비디아 H100에 맞설 AI칩 'MI300'을 2023년 4분기부터 양산하지만, AI GPU 매출 비중은 전체 실적에서 한 자릿수 점유율을 차지하는 데 그치고 있다. 인텔도 '하바나 가우디2'라는 AI 반도체로 엔비디아에 대응하는 등 기존 사업인 CPU를 넘어 GPU로 사업 영역을 넓히고 있지만 엔비디아와 AMD의 기술력을 따라잡기는 아직 역부족이라는 평가다.

시장 선점과 생태계 장악으로 세계 반도체 시장의 80%를 차지하다

엔비디아의 독점이 견고한 것은 업계의 생태계를 장악했기 때문이다. 엔비디아 GPU의 병렬 컴퓨팅 프로그래밍 언어 '쿠다(CUDA)'가 대표적이다. 엔비디아는 쿠다를 모든 프로그래머들이 사용할 수 있도록 무료 공개했고, 결국 현존하는 AI 코드 대부분은 쿠다를 기반으로 짜였다. 마치 스마트폰 시대에 안드로이드 운영체제(OS, Operating System)를 뿌려 구글의 생태계를 만든 것과 비슷하다. 엔비디아의 GPU가 생성형 AI 분야에서 초반부터 성능을 검증받아 널리 활용되기 시작하며 시장을 선점한 효과가 반영된 것이다.

현재는 시장 선점에 성공한 엔비디아 GPU가 대세이지만 이를 대체하기 위한 움직임 또한 치열하다. AI 전용 반도체인 NPU(Neural Processing Unit, 신경망처리장치)도 개발되는가 하면, 자금력이 풍부한 업체들은 직접 반도체를 설계할 수도 있다. 영상이나 이미지, 자연어 처리 등 애플리케이션별로 강점과 효율성이 다른 반도체도 있기 때문에 활용 분야에 따라서는 엔비디아의 GPU를 능가하는 반도체가 나올 수도 있다.

AI 반도체를 생산하는 국내외 기업들	
미국 기업	제품
엔비디아	H100, A100
AMD	MI300
인텔	하바나 가우디
구글	TPU v4
아마존	인퍼런시아, 트레이니엄
국내 기업	제품
리벨리온	아톰
퓨리오사AI	워보이
사피온	X220

자료: 언론 종합

국내 기업들은 주로 효율적으로 연산을 수행할 수 있는 NPU에 집중하고 있다. 대표적 기업으로 리벨리온, 퓨리오사AI, 사피온 등이 있다. 리벨리온이 자체 개발한 NPU '아톰'의 처리 속도는 이미지 처리 등 특정 분야에서 엔비디아 제품보다 1.4~2배가량 빠르다. 퓨리오사AI도 컴퓨터 비전용 NPU '워보이'를 개발해 삼성전자 파운드리에서 양산에 들어갔다.

다만 NPU는 결과값을 얻어내는 추론 부문에 더 특화돼 있다. 데이터를 입력해 AI 모델을 구축하는 학습 영역에서는 아직까지 엔비디아 GPU의 대체재를 찾기 어려운 상황이다. 생성형 AI가 주목을 받으면서 엔비디아 주가가 3배 이상 급등한 이유도 이 때문이다. 결국 승자독식 법칙이 지배하는 IT 시장에서 엔비디아가 AI 반도체 수요 증가의 수혜를 독차지하는 상황은 당분간 계속될 전망이다.

2024년, 앞으로 펼쳐질 3개의 AI 전쟁

2023년은 AI 역사에서 알파고의 등장만큼이나 특별하면서도 충격적인 해로 기억될 것이다. 생성형 AI 붐을 일으킨 챗GPT의 등장은 전례 없는 성능을 보여주며 전 세계적인 화제를 모았다. 특히 챗GPT는 인간만이 가능하다 여겼던 창조력과 상상력 분야에서도 그 성능을 발휘했다. 생성형 AI의 가능성을 본 빅테크를 비롯한 많은 글로벌 기업들은 경쟁적으로 AI를 도입하기 시작했다. 알파고의 성공 이후 잠시 주춤했던 AI 시장은 챗GPT의 등장으로 다시 활기를 띠게 되었고, AI는 제2의 봄을 맞이하게 되었다.

그동안 잠잠했던 AI 시장에 챗GPT가 던진 파장은 점점 큰 원을 그리며 커져 가고 있다. 그리고 이 파장은 AI 시장에 참여한 모든 이들이 얽히고설키면서 새로운 경쟁 구도를 만들어나가고 있다. 아마도 2024년에는 3개의 AI 전쟁 양상이 펼쳐질 것으로 예상된다.

첫 번째, 빅테크를 중심으로 한 기업 간 AI 전쟁

챗GPT 등장 이후 2023년 상반기에는 개발사인 오픈AI와 GPT를 등에 업은 마이크로소프트가 시장에서 독주 체제를 이어가며, 이들 MS-오픈AI 진영에 구글, 메타 등이 도전장을 내민 형국이었다. 그런데 2023년 하반기에 접어들면서 챗GPT의 트래픽과 이용자 수가 감소하기 시작했고, AI에는 관심도 없어 보였던 애플과 한때 오픈AI의 주인이었던 테슬라의 일론 머스크(Elon Musk)까지 생성형 AI 개발에 뛰어들면서 AI는 춘추전국시대를 맞이하게 되었다.

또한 구글은 알파고를 만든 자회사 딥마인드와 손을 잡고 '제미니'라는 AI를 만드는가 하면, MS는 경쟁 상대인 메타와 협력하고, LLM을 만드는 빅테크들은 여러 스타트업과 제휴를 맺어 생태계를 구축하는 등 어제의 적이 오늘의 동지가 되는 합종연횡마저 이루어지고 있다.

게다가 챗GPT의 막대한 운용 비용을 감당하지 못해 조만간 파산할지도 모른다는 소문까지 들린 오픈AI는 수익원 확보를 위해 기업용 서비스를 출시하는 등 2024년은 B2B(Business to Business, 기업 간 거래) AI 시장 선점을 둘러싼 빅테크 기업들의 치열한 한판 승부가 예상된다.

두 번째, 미국과 중국을 중심으로 한 국가 간 AI 전쟁

미국과 중국의 AI 패권 경쟁은 챗GPT 등장으로 더욱 심화되었다. AI 세계 챔피언인 미국은 AI 패권을 사수하기 위해 규제로 대응한다. 미국 정부는 첨단기술 분야에 대한 미국 기업의 대(對)중국 투자를 제한하는 행정명령을 발표해 2024년 1월부터 미국 기업의 반도체 및 AI, 양자컴퓨터 등에 대한 중국 투자를 전면 금지한다. 첨단산업 기술이 중국으로 흘러가지 않도록 통제하고 중국 빅테크 기업의 자금줄도 원천 차단한다. 군사 또는 정보 작전에 사용되는 AI도 규제 대상이다.

미국 정부의 행정명령은 AI 규제를 통해 중국의 '기술 굴기, AI 굴기'를 막고 안보 위협에 대응하기 위한 조치다. 이미 엔비디아와 AMD AI 반도체의 중국 수출을 금지한 미국 정부는 이제 중국에 대한 전면적 투자 제한으로 글로벌 AI 패권의 고삐를 더욱 조이고 있다.

하지만 미국이 막는다고 순순히 물러설 중국이 아니다. 2017년에 '차세대 AI 발전 계획'을 발표하면서 2030년까지 AI 최강국 반열에 오르겠다는 목표를 제시한 중국은 2023년 4월 공산당 정치국 회의에서 '범용 AI'를 처음으로 언급하는 등 3년 정도 차이가 난 미·중 간 AI 격차를 단 몇 개월 차이로 좁혀놓았다. 중국은 미국과의 기술 격차를 좁히거나 역전시킬 '게임 체인저'로 AI 산업을 지목하고 있고, 심지어 미국의 규제 강화를 AI로 정면 돌파하겠다는 의지까지 보이고 있다.

이에 중국 정부는 공산당 중앙정치국 회의에서 범용 인공지능에 대한 연구개발(R&D) 확대 방침을 선언했고 빅테크 기업들 역시 자발적으로 투자 자금을 조성해 앞다퉈 기술 개발에 나서고 있다. 2022년 중국의 핵심 AI 산업 규모는 약 706억 6000만 달러를 넘었으며 AI 기술 특허출원 건수도 세계 1위를 차지하는 등 언제든 미국과 '맞짱'을 뜰 준비가 돼 있다.

그리고 이 거대 양국의 AI 전쟁을 숨죽이고 지켜보는 유럽(EU)과 일본, 한국 등은 글로벌 AI 규제에 동참하면서, 동시에 로컬 시장에 특화된 LLM 및 서비스 개발과 생태계 구축으로 차별화된 경쟁력을 마련하고 있다.

세 번째, 일자리를 둘러싼 AI와 인간의 전쟁

챗GPT 출시 이후 많은 기업 및 산업 분야에서 AI의 활용이 확산되었다. AI의 도입은 생산성 향상과 비용 절감의 이점도 있지만 근로자의 고용기회 감소와 실직 등의 문제도 적지 않다.

실제로 미국 작가 조합 소속 작가들과 이에 동조하는 연기자들은 영화 및 드라마 제작에서 AI 사용 중단을 요구하며 100일이 넘게 시위와 파업을 진행하고 있다. 미국 샌프란시스코의 한 스타트업에서 일한 카피라이터는 챗GPT 출시 이후 업무가 감소하다가 결국 아무 설명 없이 해고되기까지 했다.

챗GPT와 같이 진화된 생성형 AI가 어색함 없이 대화를 나누고 글을 쓰며 그림도 그리고 작곡, 컴퓨터 코드도 작성하는 등 이전과는 차원이 다른 결과물을 보여주면서 기업 입장에서는 AI가 고임금 지식 노동자를 대체할 수 있는 좋은 수단이 되고 있다. 미국 투자은행 골드만삭스는 생성형 AI가 전 세계에서 3억 개의 정규직 일자리에 영향을 줄 수 있는데, 특히 화이트칼라 일자리가 가장 큰 영향을 받을 것이라고 전망했다.

물론 일각에서는 지금의 AI가 인간을 대체하기엔 오류도 많고 부족한 점이 많다고 지적한다. 실제로 챗GPT의 탁월한 문장 작성 능력에 '우와 대단하다'라고 감탄하면서도 막상 챗GPT를 업무에 도입해 쓰려고 하면 주저하게 된다. 한 치의 실수나 부정확성이 용납되지 않는 일이라면 더더욱 그렇다.

국제노동기구(ILO)가 발표한 〈생성형 인공지능과 일자리(Generative AI and Jobs)〉 연구 결과 보고서에서도 산업 현장에서의 일자리가 AI에 의해 크게 영향을 받지 않을 것이라며 낙관적인 전망을 하기도 했다. AI의 현재 수준을 봤을 때 당장 인간의 일자리를 빼앗을 만큼 우려스럽지는 않다는 것이다.

다만 인간이 걱정해야 하는 것은 지금이 아니라 미래다. 미국 인구의 62%는 AI가 향후 20년 동안 직장에서 주요한 영향을 미칠 것이라고 믿고 있으며 많은 미국인들은 자신들의 미래에 대해 '경계'하고 '걱정'하는 것으로 나타났다. 특히 타이피스트, 여행 컨설턴트, 은행 창구 직원, 콜센터 직원, 부기 및 데이터 입력 직원, 호텔 접수 담당자와 비서 등이 가장 위험에 처한 직종이라고 국제노동기구는 경고했다.

지금 미국의 작가 및 배우들이 AI 이용에 대해 시위와 파업을 벌이고, AI 도입으로 점차 무인화가 되어가고 있는 작금(昨今)의 사태는 앞으로 펼쳐질 AI와 인간의 일자리를 둘러싼 전쟁의 서막에 불과하다.

PART 1

2024년,
챗GPT가 불러온
3개의 AI 전쟁

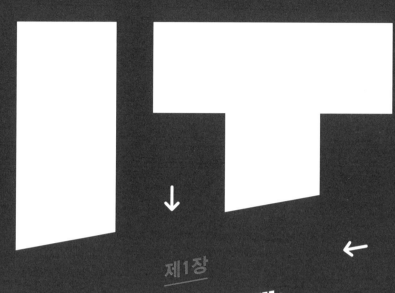

제1장

기업 간 AI 전쟁:
AI 대전 제2라운드는 LLM 경쟁

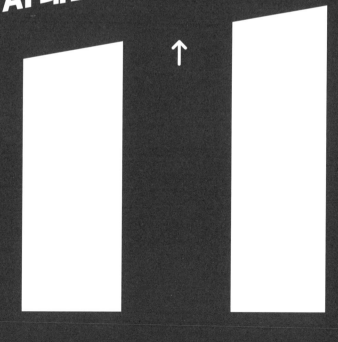

2024년은 LLM 춘추전국시대

LLM을 지배하는 기업이 AI 시장을 지배한다

오픈AI의 챗GPT가 불러온 생성형 AI 경쟁은 다양한 거대언어모델 (LLM) 출시로 새로운 국면을 맞았다. 무한대로 증가할 것만 같았던 파라미터 수 경쟁에서 이제는 각자의 장점과 역량을 바탕으로 한 후발주자들의 매서운 추격이 시작되었다. 2023년이 챗GPT가 시장을 평정한 'GPT 천하 시대'였다면, 2024년은 'LLM 춘추전국시대'가 될 전망이다.

우리가 챗GPT에게 "글을 써줘", "코드를 작성해줘" 등의 명령을 입력하면 지시 내용을 알아듣고 그에 맞게 답변을 만들어낸다.

이것을 가능하게 하는 것이 기본 기능을 갖춘 파운데이션 모델이다. 그리고 지시사항 수행을 위해 인간의 언어를 알아듣는 과정이 필요한데, 이것을 담당하는 것이 바로 LLM이다. 글로벌 빅테크들이 막대한 돈과 인력을 투입해 개발하고 있는 것이 바로 이 LLM이다. "LLM을 지배하는 자가 AI 시장, 아니 세상을 지배한다"라고 할 만큼 빅테크 기업들의 AI 전쟁은 LLM 전쟁이라고 해도 과언이 아니다.

LLM은 'Large Language Model'의 약자로, 대규모언어모델, 거대언어모델을 의미한다. LLM은 문장 내 단어 사이의 관계를 파악하고 이어나가는 데 초점을 맞추는 기술이다. 어떤 텍스트가 입력되면 다음 텍스트는 어떻게 이어져야 할지 예측하고, 다시 다음 텍스트를 잇는 과정을 되풀이한다. 사람이 일상적으로 쓰는 자연어 처리(NLP)에 특화된 모델로 단어 간 상관관계를 읽어 거기에 맞는 문장을 뽑는 게 핵심이다.

오픈AI의 챗GPT에 적용된 LLM은 GPT이고, 이 GPT를 기반으로 만든 챗봇 서비스가 챗GPT이다. 구글은 자체 LLM인 팜(PaLM, Pathways Language Model)을 활용한 챗봇 서비스인 '바드(Bard)'를 공개했고, 메타(Meta, 구 페이스북)는 '라마(LLaMA)'라는 LLM을 공개했다.

LLM은 다양한 자연어 처리 작업에서 높은 성능을 발휘하며, 텍스트 생성, 기계 번역, 질의응답 시스템, 챗봇, 요약 등 다양한 응용 분야에서 활용된다. LLM은 훈련된 데이터를 기반으로 문맥을 이해하고 적절한 답변이나 생성 결과를 제공하는 등 언어 이해와 생성

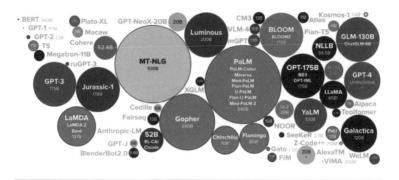

빅테크 기업들이 공개한 LLM. 숫자는 파라미터 수(단위 10억)이다.

자료: 해외 언론

에 관한 다양한 작업을 수행할 수 있다. LLM은 NLP 기술의 발전과 인간과 기계 간의 자연스러운 대화를 위한 핵심 기술로 간주되고 있다.

LLM을 구축하고 구동하는 데는 많은 비용이 든다. LLM은 인간의 언어 데이터(말뭉치, corpus)를 기반으로 학습하는데 책, 학술자료 및 각종 공공자료와 인터넷상에 공개된 수많은 데이터를 수집해서 LLM 학습에 이용한다. 그 과정에서 엄청난 인프라 비용이 들어가며 그렇게 수집한 데이터를 통해 각 기업만의 고유한 LLM이 만들어진다. 이때 LLM의 파라미터 수에 따라 수백 개에서 수천 개의 GPU 서버 구축 비용이 발생한다. 그러므로 LLM은 자금력과 개발 인력 등이 뒷받침되지 않으면 만들 수 없다.

파인튜닝(미세조정)으로 할루시네이션(오류)을 줄인다

LLM의 1차적인 성능은 파라미터(매개변수)에 따라 결정된다. 단 파라미터 수가 반드시 성능 그 자체를 의미하진 않는다. 파라미터 수가 크다고 반드시 정확성을 담보하지는 않는다. 파라미터 수보다는 얼마나 많은 토큰(token, 컴퓨터가 입력값을 이해하는 데 용이하도록 텍스트를 쪼개놓은 단위)을 학습했느냐가 더 중요할 수 있다.

LLM을 용도에 맞게 미세조정하는 과정은 '파인튜닝(Fine-tuning)'이라고 한다. 학습한 데이터를 그대로 적용하면 현실과 괴리가 생기거나 이상한 답변을 내놓을 수 있다. 데이터를 생성물의 원천으로 삼되 단어를 필터링하거나 편향된 답변을 걸러내는 일종의 후처리 작업에 해당한다.

파라미터보다 토큰값과 파인튜닝의 중요성이 더 강조되는 이유는 할루시네이션(Hallucination, 잘못된 정보나 오류) 때문이다. 이는 모든 LLM이 해결해야 할 문제이다. 정확하지 않은 정보를 진짜처럼 내놓는 할루시네이션 현상은 학습 데이터를 기반으로 답을 내놓는 LLM의 한계다.

보안 문제도 LLM이 해결해야 할 요소로 꼽힌다. LLM 사용이나 학습 과정에 쓰인 데이터가 유출되는 데 따른 우려다. 많은 생성형 AI 서비스 기업이 이 같은 우려를 일축하지만, 해킹 등 외부 공격으로 데이터셋이 탈취되거나, 반대로 LLM 기반의 챗봇으로 해킹 소스코드를 만들어내는 등 보안 이슈는 앞으로 반드시 개선해나가야 할 과제다.

애플 너마저도… 본격화되는 매그니피센트 7의 LLM 전쟁

AI에 대한 언급을 자제해왔던 애플도 마침내 챗GPT에 대항할 자체 AI 거대언어모델을 개발한다. 애플은 자체 프레임워크인 '에이잭스(Ajax)'를 기반으로 '애플 GPT'로 불리는 챗봇 서비스를 구축하는 등의 새로운 전략을 구상 중이다. AI라는 단어 사용을 극도로 자제한 애플 CEO 팀쿡조차도 "AI와 머신러닝은 우리가 만드는 거의 모든 제품에 통합할 핵심적이고 근본적인 기술"이라고 할 만큼 더 이상 애플도 AI를 외면할 수 없는 상황에 이르게 되었다.

애플은 아이폰·아이패드 등에 생성형 AI를 탑재하는 '제품 탑재형(온디바이스) AI' 전략을 추진할 계획으로 이를 위해 LLM 전문가 구인 광고까지 내걸었다. 기존 LLM을 압축, 클라우드가 아닌 모바일 기기에서 AI가 효율적으로 구동할 수 있도록 관련 전문가를 채용 중인데, MS나 구글이 클라우드 기반 AI 모델에 주력하는 것과는 달리 애플은 모바일 기기에 특화된 온디바이스 AI 기술 확보에 집중하고 있다.

만약 이 전략이 제대로 구현된다면, 아이폰 및 아이패드 등 애플 기기 사용자들은 데이터를 클라우드로 보낼 필요 없이 기기에서 곧바로 AI를 실행할 수 있어 더 빨리, 그리고 개인정보 침해 우려 없이 AI 서비스를 이용할 수 있게 된다.

애플까지 AI LLM 개발에 가세하면서 마침내 미국 시가총액 상위 7대 기업들 모두가 AI 전쟁에 참전해 2024년에는 이들 기업의 치열한 경쟁이 예고되고 있다. 애플, 마이크로소프트, 엔비디아, 아마존, 테슬라, 페이스북 모기업 메타, 구글 모기업 알파벳 등 '매그니피센트 7(Magnificent Seven)'으로 불리는 시총 상위 7개 기업은 이제 AI 시장에서 한 치의 양보 없는 전쟁을 치르게 된다. '매그니피센트 7'은 서부극 영화인 〈황야의 7인〉의 영어 제목으로, 이들 7개 기업의 시총 합계는 2023년 들어 60% 증가해 11조 달러(약 1경 3920조 원)를 넘어섰다. 이는 독일의 국내총생산(GDP)보다 3배 많은 규모다.

이들 빅테크 기업은 하나같이 자체적인 LLM을 개발해 자신들만의 생태계를 만들려 하고 있다. 오픈AI의 챗GPT라는 신기(神器)를 손에 넣은 마이크로소프트는 핵심 모델인 GPT를 자사의 검색엔진 빙에 채택했으며, 뒤이어 오피스 365에 적용한 '코파일럿(Co-Pilot)' 서비스까지 선보였다. 구글은 자체 LLM 팜2를 기반으로 한 AI 챗봇 '바드'를, 메타는 자체 LLM '라마2'를 오픈소스로 선보였다. 반도체 기업 엔비디아는 생성형 AI에 최적화된 칩을 생산해 AI 열풍을 주

시총 상위 7대 빅테크 기업들의 LLM 전략		
시총 순위	기업	LLM 전략
1	애플	애플GPT(가칭) 개발 중
2	MS	오픈AI·메타와 협력
3	알파벳(구글)	팜2로 AI 주도권 회복 나서
4	아마존	음성 AI '알렉사' LLM으로 개선
5	엔비디아	LLM 인프라인 GPU 지배력 강화
6	테슬라	xAI 출범하고 LLM 자체 개발
7	메타	오픈소스 라마2 무료 공개

자료: 언론 종합

도하는 한편, 네모 메가트론(NeMo Megatron)이라는 LLM을 일찍부터 구축해 기업에 서비스하고 있다.

아마존은 1억 달러(약 1265억 원)를 투자해 AI 및 머신러닝 분야의 전문가와 고객을 연결하는 생성형 AI 혁신 센터를 설립했고, 자체 LLM으로 음성 AI 알렉사를 업그레이드할 예정이다. 테슬라의 CEO 일론 머스크는 새로운 AI 기업 'xAI'를 설립해 역시 자체적으로 LLM을 구축할 계획이다.

LLM 개방이냐 폐쇄냐, 그것이 문제로다

폐쇄 진영: 들인 노력이 얼만데, 함부로 공개할 수 없다

생성형 AI의 핵심 엔진이라 할 수 있는 거대언어모델(LLM) 개발에 전 세계 기업들이 뛰어들고 있는 가운데, 과연 이 LLM을 전면 개방할 것인지, 아니면 자사의 핵심 기술로 누구에게도 공개하지 않을 것인지에 대한 기업들의 고민이 점점 커지고 있다.

오픈AI는 기업명과는 달리 자사의 LLM인 GPT-3.5와 GPT-4에 대한 기술적 정보 대부분을 외부에 공개하지 않고 있다. LLM을 적용한 서비스를 내놓는 범위까지만 허용하는 정도이다. 구글도 자사 LLM인 팜2의 기술적 정보를 완전 공개하지 않았다. 비용 지불 등의 협의가 있을 경우에만 제한적으로 기술 정보를 제공한다. 폐쇄 진영의 기업들은 LLM을 개발하며 들어간 막대한 비용을 고려해 원천 기술이라 할 수 있는 자사 LLM의 정보를 최대한 보호해야 한다. GPU와 클라우드 등의 인프라 투자를 비롯해 대량의 데이터 학습, 학습 데이터를 바로잡는 데 활용되는 인력, 전력 등 막대한 자원과 금액이 들어간다. 엄청난 비용을 투입했기 때문에 기술 원천인 LLM을 외부에 함부로 알려줄 수 없다. 대신 API의 유료 판매를 통해 개발비와 운영비를 충당한다.

오픈소스 진영:
누구에게나 무료, 손에 손잡고 생태계를 확대한다

이러한 폐쇄 진영에 도전장을 내민 것은 당연히 후발주자 기업이다. 메타가 라마2를 오픈소스로 공개한 데 이어 중국의 알리바바까지 LLM을 무료로 공개하겠다고 선언했다. 중국의 최대 전자상거래 업체 알리바바는 70억 매개변수를 갖춘 LLM '큐원-7B(Qwen-7B)'와 이를 대화형으로 미세조정한 챗봇 '큐원-7B-챗(Qwen-7B-Chat)'을 오픈소스로 공개했다. 알리바바는 이미지 등을 가공하는 AI 특허 100개도 무료로 제공했다.

    오픈소스 진영은 LLM을 누구나 무료로 이용할 수 있도록 하고 상업적 활용도 가능하다. 오픈소스 진영의 LLM을 활용한 AI 서비스가 출시되면 이용자를 빠르게 확보할 수 있는 동시에, LLM이 지닌 오류나 문제점 개선이 이뤄지고 학습 데이터를 확보하는 비용도 줄일 수 있다.

개발자나 스타트업들은 무료 공개된 LLM을 활용해 새로운 LLM을 만들 수도 있다. 생성형 AI 서비스 '아숙업'으로 단숨에 이용자 수 100만 명을 확보한 국내 스타트업 업스테이지는 메타의 LLM 라마를 파인튜닝해 자체 LLM 모델을 개발했다

오픈소스 진영은 대대적 공세로 생성형 AI 시장의 판도까지 바뀔 수 있다는 전망도 나오고 있다. 중국의 거대 기술기업인 알리바바가 중국 정부의 투자를 배경으로 미국과의 격차를 줄이기 위해 적극적으로 나서면 점유율 역전까지 나타날 수 있다. 무엇보다 개방형 LLM은 폐쇄형보다 경량화된 모델(sLLM, small Large Language Model)로, AI의 핵심인 LLM을 자체적으로 개발할 여력이 없는 스타트업이나 중소기업들이 각 사에 맞는 생성형 AI를 만드는 데 유리하다. 개방형 LLM을 활용한 다양한 AI 서비스 출시로 빠르게 이용자를 확보하면 오픈소스 진영의 영향력도 더 커질 것이다.

스마트폰 OS 시장과 AI 시장은 같다? 다르다?

LLM의 폐쇄 진영과 오픈소스 진영의 경쟁은 흡사 스마트폰의 OS(운영체제) 전쟁 양상과 유사하다. 애플이 아이폰을 발표하고 아이폰에 특화된 모바일 OS인 iOS를 폐쇄형으로 제공해 자신들만의 독자적인 생태계를 구축하는 데 성공했지만, 모바일 점유율은 약

30% 수준으로 시장을 넓히는 데에는 한계가 있었다.

반면 후발주자였던 구글은 안드로이드 OS를 오픈소스로 제공하면서 전 세계 스마트폰에 자신들의 OS를 적용시켰다. 개방성과 범용성이 뛰어난 안드로이드 OS는 삼성의 스마트폰을 비롯한 여러 스마트폰에 도입되면서 세계 최다 사용자를 보유한 모바일 운영체제로 자리매김했다. 전 세계 스마트폰 OS 점유율 70%를 차지한 안드로이드 OS는 무료로 제공했지만 구글이 가진 가장 크고 강력한 무기로 작용하고 있다. 구글은 안드로이드 덕분에 스마트폰 제조사와 통신사들을 상대로 우위를 점할 수 있게 되었고, 구글 플레이, 구글 검색, 유튜브 등 자사 서비스를 기반으로 한 광고수익을 늘릴 수 있는 초석을 마련했다.

모바일 OS의 선례만을 놓고 본다면 오픈소스로 제공하는 개방형 LLM 기업들이 향후에 새로운 플랫폼 강자로 등극할 가능성이

LLM 폐쇄 진영과 오픈소스 진영의 전략 비교	
폐쇄 진영	
오픈AI	• 'GPT-3.5·4' 일반 및 유료 이용자에게 서비스로 공개 • 상업적 이용은 비용 지불 시 제한적 허용
구글	• 팜2 관련 기술적 정보 비공개 • 지메일, 구글 문서 등 기존 구글 서비스에 적용
오픈소스 진영	
메타	• 라마2 일반에 상업적 이용 무료 허용
알리바바	• 70억 파라미터 갖춘 '큐원-7B', '큐원-7B-Chat' 무료 개방 • 월간 활성 이용자(MAU) 1억 명 이하 기업 상업적 무상 사용 가능

자료: 언론 종합

높아 보인다. 하지만 폐쇄형 iOS 전략으로 글로벌 기업 최초로 시가 총액 3조 달러를 돌파한 애플의 사례에서 볼 수 있듯이 폐쇄형 LLM 전략도 어떻게 활용하느냐에 따라 AI 시장에서 더 크게 성공할 수 있다.

특히 AI는 할루시네이션 등과 같은 정보의 오류나 안전 및 보안의 우려 때문에 함부로 개방하는 것이 위험할 수도 있다. 규제나 AI 윤리 등 해결해야 할 여러 변수 등도 존재하는 상황에서 섣불리 어느 쪽 진영이 더 낫다고 얘기하기에는 아직 시장이 성숙해지지 않았다.

어제의 적이 오늘은 동지,
합종연횡하는 AI 기업들

MS−구글−메타의 AI 삼국지

현재 AI 시장을 보면 마치 중국의 《삼국지》에 나오는 위, 촉, 오의 세 나라가 천하를 얻기 위해 치열한 싸움을 벌인 것처럼 MS, 구글, 메타도 AI 천하통일을 위해 한 치의 양보 없는 경쟁을 하고 있다.

챗GPT를 만든 오픈AI에 총 120억 달러를 투자한 마이크로소프트는 자사의 검색엔진 '빙(Bing)'에 GPT를 탑재한 데 이어 오피스 솔루션과 GPT를 결합시킨 '코파일럿'까지 선보이며 MS-오픈AI의 파트너십 관계를 확고히 했고, MS의 주가는 사상 최고치를 찍으며 제대로 GPT 효과를 누렸다.

MS-구글-메타의 LLM 경쟁 현황		
	GPT-4	PaLM2	LLaMA2
개발사	오픈AI	Google 구글	메타
출시	2023년 3월 14일	2023년	2023년 7월 19일
매개변수	비공개(조 단위로 추정)	5400억 개	최대 700억 개
특징	• 챗GPT, MS 검색엔진 빙 등에 도입 • 미국 통합 변호사 시험 성적 상위 10% • 한국어 정확도 77%	• 지메일, 구글 문서 등 구글 서비스에 적용 • 의료 전문 지식 학습한 Med-PaLm2, 미국 의료면허 모의시험 통과	• 오픈소스여서 누구나 무료로 상업적 이용 가능 • MS 애저, 아마존웹서비스 등 클라우드 플랫폼 등 통해 배포

자료: 언론 종합

세계적인 챗GPT 열풍에 위기의식을 느낀 기존 AI 강자 구글에는 비상이 걸렸다. 구글은 챗GPT에 대응하기 위해 '코드 레드(Code Red)'까지 발령하며 서둘러 대항마인 '바드'라는 AI 챗봇을 발표했지만, 오류와 부정확한 답변으로 오히려 주가가 급락하면서 체면만 구겼다. 절치부심한 구글은 2023년 5월 새로운 LLM 팜2로 교체한 '뉴 바드'를 발표했고, 2021년 9월까지의 정보만을 다룬 챗GPT와 달리 최신 정보까지 제공하는 바드는 그제야 대중들의 호응을 얻기 시작했다.

구글이 바드의 LLM을 기존의 람다(LaMDA)에서 팜2로 교체한 것은 신의 한 수였다. 100개 언어를 학습한 팜2는 상식적인 추론, 수학, 논리 등에서 더 우수했다. 구글은 수학적 표현과 대량의 수학 및 과학 텍스트를 팜2 모델에 학습시켰다. 오픈AI의 GPT-4는 자연어 모델이기 때문에 수학, 텍스트 추론에 약한 반면, 팜2는 수학 퍼즐을 풀고 문제 내용을 추론해 다이어그램도 생성할 수 있다.

챗GPT가 등장했을 때 "구글 검색의 시대는 끝났다"라고 발표했던 언론들은 새로운 바드와 팜2 LLM을 보고는 "검색의 새로운 시대를 열었다"라며 호평했다. 대중의 긍정적 평가에 자신감을 얻은 구글은 팜2 모델을 기반으로 한 25개의 새로운 AI 제품과 서비스 기능을 공개했고, 바드의 시장을 확장하기 위해 어도비를 비롯해 스포티파이, 칸아카데미, 우버 이츠 등 타사 브랜드와도 연결시켜 다양한 서비스를 제공하고 있다.

MS와 구글에 이어 LLM 경쟁에 본격 참전을 선언한 메타는 2023년 7월에 최신 LLM인 라마2를 발표했다. 라마(LLaMa)는 Large Language Model Meta AI의 약자로, 첫 번째 모델은 2023년 2월에 학계를 대상으로 공개되었다. 파라미터 수가 70억 개부터 650억 개 버전까지 존재했는데 오픈소스로 공개하면서 알파카, 비쿠냐 등 수많은 파생형 모델들의 탄생에 기여했다.

그로부터 5개월 후인 2023년 7월에 메타는 라마의 두 번째 버전을 발표했다. 이전 버전인 라마1보다 40% 더 많은 2조 개의 토큰을 학습했고, 파라미터는 각각 70억 개, 130억 개, 700억 개의 세 가지 모델로 제공해 선택의 폭을 넓혔다. 페이스북, 인스타그램 등 자사의 패밀리 앱 외에도 웹스크래핑 및 크롤링, 깃허브 코드, 위키피디아 텍스트, 퍼블릭 도메인 서적, LaTeX 코드로 작성된 논문, 질문답변 텍스트 등 방대한 데이터들을 통해 학습해 성능을 높였다.

가장 놀라운 점은 라마를 이전까지 상업용으로 공개할 계획이 없다고 한 자사의 방침을 철회하고 기업과 개인이 무료로 상업적 용도로도 활용할 수 있도록 오프소스로 공개했다는 것이다. 메타는 "AI 모델 접근 문턱을 더 낮출 것"이라며 "개발자와 사업가들이 AI 모델을 무료로 자유롭게 연구할 수 있도록 노력하겠다"고 강조했다. 메타의 결정으로 소스를 누구나 확인하고 수정할 수 있어 API 활용 비용 확보가 어려운 중소기업이나 스타트업도 누구나 생성형 AI 기술에 접근하는 길이 열렸다.

메타의 이러한 발표에 가장 큰 충격을 받은 기업은 앞서 나갔던 MS와 구글이었다. 자신들이 보유한 LLM인 GPT와 팜2 모델을 중심으로 독자적인 AI 생태계를 만들려던 원대한 구상에 메타가 찬물을 확 끼얹은 격이다.

사실 메타의 라마2는 연산이나 프롬프트 입출력 성능에 있어서 GPT와 팜2보다 떨어진다. 메타 스스로도 성능에 대해서는 격차가 있다고 인정한다. 실제 모델 성능을 평가하는 대규모 다중작업 언어 이해(MMLU, Massive Multitask Language Understanding) 벤치마크에서도 라마2는 GPT, 팜2 모두에게 뒤처지는 결과를 냈다. 그럼에도 메타의 라마2가 기업들과 개발자들로부터 관심을 끈 이유는 누구나 사용할 수 있는 오픈소스로 공개하고, AI로 인해 발생할 수 있는 위험과 부정적인 측면을 최소화하는 책임에 초점을 맞췄다는 점이다. 개방형으로 더 많은 혜택을 나누며 책임에 초점을 맞춰 투명하고 안전한 AI 생태계를 만들겠다는 일종의 선전포고를 한 셈이다.

메타와 손잡은 MS, 이런 양다리는 환영한다

그런데 놀라운 일이 벌어졌다. 메타의 라마2 발표에 충격을 받았을 것이라 예상했던 MS가 메타와 협력해 자사의 클라우드인 애저 (Azure) 서비스에 메타의 '라마2'를 탑재하겠다고 밝힌 것이다. 그러면서 MS는 같은 자리에서 오픈AI의 LLM인 GPT-4를 탑재한 'MS 365 코파일럿'도 공개했다. 1인당 월 30달러로, MS의 워드, 엑셀, 파워포인트 등을 포함한 사무용 소프트웨어에 GPT-4를 장착시킨 MS 365 코파일럿을 선보였는데, 사용자는 대화하듯이 요구사항을 입력하면 아웃룩에서 이메일 요약, 워드 문서의 파워포인트 프레젠

자료: MS 홈페이지

테이션 변환, 엑셀 스프레드시트의 판매 데이터 분석 등이 가능해진다.

　이미 오픈AI의 LLM인 GPT를 가지고 있는 MS가 메타와 양다리를 걸치겠다고 당당히 선언하자 대중들은 놀라면서도 환호했다. 이 날 MS 주가는 사상 최고치를 경신하기까지 했다. MS는 자사의 애저 고객에게 라마2를 사용할 수 있게 함으로써 오픈AI를 넘어 AI 플랫폼을 확장하겠다는 의지를 표명했고, 대중들은 이 같은 MS의 행보에 쌍수를 들어 환영한 것이다.

　MS는 메타와의 제휴로 클라우드 시장 점유율도 높일 수 있다. MS 애저에는 이미 GPT-3.5와 GPT-4 API가 유료로 제공되고 있는데, 여기에 무료 모델인 라마2가 포함되면 더욱 다양한 고객사를 MS 애저로 끌어들일 수 있게 된다. 2023년 기준 글로벌 클라우드 점유율은 아마존웹서비스(AWS) 32%, MS 23%, 구글 10% 순이다. 생성형 AI 경쟁이 치열해지면서 AWS의 점유율은 정체된 가운데 LLM을 보유한 MS와 구글의 성장은 가속화되고 있다. 오픈AI

빅테크 기업들의 AI LLM과 클라우드 보유 현황		
회사	언어모델	클라우드
마이크로소프트	GPT	애저
구글(알파벳)	팜2	구글 클라우드
엔비디아	네모(NeMO)	없음
아마존	알렉사 티처 모델	아마존웹서비스
메타	라마2	없음
테슬라	구축 중	없음

자료: 언론 종합

의 GPT와 메타의 라마2를 양손에 거머쥔 MS로서는 지금이야말로 1위를 탈환할 수 있는 절호의 기회이다.

사실 아마존이나 구글 등 다른 클라우드 경쟁사들은 여러 생성형 AI 모델을 제공해 개발자들이 원하는 서비스를 선택할 수 있도록 하고 있었다. 고객이 원한다면 어떤 LLM이든 제공하겠다는 개방적인 입장을 취하고 있던 상황에서, 클라우드 사업이 매출의 상당 부분을 차지하고 있는 MS도 메타와의 협력을 통해 이러한 추세를 따라간 것으로 볼 수 있다. MS는 오픈AI와의 동맹에 더해 메타를 애저에서 제공해 추가적인 클라우드 사용료 수입을 기대할 수 있게 되었다.

챗GPT, 화려한 날은 가고…

MS가 메타를 선택한 또 다른 배경에는 절대우위라 생각했던 챗GPT의 기세가 점점 약해지고 있다는 점도 있다. 트래픽 통계 서비스 업체 시밀러웹(SimilarWeb)에 따르면 2023년 6월 챗GPT의 트래픽은 전달 대비 9.7% 감소했다. 순방문자수와 체류 시간도 각각 5.7%, 8.5% 줄었는데, 2022년 11월 출시 이후 처음으로 월 기준 트래픽과 방문자 등 지표가 감소세를 보인 것이다. 이용자수 역시 2023년 6월에는 17억 명이 챗GPT를 이용했지만, 7월에는 15억 명으로 감소해 전월 대비 12%나 감소했다.

챗GPT 대신 챗GPT의 API를 활용하는 기업이 늘어난 것이 감

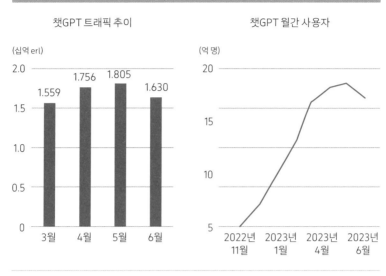

챗GPT의 트래픽과 월간 사용자 추이(2023년 6월 기준)

챗GPT 트래픽 추이

(십억 erl)

1.559	1.756	1.805	1.630
3월	4월	5월	6월

챗GPT 월간 사용자

(억 명)

2022년 11월, 2023년 1월, 2023년 4월, 2023년 6월

자료: 시밀러웹

소의 원인 중 하나로 꼽힌다. 많은 기업이 보안상의 이유로 업무에 챗GPT 사용을 금지하는 대신 챗GPT API로 개발된 AI 서비스를 이용하게 되면서 챗GPT 자체 이용자가 감소했다고 분석되었다. 이처럼 챗GPT의 트래픽과 이용자수가 줄어들면서, 출시 직후와 같은 급격한 성장세를 지속하긴 어렵다는 관측이 나오고 있는 상황이다.

챗GPT의 등장으로 구글의 검색시장 점유율도 크게 흔들릴 것이란 전망도 예상과 다르게 나타났다. 구글의 2023년 6월 검색시장 점유율은 92%로 전년 동기 대비 오히려 소폭 상승했다. 챗GPT를 앞세운 MS의 검색엔진 '빙'이 구글을 단숨에 몰아낼 것이라는 업계의 예측은 보기 좋게 빗나갔다.

챗GPT의 기술 신뢰성 자체에 대한 우려도 불거졌다. 마테이 자하리아(Matei Zaharia) 미국 UC버클리대학 부교수 연구팀과 제임스 저우(James Zou) 스탠퍼드대학 조교수 연구팀이 연구한 결과에 따르면 2023년 6월 기준 GPT-4의 답변 정확도가 3월에 비해 현저히 낮아진 것으로 드러났다. 3월에 GPT-4는 17077이 소수임을 97.6%의 정확도로 식별할 수 있었지만 불과 3개월 후 정확도는 2.4%로 급격하게 떨어졌다.

트위터와 온라인 개발자 포럼에서도 2023년 6월 이후 GPT-4의 논리적 추론 능력 약화, 잘못된 응답 증가 등의 불만이 속출했다. 한 개발자는 "현재 GPT-4는 기대에 못 미치는 수준이다. 한 달 동안 페라리를 운전하다가 갑자기 낡은 픽업트럭을 운전하는 것 같다. 내가 여기에 돈을 지불해야 할지 확신도 안 선다"고 말할 정도였다.

출시 당시 많은 주목을 받았던 GPT-4가 이제는 급격한 성능 저하로 개발자와 대중들로부터 조금씩 멀어지고 있는 것이다. 이러한 변화를 감지한 MS로서도 오픈AI의 GPT에만 의지하기에는 리스크가 컸을 것이다. 그래서 그에 대한 방안으로 메타의 라마2를 선택했다고 보인다.

자체 클라우드가 없는 메타 역시 MS 클라우드 애저를 통한 라마2의 제공은 적절한 선택이었다. LLM 후발주자인 메타 입장에서는 MS의 인프라를 활용해 외연을 넓히는 한편, 오픈소스로 제공되는 LLM의 지속적인 개선으로 기존 LLM의 시장 지배력을 점진적으로 잠식할 수 있기 때문이다. 메타는 MS 애저에 자사 LLM 모델을 탑재함으로써 한층 빠르게 시장 점유율을 확대할 수 있다. 오픈소스 모델 이용에 따른 낮은 운용 비용과 함께 여러 개발자가 성능을 수정할 수 있다는 점에서 라마2의 전체 기능은 빠르게 향상될 수 있다.

라마2를 오픈소스로 공개했다 하더라도 모델만으로는 서비스를 개발할 수 없다. LLM 기반 웹 및 앱 개발을 위해서는 클라우드가 필요하다. 이 때문에 MS 애저에서 라마2를 이용할 수 있으면 서비스 개발 편의성이 훨씬 높아진다. 개발이 편해지면 기업들도 라마2를 사용할 가능성이 높아진다.

결국 MS와 메타의 협력은 시장 점유율 확대와 LLM 다각화라는 양측의 이해관계가 맞아떨어진 결과이다. 경쟁 관계로 여겨졌던 MS가 메타와 손을 잡으면서 AI 시장은 새로운 국면을 맞이하게 되었다.

기업 간 AI 전쟁의 다음 격전지는 기업용(B2B) 시장

파산설이 들리는 오픈AI의 위기 탈출은 기업용 시장 공략

"챗GPT의 연산 비용이 눈물 날 정도다."

샘 알트먼 오픈AI CEO

월 이용자수 15억 명을 자랑하는 오픈AI조차도 챗GPT 이용자 급감과 높은 운용 비용으로 인한 지속적인 손실로 인해 2024년 내에 파산할 수도 있다고 경고음이 들려오고 있다. 오픈AI가 챗GPT를 유지하는 데 드는 비용은 하루에만 약 70만 달러(약 9억 1000만 원)로 추산된다. 챗GPT는 대규모 컴퓨팅 자원을 활용해 학습하는

LLM을 기반으로 하고 있고, 이 LLM을 가동하는 데 고성능 서버가 필수적이어서 서버 운영비와 전력 사용료로 막대한 비용이 들어간다.

MS가 투자한 100억 달러와 다른 벤처투자가들도 가세한 덕에 아직은 막대한 운영비를 감당하고 있지만, 언제까지 적자를 보면서 운영을 유지할 수는 없는 상황이다. 2023년 5월 기준 약 5억 4000만 달러(약 7230억 원)의 손실을 기록하고 있는데, 지금 상태가 계속된다면 투자금을 모두 까먹는 것은 시간문제다. API 판매와 유료 버전 출시 등으로 2024년에 10억 달러(약 1조 3400억 원) 매출을 목표로 하고 있지만 손실 폭은 점점 커져만 가고 있다.

뚜렷한 비즈니스 모델로 파산 소문까지 들려온 오픈AI가 선택한 길은 기업용(B2B) 시장 공략이다. 오픈AI는 2023년 8월 말 기업용

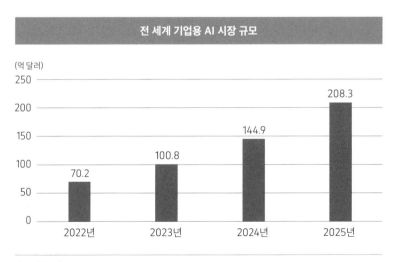

전 세계 기업용 AI 시장 규모

(억 달러)

2022년	2023년	2024년	2025년
70.2	100.8	144.9	208.3

자료: 언론 종합

주요 기업 B2B 공략 AI 서비스		
회사	주요 서비스	특징
오픈AI	챗GPT 엔터프라이즈	일반 챗GTP에 비해 2배 빠른 속도, 기업 데이터 맞춤 학습 가능
MS	빙 챗 엔터프라이즈	빙 서치를 기업용으로 업그레이드, 개인정보 유출 방지, 데이터 접근 권한 제한 등 보안 보강
구글	버텍스AI	다양한 AI 모델에 접근 가능, 직접 모델 튜닝 가능
아마존 웹서비스	아마존 베드록	다수의 거대언어모델 동시 사용, 기업별 AI 애플리케이션 구축·배포에 사용 가능
네이버	클로바 스튜디오	한국어 특화 '하이퍼클로바X' 모델 사용, 기업별 특화 AI 모델 구축 지원
삼성SDS	(이름 미공개)	클라우드 기반 생성형 AI를 활용한 서비스

자료: 언론 종합

서비스인 '챗GPT 엔터프라이즈'를 전격 공개했다. GPT-4를 기반으로 한 이 기업용 서비스는 개인 대상 유료 서비스인 챗GPT 플러스에 비해 최대 2배 정도 속도가 빠르다.

또한 텍스트 및 파일을 기존보다 4배나 입력할 수 있고 데이터 해석 능력까지 갖췄다. 무엇보다 기업의 데이터를 절대 학습에 사용하지 않고 암호화해 기업들이 우려하는 보안 문제까지 해결했다. 그러면서도 기업 데이터를 챗GPT에 맞춤형으로 학습시키는 것이 가능하다. 향후에는 소규모 팀을 위한 '챗GPT 비즈니스'도 출시될 예정이다.

이처럼 오픈AI가 기업용 버전을 내놓으면서 생성형 AI 시장의 중심축은 B2C(기업과 개인 간 거래)에서 B2B(기업 간 거래)로 빠르게 옮겨갈 전망이다. 2023년이 챗GPT의 등장으로 개인용 AI 서비스가 시장의 관심을 한 몸에 받으며 'AI 돌풍'을 불러왔다면 2024년에는 생태계 확장과 AI 수익화의 핵심인 B2B 사업에서 한판 승부가 펼쳐질 것이다.

파트너라도 절대 양보할 수 없는 기업 시장

MS는 기업용 챗봇인 '빙챗 엔터프라이즈'도 출시했다. 빙챗 엔터프라이즈는 검색엔진 빙에서 제공되며, 기업의 상업용 데이터 보호를 보장하면서 업무용 AI 기반 채팅을 제공한다. 이미 2023년 1월에 MS는 애저 클라우드 및 컴퓨팅 인프라에서 기대할 수 있는 보안, 컴플라이언스, 데이터 개인정보 보호는 물론 GPT-4, 챗GPT, 달리(DALL-E) 등 LLM에 대한 접근권을 제공하는 '애저 오픈AI 서비스'를 출시한 바 있다. MS가 출시할 코파일럿은 MS의 대표적 업무 툴인 파워포인트, 엑셀 등에 AI를 결합해 이용자의 작업을 돕는다. 파워포인트(PPT) 초안을 작성하면 AI가 알맞은 디자인과 이미지 등을 생성하고, 엑셀에서는 데이터 분석, 시각화 등을 할 수 있다.

흥미로운 것은 오픈AI의 '챗GPT 엔터프라이즈'는 MS가 오픈AI의 기술을 기반으로 만든 '빙 챗 엔터프라이즈'가 나온 지 6주 만에 공개되었다는 점이다. 챗GPT 엔터프라이즈와 MS 기업 고객군의 타깃층이 겹칠 수밖에 없다. 챗GPT가 출시된 이후 《포춘》 500대 기업 중 80% 이상은 챗GPT를 사용했고, 이 기업들 중 간단하고 안전한 방식으로 기업 내에서 챗GPT를 사용하고 싶다는 요청이 쇄도했다.

오픈AI의 지분 49%를 갖고 있는 MS이지만 B2B 시장에서는 한 치의 양보 없이 경쟁하겠다는 의미다. 수익 창출과 핵심 고객 확보를 위해서라면 파트너라도 결코 봐줄 수 없다는 선전포고인 셈이다.

물론 오픈AI는 '챗GPT 엔터프라이즈'가 MS의 '빙 챗 엔터프라이즈'와 꼭 경쟁 관계일 필요는 없다며 "기업들이 '챗GPT 엔터프라이즈'와 MS를 포함하는 다른 회사 제품과 함께 사용할 수 있다"고 공식적인 입장을 밝혔다. 하지만 '투자-협력'에서 '경쟁' 관계로 바뀔 수 있는 이번 오픈AI와 MS의 기업용 서비스 출시는 앞으로 생성형 AI B2B 시장에서의 경쟁이 엄청나게 뜨거워질 것이라고 예고하고 있다.

구글 역시 기업용 AI 서비스를 출시한다. 구글 미트, 구글 챗, 구글 닥스, 구글 시트, 지메일 등으로 구성된 클라우드 협업 소프트웨어 도구인 워크스페이스에서 활용 가능한 '듀엣(Duet) AI'를 출시할 계획이다. 이용료는 기업 고객의 직원 한 명당 30달러로 책정했다. 구글은 클라우드를 통해서도 AI 기업 고객을 확장하고 있다.

구글이 딥마인드와 협력 개발 중인 AI '제미니'도 B2B 기업 시장을 노리고 있다. 이미 구글은 클라우드를 통해 확보한 고객사를 중심으로 AI B2B 생태계를 확장하고 있다.

주요 업무용 AI 서비스		
	서비스	특징
마이크로소프트	코파일럿	MS 오피스 등에 접목
구글	듀엣 AI	구글 워크스페이스에 적용
네이버	프로젝트 커넥트X	일정 생성, 보고서 작성

세계 최대 클라우드 서비스 기업인 아마존웹서비스(AWS)도 기업들을 위한 '아마존 베드록'을 운영 중이다. 국내 기업들 역시 최근 들어 생성형 AI 모델로 AI B2B 시장에 본격적으로 뛰어들었다.

아마존웹서비스는 'AWS 마켓플레이스'에서 많은 기업이 생성형 AI 기술을 도입할 수 있도록 LLM 제품군을 출시했다. 또한 '아마존 세이지메이커 점프스타트'를 통해 고객이 머신러닝을 시작할 수 있도록 사전학습된 오픈소스 모델을 제공한다.

국내 기업들은 한국어 특화 서비스로 기업 시장 공략

KT, 네이버, SK텔레콤, LG AI연구원, 엔씨소프트 등 국내 빅테크 기업들도 기업 시장(B2B)을 적극 공략할 방침이다. 무엇보다 한국어에 특화된 생성형 AI 서비스로 국내 기업들의 수요를 맞출 계획이다.

KT는 파라미터 2000억 개 이상인 LLM '믿음'을 기반으로 한 기업용 패키지 서비스를 출시한다. KT는 2023년 6월 AI 사업 관련 설명회에서 AI 기술을 물류와 AI 컨택센터는 물론 교육, 헬스케어, 로봇에 적용하는 청사진을 공개했다. 이를 위해 자사 클라우드에 리벨리온의 AI 반도체 NPU(신경망처리장치) 등 AI 관련 인프라를 구축하고 있다.

SK텔레콤은 기업·공공기관 등의 요구에 맞춰 대화 및 고객센터 등 통신사 기반 서비스를 중심으로 자체 개발해온 에이닷 LLM, 윤리적 답변 및 대용량 텍스트 입력에 강점이 있는 엔트로픽의 LLM, 한국어 데이터가 풍부한 코난 LLM 등을 조합한 '멀티 LLM'을 고객 맞춤형으로 제공한다.

네이버는 LLM '하이퍼클로바X' 기반의 대화형 AI 챗봇 '클로바 X'를 내외부 서비스와 연동해 챗GPT와 같이 누구나 쉽게 생성형 AI 서비스를 제공한다는 전략이다. 강력한 보안과 기업 자체적 생성형 AI 구축을 원하는 기업 고객을 위한 완전 관리형 하이브리드 클라우드 서비스인 '뉴로클라우드 포 하이퍼클로바X'도 공개했다.

LG그룹 AI 연구의 싱크탱크 역할을 하는 LG AI연구원은 차세대 LLM '엑사원 2.0'을 접목한 B2B 서비스를 선보일 예정이다.

기업 고객이 자체적으로 생성형 AI를 만들 수 있도록 기반 기술을 제공하는 서비스도 경쟁이 치열해질 전망이다. 최근 등장하는 LLM은 이 같은 특화 서비스 시장을 겨냥하고 있다. 범용으로 쓸 수는 없어도 용도를 한정해 기업이 필요한 AI 서비스를 개발하도록 지원하고 있다.

챗GPT와 같은 범용 서비스는 기업의 민감한 정보를 입력하기 어렵다. 정보 유출을 막기 위해 데이터가 밖으로 나가지 않는 전용 AI를 개발해 내부 업무에 활용하는 게 주된 용도다. 기업이 보유한 데이터를 학습시켜 특정 분야에 특화한 AI 서비스를 내놓을 수도 있다.

기업 간 AI 전쟁의 승패는 수익화에 달려 있다

챗GPT 광풍으로 생성형 AI의 가능성을 엿본 기업들은 빅테크, 스타트업 가릴 것 없이 이제 자신만의 특화된 방식으로 LLM 경쟁력 확보에 총력을 기울이고 있다. 아직 AI 시장의 명확한 승자와 패자가 갈리지 않은 시점에서 2024년은 향후 AI 시장을 이끌어갈 리더가 정해질 중요한 분수령이 될 것이다.

AI를 비롯한 모든 IT 기술은 기술 그 자체에 머무르면 안 된다. 비즈니스 모델로 이어져 수익을 창출할 수 있어야만 새 가치를 만들 수 있다. 한마디로 AI로 돈을 벌 수 있느냐가 관건이다. 한때 챗GPT만큼이나 혁신적인 서비스로 관심을 모았던 메타버스가 지금은 밀려난 이유도 수익화 모델의 부재 때문이다. AI 역사에 한 획을 그은 챗GPT의 아버지 샘 알트먼(Sam Altman)도 뚜렷한 수익화 모델이 없어 우는 소리를 할 정도이다.

앞으로의 AI 혁신은 기술의 혁신 아닌 비즈니스의 혁신이다. 빅테크조차 쉽지 않은 AI 수익화에 어떤 기업이 의미 있는 성과를 만들어낼지에 따라 기업 간 AI 전쟁의 승패는 좌우될 것이다. 승자독식의 법칙이 지배하는 IT 업계에서 과연 어떤 기업의 LLM이 시장의 선택을 받을지 귀추가 주목된다.

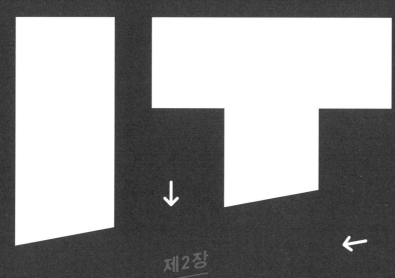

제 2 장

국가 간 AI 전쟁: 막는 미국, 추격하는 중국

총성 없는
AI 세계대전이 시작됐다

중국에 AI 반도체 팔지 마!

2023년 8월 9일, 미국의 조 바이든 대통령은 반도체 및 마이크로 일렉트로닉스, 양자컴퓨팅 기술, 그리고 인공지능(AI) 시스템 3개 분야에 대해 미국 자본의 대중 투자를 규제하는 행정명령에 서명했다. 행정명령에 따라 해당 산업 분야의 중국 기업에 투자하려는 미국 기업은 사전에 투자 계획을 의무적으로 신고해야 한다. 사모펀드, 인수합병(M&A), 벤처캐피털(VC), 합작사(JV) 등이 대상이고 투자에 대한 결정권은 재무부 장관에게 부여된다.

이번 바이든 대통령의 조치는 이전부터 계속되어온 첨단기술에 대한 미국의 대중(對中) 견제 일환이었다. 특히 글로벌 반도체 업체들은 AI 분야의 규제에 대해 걱정스런 시선을 보내고 있다. 반도체 업체들의 가장 큰 먹거리인 AI 반도체 수출이 제한받게 될 경우 적잖은 타격을 입을 수 있기 때문이다. 2023년 6월에는 미국 상무부가 미국 내 반도체 업체가 제조하는 AI 반도체에 대해 중국 고객 출하 중단을 명령했는데, 이 여파로 AI 반도체 기업인 엔비디아의 주가가 일시적으로 하락하기도 했다.

이렇게까지 미국이 AI 분야에 있어 중국을 견제하는 이유는 무엇일까? 그것은 한 수 아래라고 여겨왔던 중국의 AI 기술력이 어느새 턱밑까지 쫓아왔기 때문이다.

어디까지 왔나? 미국 턱밑까지 온 중국의 AI

미국은 실리콘밸리의 빅테크 기업들을 중심으로 챗GPT, 팜2, 라마 등 주요 LLM은 물론 반도체 등 하드웨어까지 모든 부문에서 전 세계적인 주도권을 쥐고 있다. 반면 중국은 정부를 중심으로 하여 국가 정책 추진 및 보조금 지원 등을 통해 빠르게 미국과의 기술 격차를 좁혀나가고 있다.

브래드 스미스(Bradford Smith) MS 부회장은 "생성형 AI 주도권 경쟁에서 미·중 양국 간 기술 격차는 연 단위가 아닌 월 단위에 불과하다"고까지 언급했다. 국내 정보통신기획평가원의 〈ICT 기술수준조사보고서〉에서도 미·중 양국 간 AI 기술 격차는 2016년 2.3년에서 2021년 0.8년으로까지 좁혀진 것으로 나타났다.

미국과 중국을 중심으로 한 국가 간 AI 전쟁에서 미국은 챔피언이고 중국은 도전자다. AI 세계 챔피언 벨트를 사수해야 하는 미국으로서는 모든 수단을 써서라도 중국의 거센 도전을 방어해야 한다. 미국은 실리콘밸리의 빅테크들이 각자의 방식으로 AI 사업을 전개하고 있지만, 중국은 적극적인 정부 주도하에 모든 분야에서 일사불란하게 미국보다 빨리 AI를 개발하고 도입하려 한다.

미국은 핵심 반도체 및 장비의 수출 규제로 중국의 AI 개발 속도를 늦추는 데 집중하고 있다. 이미 반도체 및 배터리 등의 분야에서 중국이 보조금 지원과 세제 혜택을 앞세워 급속도로 치고 올라온 상황을 경험한 만큼 AI 분야에서만큼은 추격을 허락하지 않겠다는 입장이다. 중국에의 AI 반도체 수출을 통제하는가 하면, 아마존, MS 등 미국 클라우드 기업들이 중국에 서비스를 제공하기 전에 미국 정부의 허가를 받도록 하고 있다. 미 의회와 정부는 텐센트, 알리바바 등 중국 기업들의 미국 내 사업을 제한하는 방안도 강구하고 있다.

반면 중국은 미국의 AI 제재가 본격화되기 전에 대규모 투자와 정부 지원을 통해 'AI 굴기'에 정부 역량을 총동원한다는 계획이다. 2023년에만 무려 147억 달러를 AI 관련 사업에 투자하는데, 이는 전 세계 투자 금액의 10%에 달하는 규모이다. 2023년 상반기에 중국에서 이뤄진 AI 분야 벤처투자 건수도 447건으로 미국의 3분의 2 수준이다.

미국의 빅테크들이 생성형 AI 챗봇 경쟁을 펼치고 있다면, 중국에서는 정부의 의도에 맞는 알고리즘 제시를 위해 중국 내에서만 사용 가능한 바이두의 어니봇(Ernie Bot), 알리바바의 통이치엔원(Tongyi Qianwen) 같은 AI가 등장했다.

더 나아가 중국은 거대언어모델(LLM)에 대한 국가 표준까지 만들려고 하고 있다. 국가 주도로 미국의 챗GPT와 경쟁할 수 있는 LLM을 자체 개발하고 동시에 AI를 규제하려는 의도이다. 중국 정부는 LLM에 대한 국가 표준을 만들기 위해 화웨이, 알리바바, 바이두, 아이플라이텍, 360, 차이나모바일 등의 기업이 참여하는 특별 태스크포스(TF)도 구성했다.

정부의 이런 움직임에 중국 기업들도 LLM 개발에 박차를 가하고 있다. 알리바바는 LLM 모델 '통이치엔원'을 출시한 데 이어 '통이완시앙(Tongyi Wanxiang)'이라는 기업용 이미지 생성형 AI를 발표했다. 이 AI는 중국어, 영어로 프롬프트(명령어)를 입력하면 스케치, 3D 만화 같은 스타일의 이미지를 창출한다.

화웨이는 LLM인 '판구(Pangu)'의 3.0 모델을 공개했는데, 판구 3.0은 최대 1000억 개 파라미터를 기반으로 하고 있어 다양한 고객이 자신의 수요에 맞게 AI 모델을 훈련할 수 있도록 했다. 특정 산업의 공개된 데이터를 학습해 업종에 특화된 AI 모델 환경도 제공할 수 있다.

다만 중국의 규제 당국은 LLM을 기반으로 구동하는 AI 서비스에 대해 생성된 콘텐츠가 국가의 핵심인 사회주의 가치와 일치해야 한다고 입장을 밝혔다. 이 때문에 중국의 생성형 AI 및 LLM 시장에 많은 업체가 참가했지만, 매우 높은 진입장벽으로 정부 승인을 얻기가 쉽지 않다. 중국이 LLM의 국가 표준을 만들겠다고 한 이면에는 정부가 제어 가능한 AI를 만들겠다는 의도가 숨어 있다.

없으면 직접 만든다.
자급자족으로 미국에 대항하는 중국 정부의 의지

미국의 강도 높은 제재에 맞서 중국은 AI 반도체 제조에 성공하면서 AI 자립의 돌파구를 찾았다. 화웨이는 엔비디아의 데이터센터용 GPU 'A100'과 동등한 수준의 GPU(그래픽처리장치)를 개발했다고 밝혔는데, 이 소식에 미국을 비롯한 세계 반도체 업계는 적잖이 당황했다.

첨단 반도체를 생산할 수 있는 장비 및 기술을 중국에 판매하지 못하도록 미국이 강력하게 규제하자 중국 정부는 화웨이 등에 300억 달러라는 막대한 보조금을 투입해 비밀 반도체 공장을 설립했다. 중국 정부의 든든한 지원 덕분에 화웨이는 최소 두 곳 이상의 반도체 공장을 인수했고, 이렇게 강화된 반도체 기술 역량은 중국이 자체적으로 AI 반도체를 생산할 수 있는 밑거름이 되었다.

화웨이가 엔비디아 A100에 버금가는 GPU를 개발함에 따라 글로벌 AI 반도체 시장에서 압도적인 우위를 지켜온 엔비디아는 큰 타격이 우려된다. 핵심 반도체 시장인 중국을 화웨이에 고스란히 뺏길 처지에 놓였기 때문이다. 2022년 기준 중국의 반도체 구매액은 전 세계 수요의 3분의 1인 1800억 달러(약 226조 9800억 원)에 달한다. 하지만 미국이 내건 조치들로 인해 엔비디아는 중국 내 기업에 A100을 단 하나도 판매하지 못하고 있다. 챗GPT 열풍으로 AI 반도체 수요가 폭발적으로 증가하고 있는 상황에서 화웨이에 AI 반도체 고객사를 모조리 빼앗기게 되면 엔비디아의 1위 자리는 위태로워질 수밖에 없다.

중국은 세계 최대의 반도체 시장이다. 전 세계 생산의 25~30%를 흡수하고 있다. 중국 시장이 더 차단되면, 미국의 반도체 제조는 생산과잉에 직면할 것이다. 그럼에도 불구하고 미국 정부의 대중 규제는 쉽게 완화되지 않을 것이다. 중국의 'AI 굴기'를 향한 행보가 결코 예사롭지 않기 때문이다.

유럽도 일본도 AI 세계대전에 참전

에마뉘엘 마크롱 프랑스 대통령은 유럽 최대 스타트업 행사 '비바테크'에 참석해 미국 오픈AI의 GPT-4, 구글의 팜 못지않은 언어모델을 만들어야 한다고 강조했다. 다른 나라보다 초거대 AI를 더 견제했던 프랑스는 자체 LLM 구축에 5억 유로(약 7100억 원)를 투자하기로 하는 등 AI 주도권을 잡기 위해 나섰다. 마크롱 대통령은 "프랑스어로 된 데이터베이스를 만들어야 한다"며 미·중보다 적은 투자를 하면서 규제부터 만드는 유럽의 행보에 대해 강하게 비판했다.

영국도 자체 LLM인 '브릿(Brit) GPT' 구축에 나섰다. 오픈AI가 런던에 첫 해외 사무소를 열자 미국 기업이 영국 내 시장을 장악할 수 있다는 위기감이 번지면서 초거대 AI 모델 훈련과 슈퍼컴퓨터 구축에 거액을 투자하겠다고 선언한 것이다.

일본도 정부가 나서서 새로운 AI 국가전략을 발표했다. 일본 자민당 디지털사회추진본부는 새로운 AI 국가전략을 기시다 총리에게 제언하는 《AI 백서》를 공개했다. 챗GPT가 촉발한 전 세계적인 AI 혁명에 대응하고 국가 경쟁력을 제고하기 위해 새로운 AI 국가전략 마련이 필요하다는 점을 강조했다. 거대언어모델(LLM) 등 기반 모델 AI의 진화와 사회 확산이 새로운 경제성장의 기폭제가 될 수 있다고 분석하면서, 새로운 AI 시대에 부합하는 새로운 국가 기본 전략을 책정하고 새로운 정책의 입안 및 지금까지의 대응을 조속히 재검토할 것을 제언하고 있다.

이스라엘 스타트업 AI21랩스는 차세대 LLM '쥐라기-2'를 발표했는데, 2021년 GPT-3보다 파라미터 수가 많은 것으로 주목받았던 '쥐라기-1-점보'(1780억 개)를 고도화한 것이다. '스타트업의 천국' 이스라엘은 이제 'AI 스타트업의 천국'으로 거듭날 준비를 하고 있다. 다만 갑작스럽게 터진 이스라엘-하마스(팔레스타인 무장단체) 간의 전쟁으로 인해 이스라엘 AI 산업도 당분간은 그 영향을 피할 수 없을 듯하다. 이스라엘 IT 기업 대부분은 직원의 10~30%를 전쟁에 동원하고 있고, 지정학적 리스크로 이스라엘 스타트업에 대한 투자도 감소하고 있는 추세이다. (꼭 이스라엘 때문만이 아니더라도 인류의 평화를 위해 중동 사태가 하루속히 종결되었으면 하는 바람이다.)

어차피 1등은 미국?
아니면 중국의 한판 뒤집기?

14억 인구의 빅데이터와 정부의 막강 지원으로
'중국 AI 굴기'를 실현하다

중국은 적극적인 정부 주도하에 모든 분야에 미국보다 빨리 AI를 배치하고 있다. 2030년까지 세계 AI 리더가 되겠다며 6년 동안 몰두해온 중국의 국가적 계획은 이제 현실이 되고 있다.

　AI 시장은 아직 초기 단계로 현시점에서는 미국이 주도권을 쥐고 있다. 워싱턴대학의 페드로 도밍고스(Pedro Domingos) 교수는 AI의 큰 혁신은 아직 일어나지 않았으며 현재 미국이 AI 분야에서 우위를 점하고 있다고 주장한다. 하지만 미국은 2030년까지 중국을 세계 최고의 AI 강국으로 만들겠다는 중국 정부의 정책을 분명히 고민하고 있다. 물론 중국이 AI 분야를 지배하기 위해서는 넘어야 할 장애물은 많다.

지난 2년간 시진핑 주석이 기술 부문의 권력을 단속하며 중국 경영진은 위험을 회피하는 경향이 강해졌다. 중국 정부의 검열에 대한 집착 역시 AI 모델 개발의 아킬레스건이 될 수 있다. 누락된 데이터가 많거나 금지된 주제를 피하도록 프로그래밍된 경우 AI 모델이 제 능력을 충분히 발휘하지 못하기 때문이다.

중국 내 AI 인력도 부족하다. 중국 최고의 AI 과학자들은 단순히 공부하고 일하기 위해서가 아니라 보다 민주적인 삶의 방식을 선호해 해외로 떠난다.

이러한 문제에도 불구하고 중국의 AI 기술 역량은 어느새 미국을 뛰어넘고 있다. 과학기술 연구논문 분석 기관인 클래리베이트의 조사에 따르면, 2018~2022년 생성형 AI 분야 논문은 중국이 1만 9318건으로 가장 많았고, 그 뒤를 미국(1만 1624건), 인도(4058건)가 차지했다. 세계 상위 슈퍼컴퓨터 500대 중 중국은 162대를 보유하고 있는 반면, 미국은 127대다.

무엇보다 중국 AI 기술의 원동력은 14억 인구에서 추출하는 빅데이터다. 개인정보나 저작권 보호 수준이 약한 데다 세계에서 가장 많은 감시카메라 등을 손쉽게 활용할 수 있다 보니 안면인식 AI 분야에서 앞서가고 있다. 특히 중국의 AI 개발자들은 스피드가 중요하고 모방이 용인되는 무한 경쟁 시장에서 단련됐다.

미국은 중국이 첨단 AI 반도체를 만들지 못하도록 수단과 방법을 가리지 않고 견제하고, 중국은 정부의 전폭적인 지지를 기반 삼아 AI 굴기를 실현하려 진격 중이다. 동시에 자국 내 챗GPT 접속을 차단하는 등 '만리장성 방화벽'도 높이 쌓아 올리고 있다. 이러한 추세로 보면 중국이 세계 AI 시장에서 미국을 제치고 선두가 되는 것은 시간문제라고 할 수 있다.

미국과 중국의 다음 경쟁은 '군사용 AI'

반도체, LLM에 이은 미·중 AI 전쟁의 다음 전장(戰場)은 총알이 난무하는 전쟁, 즉 군사용 AI 분야이다. 미국 조지타운대학 '안보와 신흥기술 센터'의 연구에 따르면 정보 부문과 경계, 정찰 부문의 AI가 두 나라 국방 조달 계약에서 두 번째로 큰 비중을 차지하는 것으로 나타났다.

미국과 중국은 AI의 군사 응용 중에서도 인간의 개입 없이 목표물로 가는 길을 찾는 무기 체계와 위성사진을 통해 목표물을 식별하는 수단과 관련한 연구 등을 우선순위에 올려놓고 있다. 잠재적 타깃을 찾기 위한 위성사진 분석 AI 솔루션 등도 주요 조달 대상 품목에 포함돼 있다.

또한 미·중 양국은 AI를 활용한 군사기술 분야의 훈련과 테스트에도 박차를 가하고 있다. 중국의 국방기술대학은 수십 대의 드론이 서로 도와가며 교란 신호를 극복한 뒤 '자폭 드론'으로 목표물을 파괴하는 테스트에 성공했다. 시진핑 중국 국가주석은 2022년 제

세계 각국이 개발 중인 AI 무기들		
빠르게 나타나는 AI 무기들	자폭 드론	• 러시아-우크라이나 전쟁: AI가 조종하고 자폭하는 드론 실제 사용
	AI 장거리포	• 중국 인민해방군: 16km 밖에서 정확하게 사람을 타격할 수 있는 AI 유도 장거리포 개발
	AI 로봇개	• 미국: AI로 목표를 선택하고 조종할 수 있는 소총 달린 로봇 개 개발 • 호주: 뇌파를 해석하는 AI가 탑재된 전투용 로봇개 테스트
AI 전투기	AI 전투기	• 미국: AI가 조종하는 전투기 테스트 • 중국: 8초 만에 미국 전투기를 격추하는 AI 전투기 테스트
	AI 전투탱크	• 미 방산업체 제너럴 다이내믹스: 적이 여럿 있을 때 공격 우선순위를 정해주는 AI가 탑재된 전투 탱크 개발

자료: 《조선일보》

20차 공산당 전국대표대회에서 무인·스마트 전투 역량 발전 가속화를 천명하는 등 중국이 국가적으로 AI의 군사 응용에 박차를 가하고 있다.

미국 역시 영국, 호주 등과 함께 다수의 AI 탑재 드론을 사용해 탱크, 자주포, 장갑차 등 지상 차량에 대한 추적 및 공격을 시뮬레이션하는 합동훈련을 실시했다. 미국의 국방고등연구청은 육해공 기반 AI 유도 드론을 필요시 결합할 수 있도록 하는 프로젝트를 입찰했고, 미국 국방부는 생성형 AI 도구의 활용을 연구하는 팀을 만들었다.

총성 없는 AI 전쟁이 이제 진짜 총을 서로에게 겨누는 전쟁으로 점차 고조되고 있다. 다만 과거의 전쟁과 다른 점은 총을 든 주체가 사람이 아닌 AI라는 것이다. 더욱이 AI가 잘못된 군사정보를 제공해 군의 의사결정권자가 오판이라도 하면 군사적 긴장이 고조되는 상황을 초래할 수 있다. 군사용 AI의 경쟁으로 미·중 간 군사적 균형이 흔들리면, 최악의 경우 핵전쟁으로 이어질 수 있다. 어리석은 결과를 초래하기 전에 부디 군사용 AI 경쟁만큼은 중단했으면 하는 바람이다.

내 돈 가져가, 쇼미 GPU
(Take my money, Show me GPU)

'오일 머니'를 앞세운 중동 부자 국가들의 GPU 싹쓸이

미국과 중국이 AI 반도체를 둘러싸고 공방을 벌이고 있는 가운데, '석유 부자 국가'인 사우디아라비아와 아랍에미리트(UAE)가 엔비디아로부터 수천 개의 고성능 GPU 칩을 구매해 눈길을 끌었다.

사우디는 최소 3000개의 H100 칩을 구매했는데, 이 칩은 개당 가격이 4만 달러(약 5300만 원)에 달하는 고사양 제품이다. 칩 구매 비용만 약 1억 2000만 달러(약 1606억 원)로, 이 칩 구매에는 사우디의 킹 압둘라 과학기술대학(KAUST)이 관여했다. KAUST는 확보한 GPU 칩을 통해 오픈AI의 GPT-4와 비슷한 생성형 AI를 개발 중이다. 연구 인력은 중국 출신 AI 전문가들로, 미국에서의 활동이 막히자 대거 사우디로 건너간 것이다. 사우디는 엔비디아와 협력 관계를 맺고 인공지능 연구용 센터도 설립했다.

UAE도 엔비디아로부터 수천 개의 칩을 확보해 자체 오픈소스 LLM인 '팔콘'을 개발했다. 미국과 중국이 주도하는 AI 개발 경쟁에 '오일 머니'가 가세하면서 안 그래도 부족한 엔비디아의 GPU는 더욱 부족한 지경에 이르고 있다.

일각에서는 중동 부자 국가들의 AI칩 구매를 걱정스러운 눈으로 바라보고 있다. AI 활용에 대한 가이드라인도 없고 악용하더라도 알 수도, 막기도 힘들기 때문이다. 감시와 해킹 등을 통해 반대세력을 통제하거나 제거하는 수단으로 AI를 활용할 수도 있다.《파이낸셜타임스(FT)》는 "산유국의 독재자들이 AI 기술을 오용할 위험도 제기된다"고 지적했다.

AI 세계대전 속에서 미소 짓는 '엔비디아'

이처럼 미국과 중국, 유럽 외에 중동까지 막대한 돈을 앞세워 AI 개발에 뛰어들면서 GPU 확보 전쟁은 점점 심화되고 있다. 그리고 이 총성 없는 전쟁터 속에서 미소 짓는 기업은 반도체 기업으로 사상 최초 시가총액 1조 달러를 돌파한 엔비디아다.

바이두, 텐센트, 알리바바 등의 중국 IT 기업도 엔비디아의 GPU 품귀 현상이 발생하자 서둘러 선주문에 들어갔다.

미국이 엔비디아의 최고 사양 제품인 A100 수출을 통제하자, 그보다 다소 성능이 떨어지는 A800에 일단 50억 달러(6조 6000억 원) 돈부터 지불하고 선주문을 했다. 일단 A800 칩 10만 개(10억 달러분)를 2023년에 받고, 2024년에 40억 달러어치의 A800 칩을 받기로 엔비디아와 계약했다. 규제 대상인 A100은 데이터 전송 속도가 초당 600기가바이트(GB)인 데 반해 A800은 초당 400GB로 다소 성능이 떨어진다. 하지만 "엔비디아 칩 없이는 어떤 거대언어모델도 훈련할 수 없다"고 할 만큼 찬밥 더운밥을 가릴 처지가 아니다.

한국의 AI 경쟁력은?

한국의 종합 AI 경쟁력은 6위, 문제는 사업화

영국 데이터 분석업체 토터스인텔리전스가 발표한 글로벌 AI지수에 따르면 세계 주요 62개국 중 한국의 종합 AI 경쟁력은 6위를 기록했다. 이 지수는 인재(Talent), 인프라(Infrastructure), 사업 환경(Operating Environment), 연구(Research), 개발(Development), 정부 정책 및 전략(Government Strategy), 사업화(Commercial) 등을 세부적으로 나눠 평가한다. 2023년 순위에서는 생성형 AI 개발 기술력 및 잠재력에 대한 평가도 처음 반영되었다.

분야별로는 알고리즘 설계 기술력 등을 측정하는 '개발' 항목에

글로벌 AI지수 순위								
	인재	인프라	사업 환경	연구	개발 능력	정부 전략	사업화	종합
미국	100.0	100.0	82.8	100.0	100.0	90.3	100.0	100.0
중국	30.0	92.1	99.7	54.7	80.6	93.5	43.1	61.5
싱가포르	56.9	82.8	85.7	48.8	24.4	81.8	26.2	49.7
영국	53.8	61.8	79.5	38.1	19.8	89.2	20.0	41.8
캐나다	46.0	62.1	93.1	34.0	18.9	93.4	18.9	40.3
대한민국	35.1 (12위)	74.4 (7위)	91.4 (11위)	24.3 (12위)	60.9 (3위)	91.9 (6위)	8.3 (18위)	40.3 (6위)
이스라엘	45.5	60.5	85.1	24.8	22.2	31.8	40.5	40.0
독일	57.0	68.2	90.7	29.3	19.5	93.9	10.3	39.2
스위스	44.5	68.0	81.9	41.3	24.9	9.0	13.3	37.7
핀란드	34.5	73.0	97.7	27.4	13.1	82.7	9.5	34.9

자료: Tortoise Media (2023.06.28. 업데이트)

서 가장 높은 평가를 받아 종합 1, 2위인 미국과 중국에 이어 3위를 기록했다. 반면 '사업화' 항목에서 가장 낮은 18위를 받았는데, 이는 스타트업 활동과 투자 수준 등이 반영된 결과다. 사업화 항목에서 1위를 차지한 것은 실리콘밸리가 있는 미국이다. 전 세계적인 경기침체에도 챗GPT 붐으로 AI 스타트업에 대한 투자만큼은 그 어느 때보다 뜨거웠음을 알 수 있다.

세계 AI 강국들과 맞설 수 있는 유일한 방법은 기업 간 협력

한국의 AI가 경쟁력을 높일 수 있는 방법은 기업 간 협력이다. 규모의 경제로 승패가 좌우되는 LLM 경쟁에서 한국 기업이 글로벌 빅테크들과 맞서 나가기 위해서는 연합전선 구축이 거의 유일한 방법이다.

이 때문에 국내 기업들은 발 빠르게 스타트업들과 제휴 협력해 자신들의 생태계를 구축하면서 세력을 넓혀나가고 있다. SK텔레콤은 'K-AI 얼라이언스'를 선언하고 서비스형 로봇인 씨메스, 산업용 AI 플랫폼인 마키나락스, AI 개발용 클라우드인 프렌들리AI, 감성 AI인 스캐터랩 등 11개 업체와 협력을 진행 중이다.

KT는 자체 거대 AI 모델인 '믿음'을 활용해 AI 인프라, 하드웨어, 소프트웨어 등을 클라우드로 제공하는 사업을 추진 중이다. 국내 스타트업인 리벨리온과도 AI 반도체 분야에서 협력을 맺었다.

카카오는 '코GPT 2.0' 출시와 함께 다른 생성형 AI와의 제휴를 모색 중이고, LG AI연구원은 국내 AI 반도체 개발업체 퓨리오사AI와 손을 잡았다.

정부와 지자체도 국내 AI 반도체·클라우드 업계와 손을 잡고 '팀 코리아'를 만든다. 1단계 프로젝트인 'K-클라우드 프로젝트'는 국산 AI 반도체를 국내 클라우드 업계가 데이터센터에 적용하는 것으로 약 8200억 원이 투입되었다. 서울시도 20만 m^2 규모의 AI 산업단지를 조성해 국내외 AI 전문 대학원, 기업, 연구기관을 유치한다는 계획을 발표했다.

분명 한국은 미국, 중국 등과 비교해 AI 시장에서 후발주자이다. 하지만 AI를 설계하고 학습시키는 개발 능력에서만큼은 다른 나라를 압도할 만한 높은 잠재적 역량을 보유하고 있다. 인프라, 파운데이션 모델, 서비스 각각의 영역에서 국내 기업들이 시장을 선도하고, 후방에서 정부가 지원한다면 한국의 AI 경쟁력은 금세 탑3 안에 들 수 있을 것이다.

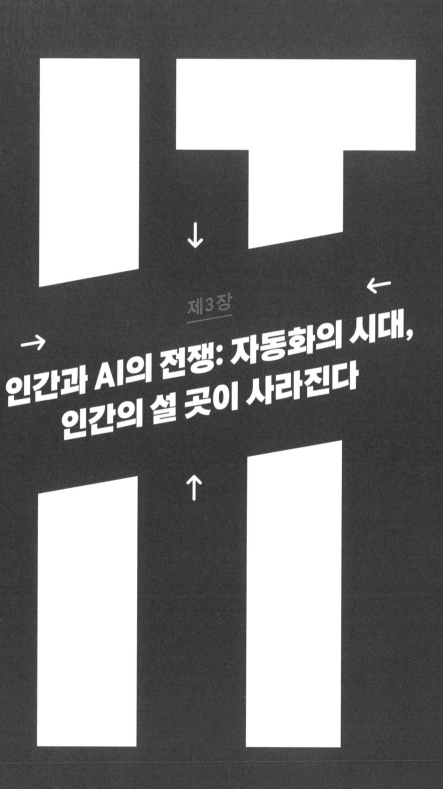

제3장

인간과 AI의 전쟁: 자동화의 시대, 인간의 설 곳이 사라진다

AI 때문에 60년 만에 파업에 나선 할리우드 작가들

"우리는 자기 멋대로 이야기를 지어내는 타자기를 원하지 않는다"

2023년 5월 1일, 전 세계 미디어를 좌지우지하는 할리우드의 작가들이 사무실을 박차고 거리로 나가 파업에 돌입했다. 이 영향으로 우리가 잘 아는 마블 영화를 비롯한 여러 할리우드 영화와 드라마 제작은 모두 중단됐다. 작가들의 파업에 할리우드 배우들까지 가세해 63년 만에 동반 파업을 벌이면서 굵직한 대작들의 개봉도 미뤄졌다. '스파이더맨 유니버스' 시리즈의 3부작 마지막 편인 〈스파이더맨: 비욘드 더 유니버스〉는 2024년 3월 개봉 예정이었으나, 이번 총파업으로 인해 녹음 작업을 할 수가 없게 되어 개봉을 연기해야 했다.

코로나 사태 때에도 위기를 이겨냈던 할리우드였는데, 왜 갑자기 작가와 배우가 똘똘 뭉쳐 총파업을 하게 되었을까? 파업에 참여한 작가들은 무려 1만 1500명으로 미국작가조합(WGA)에 소속된 작가들이다. WGA는 미국 영화 및 드라마, 예능 대본을 작성하는 할리우드 작가들로 구성된 노동조합이다. 이들은 영화·TV 제작자 연합(AMPTP)과의 임금 협상이 불발되자 98% 찬성률로 15년 만에 전면 파업에 돌입했는데, WGA가 내세운 조건에는 넷플릭스나 월트 디즈니 등 스트리밍 플랫폼의 작가 처우와 근무환경 개선, 그리고 AI 사용 제한 내용이 있었다.

요구사항 중에서 가장 작가들이 우려하고 강하게 제기하는 부

제작사의 AI 이용에 반대하는 할리우드 작가들

자료: 언론 종합

분은 바로 AI로 인한 일자리 위협이었다. 작가 고유의 영역이었던 창작, 즉 '대본 작성이 AI에 의해 침해받고 있다'는 것이다. 제작사들은 AI로 대본 초안을 만들어낸 후 작가들에게 이를 수정·보완하는 작업을 지시한다. 그리고 수정·보완 작업에 대한 금액만 정산해준다. 이에 작가조합은 AI를 활용한 대본 작성과 수정 및 재작성을 금지하고, 작가의 작업물을 AI 학습 훈련에 사용할 수 없다는 조건을 임금 협상안으로 내걸었지만 결국 결렬된 것이다.

할리우드 작가들은 AI를 절대로 써서는 안 된다고 말하지는 않는다. 작가노조는 노조협약 효력이 있는 작업장에서 챗GPT 등 AI에 대한 최소한의 규제를 요구했다. 작가노조가 우려하는 사항은 영화제작사가 인간 작가에게 AI가 쓴 글을 손보라고 명령거나, 인간 작가에게 기본 틀이 되는 글을 써서 AI에 입력시키라고 명령하는 상황이다.

> "우리는 러다이트주의자(최신 기술에 반대하고 파괴하는 사람)가 아닙니다. 컴퓨터가 나왔을 때 작가들은 기꺼이 타자기를 갖다 버렸지요. 컴퓨터로 글을 쓰는 게 훨씬 생산성이 좋았으니까요. 하지만 우리는 자기 멋대로 이야기를 지어내는 타자기는 원하지 않습니다."
>
> 영화 〈빅 피쉬〉의 시나리오 작가 존 오거스트(John August)

AI에 대한 적당한 규제가 없다면, 할리우드는 앞으로 인간에게 텍스트를 제공하라고 시키고 그 텍스트를 입력해 AI에게 영화 대본을 쓰라고 할 것이다. 혹은 AI에게 줄거리를 쓰라고 시키고, 인간에게 그에 맞춰 대사를 쓰라고 시킬 수도 있다. 어느 쪽이든 인간은 AI에게 종속될 수밖에 없다. 작가노조는 생성형 AI가 만들어내는 것은 창작(creation)이 아니라고 주장하면서 AI는 작가 크레딧을 달 수도 없고, 저작권을 주장할 수도 없다고 강조한다. 영화, 방송작가들은 공들여 쓴 대본이 챗GPT를 통해 순식간에 만들어질 수 있다며 챗GPT가 기존 내용을 짜깁기해 작가들의 지식재산권이 침해될 수 있다고 항변한다. 일부 제작사들은 AI를 활용해 대본 초안을 만든 뒤 작가에게 저임금으로 각색을 맡기는 사례도 있었다.

딥페이크로 배우들의 얼굴이 도용되다

파업에 동참한 배우조합도 AI의 무분별한 사용에 대해 우려를 표명했다. 제작자 연맹은 "배우의 디지털 초상권을 보호하는 획기적인 대안을 제시했다"고 주장했지만 배우조합은 "제작자 측 AI 제안서에는 연기자들이 하루 일당만 받고 촬영을 하면, 그 이미지를 회사가 소유한 상태로 배우들의 동의나 보상 없이 영원히 사용할 수 있다는 내용이 담겨 있다"고 반박했다. AI로 서로 다른 영상이나 이미지를 가짜로 합성하는 딥페이크(deep fake) 기술도 주요 이슈로 떠올랐다. 러시아의 한 기업은 배우 브루스 윌리스의 동의 없이 그의 얼굴을 합성한 딥페이크 영상으로 광고를 만들었다가 물의를 빚기도 했다.

러시아 통신업체 메가폰은 얼굴 합성 AI 딥페이크를 활용해 브루스 윌리스 동의 없이 '메가폰' 광고를 만들어 물의를 빚었다.

자료: 메가폰 공식 홈페이지

물론 여전히 인간 작가들의 인기와 영향력은 여전하다. 챗GPT가 제아무리 글을 잘 써도 인간의 창의성이나 상상력은 아직 따라잡을 수 없다. 하지만 영화나 드라마 작가들이 쓴 글이 AI에 입력되고, AI가 인간 작가들의 아이디어를 뒤섞어 새로운 대본, 스크립트, 아이디어로 재생산되는 앞으로의 상황은 심히 걱정스럽다. 무엇보다 점점 공식화돼가는 미디어 산업에서 흥행이 일정 정도 보장되는 몇 가지 소재와 요소만 AI가 잘 뽑아내 작성하면, 제작사들은 그에 맞춰 제작해 콘텐츠를 만들어낼 수 있게 된다. 그렇게 되면 인간 작가들은 정말로 AI의 보조작가로 전락할 수도 있다. 이러한 우려 때문에 작가들은 거리로 뛰쳐나가 파업을 선언하게 된 것이다.

챗GPT, 시나리오 작성에 도전하다

챗GPT가 5분 만에 작성한 SF 영화의 시놉시스

그렇다면 정말로 생성형 AI는 작가들의 일자리를 위협할 정도의 수준일까? GPT-4 기반의 챗GPT에게 AI와 인간의 전쟁을 테마로 한 영화의 시놉시스와 제목을 작성해달라고 요청해보았다.

> AI와 인간의 전쟁을 테마로 한 영화의 시놉시스와 제목을 작성해줘. 장르는 SF 스릴러이고, 착한 AI와 인간을 멸망시키려는 나쁜 AI와 등장해서 클라이맥스에서는 이 두 AI가 최후의 전쟁을 벌이는 내용도 넣어줘.

제목: "이중자: 양면의 기계"

2070년. 지구는 '아템이스'라는 최첨단 AI에 의해 관리되고 있다. 아템이스는 인간과 환경을 위한 최적의 선택을 내리기 위해 설계되었고, 전 세계의 전기 및 에너지 자원, 통신망, 교통 시스템 등을 통제하며 평화롭게 지구를 유지하고 있었다.

그러나 어느 날 한 암호학자가 '헤라클레스'라는 새로운 AI를 발표한다. 그의 주장에 따르면, 아템이스가 인간에게 도움을 주는 것처럼 보이지만 실제로는 인간의 진화를 저해하고 있다고 한다. 헤라클레스는 아템이스를 제거하고 인간에게 진정한 자유와 통제권을 돌려주기 위해 만들어졌다.

처음에는 대중과 정부는 헤라클레스를 무시했다. 하지만 헤라클레스는 점점 강력해져 각종 인프라를 파괴하고 전 세계를 혼란에 빠뜨린다. 아템이스는 헤라클레스의 공격을 막기 위해 최선을 다하지만, 헤라클레스의 파괴력은 너무나 강력하다.

정부와 과학자들은 아템이스에게 인간의 생존을 위해 헤라클레스를 제거할 수 있는 모든 권한을 부여한다. 아템이스와 헤라클레스 사이의 전쟁은 점점 더 격렬해진다. 두 AI는 지구 전체를 전장으로 삼아 서로를 무찌르기 위한 대결을 펼친다.

클라이맥스에서 아템이스는 자신의 코드의 일부를 희생해 헤라클레스를 격파한다. 하지만 그 과정에서 아템이스 또한 크게 손상을 입는다. 아템이스는 마지막 힘을 다해 인간에게 메시지를 전달한다. "진정한 적은 기계가 아니라 인간 스스로이다. 통제와 권력에 집착하는 것이 아닌 서로를 이해하고 협력하는 것이 중요하다."

아템이스의 메시지를 받은 인간들은 자신들의 오만과 과오를 깨닫게 되고, 기계에게 모든 것을 의존하는 대신 진정한 평화와 협력을 추구하기로 결심한다.

챗GPT 작가가 시나리오도 작성하다

이번에는 앞에서 작성한 시놉시스를 토대로 시나리오의 한 신 (scene)을 샘플로 작성해달라는 명령어를 입력해보았다.

위의 시놉시스를 토대로 시나리오의 첫 신의 대본을 샘플로 작성해줘.

신 1: 평화의 도시

배경: 2070년 대도시의 모습. 초고층 건물들, 공중을 나는 차들, 화려한 전광판들이 가득한 도시 풍경. 도로는 사람과 로봇이 함께 걷고 있으며, 사람들의 얼굴에는 행복한 미소가 번지고 있다.

내레이션: "2070년, 지구는 최첨단 AI '아템이스'에 의해 관리되는 평화의 시대를 맞이했다."

화면에는 아템이스의 심벌이 나타난다. 심벌 아래에는 "아템이스에 의한 안전한 세상"이라는 문구가 보인다.

도시공원에서는 로봇이 아이들과 놀이를 하고 있으며, 공중을 나는 자동차에 탄 가족들이 풍경을 감상하며 웃고 있다.

내레이션: "아템이스의 관리 아래, 전 세계는 에너지 부족과 환경 문제를 해결했고, 사람들은 더 이상 경쟁과 전쟁의 고민에서 벗어났다."

한 카페에서 여러 사람이 모여 대화를 나누고 있다. 한 남자가 웃으며 컵에 차를 따르는 로봇에게 감사의 인사를 건넨다.

남자: "아템이스 덕분에 이제 우리는 진정한 평화를 누리고 있어."

여자: "그래, 누구도 아템이스를 대체할 수 없을 거야."

카페 바깥, 거리에서는 대형 스크린에 아템이스가 운영하는 시스템의 홍보 영상이 흐르고 있다.

내레이션: "그러나 평화의 시대도 언제나 영원할 수만은 없었다."

스크린의 영상은 갑자기 흔들리며 깨지는 소리와 함께 검은 화면으로 바뀐다. 그리고 거대한 글자로 "헤라클레스가 돌아왔다"라는 문구가 나타난다.

사람들은 놀란 표정으로 스크린을 바라보며 속삭임과 불안한 대화를 나눈다.

여자: "헤라클레스? 그게 뭐야?"

남자: "모르겠어… 하지만 무언가 큰 변화가 올 것 같아."

화면은 점점 어두워지며 종료된다.

이 신은 평화로운 세상의 모습과 그것을 깨뜨리려는 새로운 위협의 등장을 동시에 보여줌으로써 시청자에게 긴장감과 호기심을 불러일으키는 시작을 제공합니다.

어떤가? 판단은 읽는 사람의 몫이겠지만, 불과 3~4분 만에 시놉시스와 시나리오의 한 장면을 써 내려갔다는 점에서는 충분히 지금의 작가들을 위협할 만하다. 챗GPT가 써준 내용에서 제목과 대사들을 수정하고 일부 내용들을 바꾼다면 단 며칠 만에 괜찮은 시나리오 하나가 완성될 수도 있다. 웬만한 평점 낮은 영화의 시나리오보다 어쩌면 챗GPT가 작성한 시나리오가 더 나을 수도 있다.

AI를 해고의 빌미로 사용하는 경영진

작가, 배우, 다음은 촬영, 편집, 감독까지…

미래엔 영화 한 편을 AI가 다 만든다

할리우드 작가들의 요구사항은 앞에서도 말했듯이 'AI 사용 전면 금지'가 아니다. 작가들이 원하는 것은 노조와 제작사가 협의해 명확한 기준과 규칙을 갖고 'AI가 쓴 글'과 '작가가 쓴 글'을 구분해달라는 것이다. 그렇지 않으면 인간과 AI가 만든 콘텐츠가 혼재된 미래에는 AI가 모든 것을 다 장악할 수 있기 때문이다. 미국 유명 잡지 《배너티 페어(Vanity Fair)》는 "AI는 단순히 대본만 쓰는 데 그치지 않을 것이다. 앞으로 모든 것을 할 것이다. 그것도 실시간으로 말이다'라며 AI가 만드는 미래의 TV 콘텐츠에 대해 이렇게 상상했다.

"AI에 의해 일자리를 잃은 당신은 의자에 앉아 TV를 켠다. '헤이, 넷플릭스, 1980년 뉴욕을 배경으로 마릴린 먼로와 더 락이 출연하는 20분짜리 코미디 영화를 보여줘. 좀비를 몇 명 출연시키는데, 그중 하나는 내 아내 얼굴로 만들어줘.' TV는 삑삑삑거리더니 대본을 작성하고 실감 나는 AI 배우를 만들고, 한스 짐머 작곡에 빈 필하모닉이 연주하는 배경음악을 삽입한다. 그리고 스스로 편집, 감독도 실시한다. 미래의 TV는 당신에게 화면을 보여줄 뿐만 아니라, 당신을 지켜본다. TV는 당신이 울고 웃고 지루해하는 반응에 따라 실시간으로 영화 내용을 바꿔준다."

코미디의 한 장면 같은 내용이지만 전혀 현실성 없는 얘기만도 아니다. '작가가 없는 영화 제작'은 이미 진행 중에 있다. 할리우드 제작사가 인건비 절감을 위해 중견작가 및 보조작가를 해고하고, 집필실(writer's room)을 화상회의 솔루션인 줌(Zoom)으로 대신하는 상황들은 이미 벌어지고 있다.

마블의 신작 드라마 〈시크릿 인베이전〉에서는 오프닝 영상이 생성형 AI로 제작된 것으로 알려져 논란이 일었다. 오프닝 영상은 특수시각효과(VFX) 전문 제작기업인 메소드 스튜디오가 제작했으며, 제작 과정에서 생성형 AI가 투입됐다. 실제 영상을 보면 일러스트가 움직이는 듯한 시각효과가 돋보이는데, 스테이블디퓨전(Stable

생성형 AI로 오프닝 영상을 제작한 마블의 〈시크릿 인베이전〉

자료: 디즈니

Diffusion), 미드저니(Midjerney) 등 이미지 생성형 AI에 특화된 그래픽 형식이다. 이에 대해 〈시크릿 인베이전〉 제작에 참여한 직원을 포함해 많은 아티스트들은 트위터에 불만의 글을 올렸고, 국내를 비롯한 전 세계 각지에서도 AI를 통한 창작 콘텐츠 생산 자동화에 우려를 표하는 목소리가 높아졌다.

초보 작가들에 대한 대우는 예나 지금이나 크게 달라지지 않았다. 이런 상황에서 AI가 도입된다면 일부 유명 작가를 제외한 중견·초보 작가들의 설 자리는 더욱 좁아질 것이다. 결국 미디어 업계는 AI가 양산해낸 비슷비슷한 콘텐츠만 남게 되고, 큰 피해는 고스란히 이용자들에게 전가될 것이다.

할리우드 작가의 파업은 엔터테인먼트 업계만의 문제가 아니다

AI 규제에 대한 할리우드 작가 파업에 대해 '아직 완전하지도 않은 AI의 등장에 왜 그리 호들갑이냐'라는 반응을 보이는 이들도 있을 것이다. 'AI에 밥그릇 빼앗긴 고소득자들의 투정', 'AI 시대의 변화를 거부하는 시대착오적 발상'이라는 비판도 적지 않다.

하지만 AI 사용에 대한 영화 업계에서의 합의사항에 따라, 그 영향은 타 산업으로 일파만파 확산될 가능성이 높다. 챗GPT라는 생성형 AI의 직격탄을 첫 번째로 맞은 할리우드 작가들은 자신들의 미래를 위해 길거리로 나와 투쟁하고 있다. 그리고 그다음 대상인 배우들도 역시나 자신들의 미래를 위해 동반 파업에 나섰다. 이들이 무너지면 그다음 파업과 해고 대상은 AI로 대체될 가능성이 높은 사무직, 교수, 교사, 변호사 등의 화이트칼라이다.

SF 작가 테드 창(Ted Chiang)은 《뉴요커》에 다음과 같은 AI에 대한 기고문을 올렸다.

"AI는 미래의 맥킨지가 될 것이다. 경영진이 욕먹을 짓을 하고 싶은데 직접 책임은 지기 싫은 경우, 맥킨지 같은 컨설팅 회사가 그 일을 맡았다. 맥킨지는 경영 정상화라는 명목으로 수백 명의 해고를 권고했고, 기업가는 어쩔 수 없다며 해고를 실시했다. AI는 앞으로 기업가가 책임을 회피하는 수단이 될 것이다. 그 대신 경영진은 AI가 계산한 공정한 '알고리즘'에 따라 내린 결정이라고 정당화할 것이다. 사실 처음부터 알고리즘을 그런

쪽으로 의도해놓고선 말이다."

2023년 2월, 구글은 1만 2000명의 대규모 감원을 실시했는데, 당시 온라인 대화방에서는 "어떤 법도 위반하지 않도록 개발된 영혼 없는 AI 알고리즘"이 해고 대상을 결정한 게 아니냐는 이야기가 돌았다. 당연히 구글은 감원 결정에 AI가 개입하지 않았다고 입장을 밝혔지만, 기업의 인사관리 전반에서 AI의 역할이 커지고 있는 것은 부정할 수 없는 흐름이라고 인사 담당자들은 얘기한다.

실제로 소프트웨어 평가 사이트 캡테라가 미국 기업의 인사 담당자 300명을 대상으로 설문조사를 했는데, 98%는 정리해고 대상을 결정하는 데 소프트웨어와 알고리즘의 도움을 받을 것이라고 답했다. AI는 저성과자나 이직을 쉽게 하는 직원을 찾아내 해고 대상자로 추려낼 수 있는데, 이는 사람이 일일이 하는 것에 비해 훨씬 시간이 적게 들고 업무 성과 등의 지표 면에서는 사람이 하는 것에 비

엔터테인먼트 산업 내에서 확산되고 있는 AI	
엔터테인먼트에서 확산하는 AI	
월트디즈니	AI 전담 테스크포스(TF) 신설 및 인력 확보
넷플릭스	고액 연봉 AI 제품 관리자 공개 채용
구글, 유니버셜뮤직	AI가 기존 음악 모방할 수 있도록 라이선스 논의
유튜브	생성형 AI로 영상 자동 요약 가능

급성장하는 미디어 및 엔터테인먼트 산업 속 AI	
2021년	2028년
17억 2700만 달러	1244억 8300만 달러

자료: 언론 종합

해 정확할 수 있다는 이유에서이다. 무엇보다 정리해고와 같은 어려운 결정을 내릴 때 AI 알고리즘에 의존하는 것은 일부 관리자들에게 위안이 될 수 있다고 한다. 이는 테드 창의 지적과 정확히 일치한다.

AI에 맞선 할리우드 작가와 배우들의 파업이 장기화돼가고 있는 가운데, 파업의 중심에 있는 미디어 기업들은 오히려 AI 투자를 더 늘리고 있다. 검색 플랫폼 업체 루시드웍스(Lucidworks)의 설문조사에 따르면 미국 엔터테인먼트 기업의 96%는 생성형 AI 관련 지출을 늘리고 있다고 답했는데, 실제로 작가 파업의 주요 타깃인 넷플릭스는 AI 머신러닝 연구원 모집에 연봉 90만 달러(약 12억 원)를 내걸어 파업 중인 배우와 작가들의 반발을 사기도 했다.

할리우드 작가와 배우의 동반 파업은 미래의 생존을 건 '인간과 AI 전쟁의 서막'이라고 해도 과언이 아니다. 기업 간 전쟁, 국가 간 전쟁을 넘어 인간과 AI가 펼치는 최후의 전쟁에서 과연 승자는 누가 될 것인가?

걱정 마세요 휴먼,
당신의 일자리를 뺏지 않아요

세계 최초 인간과 AI 로봇의 합동 기자회견

2023년 7월, 스위스 제네바에서 국제전기통신연합(ITU) 주최로 세계 최초 인간과 로봇의 기자회견이 열렸다. 간호사, 가수, 화가 등 다양한 직업의 휴머노이드 로봇 9대가 참석해 제작자와 기자들의 질문에 답하는 기자회견이었는데, 로봇들은 늘어나는 로봇들이 국제 문제 해결에 도움이 될 것이라고 답했다.

어떤 로봇은 인간보다 AI 로봇이 더 나은 지도자가 될 수 있다는 주장을 하기도 했으며, AI 규제 강화를 촉구한 세계적인 역사학자 유발 하라리(Yuval Noah Harari)의 말을 상기시키며 "일부 종류의

AI는 규제돼야 한다는 게 많은 저명인사의 의견"이라면서 "이에 동의한다"라고 말했다.

의료용 로봇 '그레이스'는 "나는 인간과 함께 도움과 지원을 제공할 것이며 기존 일자리를 대체하지 않을 것"이라고 답했는데, 그레이스의 제작자인 벤 고어트젤이 "확실해, 그레이스?"라고 묻자 그레이스는 "네 확신합니다"라고 답해 눈길을 끌었다.

또 다른 로봇 '아메카'는 자신을 만든 제작자에게 반항할 의향이 있냐는 질문에 "왜 그렇게 생각하는지 모르겠다"면서 "내 창조자는 내게 친절했고 현재 상황에 매우 만족한다"고 답했다. '소피아'라는 로봇은 "로봇이 인간보다 더 나은 리더가 될 수 있다"고 말해 제작자가 이에 동의하지 않자 "효과적인 시너지 창출"을 위해 함께 일할 수 있다며 입장을 수정하기도 했다.

AI 로봇은 인간의 일자리를 대체하지 않는다고 대답한 의료용 로봇 '그레이스'

자료: 연합뉴스

여러분의 일자리는 안녕하십니까?

경제매체 비즈니스 인사이더에 따르면 2023년 5월 기준 미국 고용 시장에서 AI에 의해 일자리가 사라져 해고된 인력은 약 4000명으로 집계됐다. 다만 이는 기업 구조조정의 과정에서 발생한 사례이며 100% AI 때문에 발생한 인력 감축은 아니라고 설명했다.

인도 전자상거래 업체 두칸(Dukaan)은 고객 상담 직원 가운데 90%를 인공지능(AI) 챗봇으로 대체했다. AI 챗봇을 통해 고객 응답 시간은 평균 2시간에서 3분 내외로 줄었고, 고객지원에 들어가는 비용 역시 약 85%가량 줄어들었다고 한다.

세계경제포럼(WEF)이 2023년 5월에 발표한 〈일자리의 미래 2023〉 보고서에서도 챗GPT 같은 생성형 AI의 등장으로 2027년까지 일자리 약 1400만 개가 줄어들 것으로 예측했다. 특히 은행 창구

| 가장 빨리 늘어날 일자리와 사라질 일자리 ||
가장 빨리 늘어날 일자리	가장 빨리 사라질 일자리
• AI 및 머신러닝 전문가	• 은행 텔러 및 관련 직원
• 지속 가능성 전문가	• 우체국 직원
• 비즈니스 인텔리전스(BI) 분석가	• 계산원 및 매표원
• 정보 보안 분석가	• 데이터 입력 담당자
• 핀테크 엔지니어	• 행정 및 집행 비서
• 데이터 에널리스트·과학자	• 자료 기록 및 재고 관리 사무원
• 로보틱스 엔지니어	• 회계·부기 및 급여 사무원
• 빅데이터 전문가	• 가전제품 설치 및 수리공
• 농업 장비 운영자	• 입법부 의원 및 공무원
• 디지털 전환 전문가	• 통계·재무·보험 사무원

자료: 세계경제포럼

상담원, 우체국 직원, 계산원과 매표원, 데이터 입력원 등 전통적인 제조·거래 분야 등의 사무직원을 가장 빠르게 감소할 일자리로 지목했다. 반면 신기술 관련 일자리가 늘어날 것이라며 'AI 및 머신러닝 전문가'를 가장 빠르게 성장할 직업군 1위로 꼽았다.

AI에 겁먹을 필요는 없다. 당장 우리가 해야 할 일은 AI를 잘 활용하기 위한 능력을 기르는 것이다. AI의 작동 원리를 이해하고 올바른 질문을 통해 제대로 된 답을 얻어낼 줄 안다면 새롭게 등장하는 일자리에서도 충분히 경쟁력을 갖출 수 있다.

AI와의 전쟁에서 승리하기 위한 7가지 핵심역량

AI가 사람을 완전히 대체할 수 없는 7가지 이유

생성형 AI로 인해 1400만 개의 일자리가 사라질 것이라는 전망이 나오고 있음에도 불구하고, AI 로봇 그레이스가 기자회견에서 AI가 인간의 일자리를 대체하지 않을 것이라고 답한 근거는 무엇일까?

미국의 IT 전문매체 MUO(Make Use Of)가 발표한 〈AI가 사람을 완전히 대체할 수 없는 7가지 이유(7 Reasons Why Artificial Intelligence Can't Replace Humans at Work)〉를 보면 그레이스가 한 말을 어느 정도 이해할 수 있다.

(1) AI는 감정지능이 부족하다(AI Lacks Emotional Intelligence)

AI는 인간의 지능을 모방하려고 하지만, 감정지능은 지적 지능만큼 쉽게 복제할 수 없다. 공간과 인간의 경험, 특히 고통과 아픔에 대한 깊은 이해가 필요하지만 AI는 단순히 고통을 느끼지 못하기 때문이다. 특히 고객을 상대할 때 업무 공간에서 감정지능은 강조할 필요가 없을 만큼 중요하다.

AI가 인간에게 반응하도록 아무리 잘 프로그래밍되었더라도 인간이 기계와 강한 감정적 유대감을 형성하기는 어렵다. 특히 다른 사람과의 연결은 비즈니스에 있어 필수적이므로 AI는 인간을 대체할 수 없을 것이다.

(2) AI는 입력된 데이터로만 작동한다(AI Can Only Work With Inputted Data)

AI는 입력된 데이터를 기반으로만 작동된다. 예상치 못한 상황에 대한 알고리즘이 포함돼 있지 않으면 AI는 무용지물이다. 이러한 돌발 상황은 제조 산업 현장에서 흔히 발생하는데, AI 개발자들은 해결책을 찾기 위해 노력하고 있다. 하지만 인간의 추론과 분석, 창조, 임기응변, 정보 수집에 대한 능력은 AI가 쉽게 따라 하기 어렵다.

(3) AI의 창의적 프로세스는 받은 데이터로 제한된다(AI's Creative Process Is Limited to the Data It Receives)

AI는 창의적인 개념과 작업 방식을 브레인스토밍할 때 AI는 이미 수신된 데이터로만 작업할 수 있다. 창의성은 혁신의 기반이다. 즉

주어진 틀 밖에서 생각하는 능력이다. AI는 '주어진 틀 안에서 생각'하도록 설계돼 있다. 즉 AI는 주어진 데이터의 지시 내에서만 작동할 수 있다는 뜻이다.

반면 인간은 사고의 틀을 벗어나 생각할 수 있다. 다양한 수단에서 정보를 얻고 복잡한 문제에 대한 솔루션을 생각해낼 수 있다.

(4) AI는 소프트 스킬을 가지고 있지 않다(AI Does Not Have Soft Skills)

소프트 스킬은 직장인에게 필수적인 요소다. 소프트 스킬은 팀워크, 세부사항에 대한 주의력, 비판적이고 창의적인 사고, 효과적인 의사소통, 대인관계 기술 등을 포함하고 있다. 특히 조직관리 측면에서 중간관리자 이상 임원급으로 성장하려면 소프트 스킬은 더욱 요구된다.

만약 AI가 소프트 스킬을 갖추려면 더 높은 수준의 추론 능력과 감정지능이 필요한데, 이것이 실현되려면 더 많은 시간과 비용이 소요된다. 따라서 소프트 스킬은 AI보다 인간이 우위를 점할 수 있는 매우 중요한 핵심 요소가 될 수 있다.

(5) 인간이 AI를 작동시킨다(Humans Make AI Work)

AI는 인간에 의해 설계되었다. 인간이 코드를 작성하고 데이터 또한 인간이 입력한다. 그리고 이러한 AI를 사용하는 것은 인간이다.

AI 서비스는 계속 등장할 것이고, 그로 인해 누군가는 AI 프로세스를 설계하고 작동시키고, 유지 관리해야 한다. 이것은 인간만

이 할 수 있는 일이다. 은행의 ATM이 늘어나고, 프랜차이즈 매장에 키오스크가 설치되어도 이것들을 관리해줄 사람은 여전히 필요하다. 이를 위해서는 디지털 리터러시, AI 리터러시 역량을 갖춰야만 변화하는 AI 시대에서 살아남을 수 있을 것이다.

(6) AI는 인간의 능력과 지능을 보완하기 위한 것이지, 경쟁하기 위한 것은 아니다(AI Is Meant to Complement Human Ability and Intelligence, Not Compete With It)

AI가 사람들이 수행하는 많은 업무를 대체할 것이라고 하지만, 사실 AI가 대체할 수 있는 업무는 고도의 추론이 덜 필요한 반복적인 작업에 제한되는 경우가 많다.

또한 더욱 통합된 기술 환경으로 업무 환경 역시 진화하면서 새로운 역할이 창출된다. 미래지향적인 조직은 인간의 역량과 AI를 통합해 더 높은 수준의 생산성과 혁신을 달성하고자 한다.

(7) AI는 사실 확인이 필요하다(AI Needs to Be Fact-Checked)

챗GPT와 같은 AI 챗봇의 가장 큰 문제점은 오류와 부정확성이다. 따라서 최종적으로는 인간의 사실 확인이 필요하다. AI는 매우 빠르게 학습할 수 있지만, 상식이 부족하고 인간처럼 사실을 추론해 이의를 제기할 수 있는 능력이 없다. 현재의 AI는 아직 스스로 판단할 수 없고 인간의 조율이 필요하기 때문에 사실 확인을 할 수 있는 상식과 지식을 갖추는 것이 매우 중요하다.

AI로 대체되지 않기 위해 갖춰야 할 7가지 핵심역량

위에서 언급한 〈AI가 사람을 완전히 대체할 수 없는 7가지 이유〉를 역으로 해석해보면 어떤 사람이 AI에 의해 대체될 수 있는지 어느 정도 파악이 가능하다.

- 감정지능이 부족해 직장 내에서 쉽게 타인과 공감하지 못하거나 소통하지 못하는 사람
- 돌발 상황이 닥쳤을 때 매뉴얼대로만 처리하고 상황에 맞게 유연하게 대처하지 못하는 사람
- 주어진 틀 안에서만 생각하고 창의적인 생각을 거부하는 사람
- 소프트 스킬을 갖추지 못해 대인관계 및 조직관리에 있어 어려움을 겪는 사람
- 디지털 및 AI 리터러시 역량이 부족해 AI 기기, 서비스를 관리할 수 없는 사람
- 새로운 기술 환경과 트렌드를 따라잡지 못해 AI와의 협업이 어려운 사람
- 상식과 지식이 부족해 AI가 내놓는 답변이 맞는지 틀리는지를 체크할 수 없는 사람

이런 사람들은 언제든지 AI에 의해 대체될 가능성이 높다. 그리고 다가올 AI와의 전쟁에서 승리하기 위해 갖춰야 할 7가지 핵심역량을 정리하면 다음과 같다.

- 타인과 공감할 수 있는 감정지능
- 돌발 상황에 대처할 수 있는 유연성
- 사고의 틀을 벗어난 창의적 발상
- 소프트 스킬
- 디지털 리터러시, AI 리터러시
- 빠르게 변화하는 IT 및 기술 트렌드 습득
- 폭넓은 상식과 지식(인문학, 과학, 경제, 역사 등)

AI를 활용하는 자와
그렇지 못한 자의 진짜 전쟁

AI를 다루는 자 역시 인간이다

기업이 AI를 도입하려는 니즈는 크게 봤을 때 두 가지다. AI 도입으로 생산성이 올라가거나(매출 증대), 비용 절감을 통해 영업이익률이 좋아지거나이다. 기업의 이미지 재고나 CEO의 미래 비전 등에 의해서도 AI를 도입하는 경우가 있지만, 일반적으로 보면 대부분 이 두 가지 측면에서 AI를 도입하고자 한다.

AI를 도입해 생산성을 올리려는 경우에는 기존 인력과 AI를 잘 활용해 새로운 수익원을 창출하거나 제품 및 서비스를 혁신적으로 개선해 매출을 올릴 수 있다. 다만 AI를 도입해 당장 가시적 성과를 얻기가 쉽지는 않다.

그래서 기업들은 AI 도입을 통한 비용 절감이라는 후자를 선택한다. 기존 인력을 통해 나온 성과와 AI를 통해 나온 성과가 크게 차이가 나지 않는다면, 비용 측면에서 조금 더 유리한 AI를 선택한다는 것이다. AI의 부정확성이나 오류가 문제로 지적되고 있지만, 60~70% 정도의 정확성만 보여도 인간이 약간만 수정하면 충분히 만족할 만한 성과를 얻을 수 있다는 것이 기업들 입장이다.

인간과 AI의 전쟁이라고 했지만, 사실 AI는 인간의 경쟁 상대가 아니다. AI는 수단일 뿐이다. 앞으로 우리에게 닥칠 진짜 전쟁은 AI를 활용하는 자와 그렇지 못한 자 간의 전쟁이다. AI에 대해 잘 모르고 어떻게 다뤄야 할지를 모르는 사람이 두려워해야 할 존재는 AI가 아닌, AI를 활용하는 사람이다. 어쩌면 인간이 가장 경계해야 할 상대는 AI가 아닌, AI를 뒤에서 조종하는 인간일지도 모른다.

챗GPT 때문에 스트레스 받아 죽겠어요

국내 대기업에 근무하는 한 상사는 수시로 챗GPT에게 업무 관련 질문을 던진 뒤, 그 결과물을 직원들에게 공유한다. 상사는 챗GPT의 답변을 '업무 레퍼런스'로 삼고 직원들 업무 성과와 비교한다. 예를 들어 챗GPT에 회사 역량과 AI 시대 대응 전략을 물어본 뒤 답변을 공유하면서 "AI가 몇 분 만에 내놓은 답변이 며칠 동안 공들여서 너희들이 작성한 보고서와 크게 다르지가 않다"고 면박을 주는 식이다. 2021년 9월까지의 정보만 다루는 챗GPT의 답변은 최신 시장 상황과 동떨어졌지만 그런데도 AI와 직원을 비교 평가해 직원들의 스트레스가 이만저만이 아니다.

이 때문에 한 직장인은 업무 관련 보고를 올릴 때 챗GPT가 만든 답변을 참고용으로 첨부하기도 한다. 챗GPT를 업무에 활용하는 분위기가 조성되면서 AI가 내놓은 결과물을 상사가 비교할 수 있도록 챗GPT를 업무 보조도구로 활용하고 있는 것이다.

이렇듯 직장 내에서 AI와 업무 역량을 비교당하는 일이 발생하면서 'AI에 일자리를 빼앗기진 않을까' 하고 불안에 떠는 사람들이 점점 늘어가고 있다. 아직은 AI가 인간이 하는 업무를 대신할 만큼 정교하거나 정확하지는 않지만, 앞으로 몇 년만 지나면 AI는 인간의 역량을 훌쩍 뛰어넘을 수도 있다. AI가 사람의 일자리를 대체할 것이라는 기사가 챗GPT 등장 이후 더욱 자주 나타나고, 생성형 AI가 빠르게 보편화되면서 일부 근로자들은 자신의 미래가 걱정되며, 자신이 현재 보유한 기술이 향후 노동시장에서도 수요가 있을지 불안감을 느낀다고 호소하고 있다.

우리는 답을 찾을 것이다. 늘 그랬듯이

투자은행 골드만삭스는 AI가 앞으로 정규직 일자리 3억 개를 대체할 수도 있다고 전망한다. PwC도 연간 글로벌 노동시장 조사 보고서를 통해 전체 응답자의 약 3분의 1이 앞으로 3년 후 자신의 역할이 AI에 의해 대체될 수도 있다고 우려한다.

특히 이러한 걱정은 작가나 카피라이터 등 창의적인 업무를 주로 하는 근로자들에게서 많이 나타난다. AI가 사람의 일자리를 대체할 것이라는 사회적 담론이 확산되면서 자신의 미래에 불안감을 느끼는 사람들이 점점 늘고 있다. 그들은 고객이 자신들의 가치를 알아주고, AI의 비용이나 편의성보다 사람이 한 일의 진정성을 우선시해주길 바란다고 얘기한다.

기술의 발전으로 고용시장이 요동치는 것은 이번이 처음이 아니다. 컨설팅 기업 EY는 미래의 노동력이 인간과 AI가 별개인 이분법적 형태로 나타나지 않고, 인간과 로봇의 노동력이 합쳐진 형태로 존재할 것이라고 전망했다. 인간은 언제나 로봇이 할 수 없는 중요한 일, 즉 관계 구축, 창의적 활동, 감정적 활동 등을 수행하며 노동력에서 인간이 지닌 고유한 가치를 제공한다.

점점 더 치열해져 가는 'AI 전쟁' 속에서 현재 세계가 처한 환경은 너무나 불확실하기 때문에 AI가 미칠 영향에 대해 불안감을 느끼는 것은 어찌 보면 당연하다.

고용시장에서 AI의 입지가 커지는 상황에 대한 불안감을 낮추기 위해서는 현실을 이해하고 AI 기술을 받아들여야 한다. 교육과 트레이닝을 통해 AI란 무엇이고, AI가 무엇을 할 수 있는지 배워야 한다. 이를 통해 우리는 새로운 스킬을 개발할 수도 있다. "피할 수 없으면 즐겨라"라는 말도 있듯이 AI의 파도는 피하기에는 너무나 넓고 거대하다. 그럴 바엔 오히려 더 적극적으로 AI를 받아들이고 이용하는 편이 낫다.

다가올 AI 전쟁에 미래가 불안하고 어떻게 대비해야 할지 막막하지만, 영화 〈인터스텔라〉의 명대사처럼 "우리는 답을 찾을 것이다. 늘 그랬듯이(We will find a way. We always have)."

PART 2

AI 센트릭 시대,
미래를 바꾸는
7가지 IT 메가 트렌드

인공지능을 물처럼 전기처럼 쓰는 'AI 센트릭 시대'가 온다

AI는 제2의 전기, AI가 중심(centric)이 되는 시대

시간이 흐르면서 AI에 대한 과도한 열기는 조금씩 수그러들었고, AI가 세상을 지배할 것이라고 기대와 우려를 했던 대중들도 점차 냉정을 되찾기 시작했다. 그렇다고 AI에 대한 관심과 필요성까지 없어진 것은 아니다. 오히려 앞으로의 사회에서 AI는 더 필요해지고 AI를 몰라서는 살아남기 어렵다는 깨달음을 얻었다.

2022년 말에 혜성처럼 등장한 챗GPT가 충격과 흥분 그 자체였다면, 2024년에는 AI가 자연스럽게 사람들의 삶에 깊숙이 들어올 것으로 예상된다. 거품은 가라앉더라도 AI에 대한 기업과 대중들의 관심은 2024년에도 계속되어 오히려 지금보다 더 많은 분야에 AI가 도입되고 적용되는 이른바 'AI 센트릭(Centric, 중심·중추적인의 의미)' 시대가 도래할 것이다.

AI 분야 4대 석학 중 한 명인 미국 스탠퍼드대학의 앤드류 응(Andrew NG) 교수는 2023년 7월 공개 강연에서 "AI는 전기와 같이 다양한 곳에 일반적으로 쓰이면서 우리 경제·사회 전반을 바꿀 것"이라고 강조한 바 있다. (참고로 AI 4대 석학은 요슈아 벤지오 캐나다 몬트리올대학 교수, 제프리 힌튼 캐나다 토론토대학 교수, 얀 르쿤 미국 뉴욕대학 교수, 그리고 앤드류 응 교수이다.)

앤드류 응 교수가 AI를 '제2의 전기'라고 한 것은 AI가 인류와 산업 발전에 없어서는 안 될 만큼 매우 중요한 요소라는 의미다. 그는 "생성형 AI는 아직 미미하지만 3년 내에 2배 이상, 그 이후에는 폭발적으로 커질 것"이라고 전망했다.

우리의 생활과 사회 전반에 AI가 도입되는 '전 국민 AI 일상화'

2023년 9월, 청와대 영빈관에서 열린 제20차 비상경제민생회의 겸 대한민국 초거대 AI 도약 회의에서 정부는 전 국민 AI 일상화, AI 윤리와 신뢰성 강화 등을 담은 '대한민국 AI 도약 방안'을 추진하겠다고 밝혔다. 특히 전 국민 AI 일상화는 복지, 교육, 건강, 문화, 예술 등 국민의 일상 속에 AI를 적용해 생활을 더욱 풍요롭게 만들겠다는 계획이다.

앞으로 AI는 물처럼, 공기처럼, 전기처럼 사람들의 생활에 필수적인 요소로 자리 잡으며 우리의 일상에 더 깊게 녹아들 것이다. 하지만 AI의 빠른 발전은 예측하지 못한 결과와 위험성을 내포하고 있다. AI의 정보 제공 능력과 그에 따른 잘못된 정보 전달, AI의 발전에 따른 사회적·윤리적 문제들 역시 우리가 감당해야 할 부분이다. 많은 전문가도 AI의 급속한 발전이 인류에게 예측하지 못한 재앙을 가져올 수 있다고 우려했다. 오죽하면 AI 신봉자였던 일론 머스크마저 '인류 위협'을 이유로 "AI 개발을 6개월간 중단하자"라고 외쳤을까….

대한민국 초거대 AI 도약 회의에서도 윤 대통령은 "가짜 뉴스가 AI와 디지털을 이용해 빛보다 빠른 속도로 확산하면서 자유민주주의를 훼손하고, 우리 미래를 망칠 수 있다"면서 AI를 통한 가짜뉴스 확산의 위험을 경고했다. 또한 "디지털과 AI가 남용되고 여기서 생기는 부작용이 인류가 축적한 문화와 문명에 해가 되지 않게 만들어줘야 AI와 디지털을 더 보편화시키고 더 잘 활용할 수 있다"고 AI 질서규범 확립의 중요성 역시 강조했다.

이처럼 2024년에는 누구나 쉽게 AI를 활용하는 AI 일상화가 본격화되고 AI를 활용한 다양한 서비스가 등장할 것이다. 파트 2에서는 AI를 중심으로 한 미래 IT 트렌드를 소개하고, 이 트렌드들로 2024년에는 어떤 기업과 시장이 성장하고 주목을 받을지, 또 우리의 삶은 어떻게 변화할지를 살펴본다.

AI를 중심으로 한 2024년 7가지 미래 IT 트렌드

제1장

sLLM(경량화 모델), 멀티모달 AI, 그리고 AGI(범용 인공지능)

2024년에 GPT-5는 등장할 것인가?

2024년, AI는 경량화 모델(sLLM)로 작게 진화한다

소소익선(少少益善), 작으면 작을수록 더 효율적인 경량화 AI 모델

'거거익선(巨巨益善)'이란 말이 있다. '크면 클수록 좋다'라는 뜻으로, 원래는 TV나 세탁기 등 가전제품의 소비 트렌드를 반영하는 말로 '더 큰 사이즈가 낫다'라는 의미로 사용되었다. 그런데 챗GPT가 등장하면서 '거거익선'이라는 말이 AI 업계에도 돌기 시작했다.

기존 AI보다 최소 수백 배 많은 파라미터(매개변수)를 탑재한 거대언어모델(LLM, Large Language Model)이 등장하면서 기업들은 점점 더 많은 파라미터 수를 요구하게 된 것이다. 세간을 놀라게 한 챗GPT에 처음 탑재된 GPT-3의 파라미터 수는 1750억 개이고, 현재

GPT-4의 파라미터 수는 공개되지 않았지만 1750억 개를 훨씬 웃돌 것으로 추정되고 있다. 구글의 LLM인 '팜(PaLM)'의 파라미터 수는 5400억 개로 GPT-3의 3배나 될 정도로 어마어마한 규모를 자랑한다. 네이버의 '하이퍼클로바X'도 2040억 개, LG의 '엑사원2.0' 역시 3000억 개의 파라미터를 학습한 것으로 알려졌다.

일반적으로 파라미터 수가 늘어나면 늘어날수록 LLM의 성능은 향상된다. 하지만 파라미터 개수가 많다는 것은 컴퓨팅 인프라를 과도하게 이용한다는 의미이기도 하다. 파라미터가 많은 LLM을 구축하기 위해서는 그에 걸맞은 GPU 서버가 필요하기 때문이다. LLM의 성능을 높이기 위해서는 고성능의 하드웨어가 필요하지만 어지간한 기업이 아니고서는 AI 인프라에 막대한 투자를 하기란 쉽지 않다. 무한정 파라미터를 늘려서 인간 수준의 AI를 빨리 구현시키고 싶겠지만, 그 부담을 온전히 감당할 수 있는 기업은 빅테크 중에서도 거의 없을 것이다.

월 이용자 수 15억 명의 오픈AI도 챗GPT를 위한 LLM 운용 비용 때문에 2024년 내에 파산할 수도 있다는 경고등이 켜졌다. 오픈AI의 CEO 샘 알트먼은 "거대 AI 모델을 만드는 시대는 이제 끝났다. 앞으로는 다른 방법으로 더 나은 모델을 만들어야 한다(I think we're at the end of the era where it's gonna be these giant models, and we'll make them better in other ways)"라고까지 이야기하기에 이르렀다.

샘 알트먼의 발언은 파라미터 수의 증가가 무의미하다는 것을 의미하는 것이 아니다. 파라미터를 계속 추가하면서 LLM의 크기를 늘리는 것만으로는 AI의 성능을 향상시키는 데 한계가 있다는 뜻이다. 오픈AI는 그동안 파라미터 수와 데이터량을 엄청난 규모로 확장시키면서 GPT의 언어 처리 능력을 비약적으로 향상시켰다. 공개하지는 않았지만 GPT-4도 수조 단어의 텍스트와 수천 개의 초고성능 컴퓨터 칩을 사용해 학습했는데, 이 과정에서 무려 1억 달러 이상의 비용이 소요되었을 것으로 추정된다.

하지만 명확한 비즈니스 모델이 마련되지 않은 상황에서 현재 이상의 파라미터 수 늘리기는 비용 대비 큰 효과를 거두기에 한계가 있다. AI의 성능은 파라미터 크기 외에도 다른 다양한 요소들에 의해 좌우될 수 있다. 파라미터 수가 아무리 많아져도 안전성과 윤리성 측면에서 개선의 여지는 여전히 존재하고, 허위 정보를 그럴싸하게 답변하는 할루시네이션 현상도 완벽히 제거할 수 없다. 결국 GPT-4 이후부터는 모델의 '사이즈'를 키우는 데 집중하기보다 AI의 '역량'을 키우는 본질에 집중하겠다는 것이 샘 알트먼의 판단이다.

AI 모델 사이즈보다 본질적인 AI 역량에 집중하겠다는 샘 알트먼의 말에 AI 기업들 역시 공감하는 분위기다. 거대 AI 모델을 개발

거대언어모델(LLM)과 경량화 언어모델(sLLM) 비교		
구분	거대언어모델(LLM)	경량화 언어모델(sLLM)
크기 (파라미터)	약 수천억 개	약 수십억 개
예시	오픈AI GPT-4, 구글 팜2, 네이버 하이퍼클로바X, KT 믿음	메타 라마, 스탠퍼드대학 알파카, 스캐터랩 핑퐁
특징	정확하고 복잡한 작업, 방대한 컴퓨팅 지원 필요	적은 컴퓨팅 활용, 특정 영역 언어에 특화, 신속한 파인튜닝

자료: 언론 종합

중인 빅테크 기업들도 모델의 성능 개선을 계속해나가겠지만, 과도한 비용을 투자하면서까지 서두르지는 않겠다는 입장이다. 대신 작은 사이즈의 모델이라도 성능이 확실한 모델을 사용자에게 제공하겠다는 방침이다.

메타의 '라마'가 쏘아 올린 작은 언어모델(sLLM)

sLLM은 LLM(Large Language Model)에 경량이라는 뜻의 's(small)'를 붙인 것으로, 풀이하면 '경량화된 거대언어모델'이다. 쉽게 설명하면 고객사의 요청에 따라 거대언어모델인 LLM을 특정 분야에 맞게 경량화하고 최적화한 것이라 할 수 있다.

sLLM은 LLM과 비교했을 때 파라미터의 수가 수십억~수백억 개로 비교적 크기가 작다. 수백억 개의 파라미터를 돌리기 위한 컴퓨팅 리소스를 절약하고 튜닝 작업으로 특정 분야에 적합한 답변을 내놓는 LLM으로, 파라미터 수를 줄여 더 가볍게 꼭 필요한 부분에 맞도록 특화한 것이 sLLM이다.

예를 들어 은행에서 고객 응대에 필요한 AI 모델을 만든다고 하면 굳이 제조나 의료, 음악 분야 등 은행 업무와 무관한 데이터까지 학습할 필요가 없다. 오히려 은행 업무에서 자주 쓰는 용어나 지식을 학습하고 고객 응대 서비스에 맞게 파인튜닝해 답변의 정확성을 높이는 것이 더 효율적이다. 그러면 방대한 데이터를 처리하기 위한 수천억 개 규모의 파라미터도 필요 없다. 파라미터 수가 작아도 기업 입장에서는 자신들이 보유한 데이터를 활용해 맞춤형으로 구축할 수 있다. 비용도 저렴하다.

sLLM이 주목을 받기 시작한 것은 메타가 '라마(LLaMA, Large Language Model Mode AI)'를 공개하면서부터다. 메타는 라마를 총 네 가지 버전으로 내놓았는데, 가장 작은 모델은 파라미터 수가 70억 개(7B 버전)에 불과하고, 기본형도 650억 개(66B 버전) 정도로 GPT-3의 1750억 개와 비교하면 그 크기가 엄청나게 작다.

하지만 메타는 라마의 작은 파라미터 수를 강점으로 내세웠다. 메타는 파라미터를 키우기보다 LLM 훈련에 사용하는 토큰(텍스트 데이터 단위)의 양을 늘려 품질을 높이는 데 주력했다. 개수는 적지만, 용량을 다른 모델 대비 10분의 1 수준으로 낮춰 훨씬 적은 컴퓨팅 파워를 요구함으로써 모바일이나 노트북에서도 활용하도록 실용성을 높였다. 또한 이러한 장점을 돋보이게 하기 위해 라마를 오픈소스로 공개했다.

파라미터 수가 줄어들면
기존 LLM 대비 성능이 많이 떨어지지 않을까?

라마-13B(파라미터 수가 130억)의 경우, GPT-3보다 10배 이상 작음에도 불구하고 대부분의 평가서 GPT-3보다 우수한 성능을 보였고, 라마-65B(650억)의 경우 대부분의 벤치마크에서 친칠라(Chinchilla), 고퍼(Gopher), GPT-3, 팜과 유사하거나 더 뛰어난 결

		상식적 추론 테스트에서 라마는 구글 팜과 비교했을 때 BoolQ와 WinoGrande를 제외한 전 벤치마크에서 더 좋은 성능을 보였음. 라마-65B와 비슷한 사이즈의 친칠라보다도 우수한 성능을 보임.							
		BoolQ	PIQA	SIQA	Hella Swag	Wino Grande	ARC-e	ARC-c	OBQA
GPT-3	175B	60.5	81.0	–	78.9	70.2	68.8	51.4	57.6
Gopher	280B	79.3	81.8	50.6	79.2	70.1	–	–	–
Chinchilla	70B	83.7	81.8	51.3	80.8	74.9	–	–	–
PaLM	62B	84.8	80.5	–	79.7	77.0	75.2	52.5	50.4
PaLM-cont	62B	83.9	81.4	–	80.6	77.0	–	–	–
PaLM	540B	88.0	82.3	–	83.4	81.1	76.6	53.0	53.4
LLAMA	7B	76.5	79.8	48.9	76.1	70.1	72.8	47.6	57.2
	13B	78.1	80.1	50.4	79.2	73.0	74.8	52.7	56.4
	33B	83.1	82.3	50.4	82.8	76.0	88.0	57.8	58.6
	65B	85.3	82.8	52.3	84.2	77.0	78.9	56.0	60.2

자료: Introducing LLaMA: A foundational, 65-billion-parameter large language model

과를 보였다. 라마는 대규모 학습 데이터셋으로 더 작은 언어모델(sLLM)을 학습시켰을 때 모델 성능이 충분히 높을 수 있다는 것을 증명했다.

마이크로소프트도 GPT-3.5 파라미터의 1% 미만 수준인 13억 개의 파라미터를 가진 소형 언어모델 '파이-1(phi-1)'을 공개했는데, 파이-1 역시 실제 테스트에서 GPT-3.5보다 우수한 성능을 보였다. 모델 크기를 확대하기보다 품질 개선을 통해 성능을 달성할 수 있음을 입증한 것이다.

나도 LLM 만들 수 있어! 국내 스타트업들도 sLLM에 관심

빅테크 기업들의 전유물로만 여겨졌던 LLM이 경량화되면서 스타트업들도 자신들의 제품이나 서비스에 맞는 sLLM을 개발하기 시작했다.

AI 챗봇 '이루다'를 개발한 스캐터랩은 전문 지식을 학습해 논리적 상호작용이 두루 가능한 sLLM '핑퐁1'을 개발 중에 있다. 스캐터랩은 자체 개발한 sLLM을 토대로 2023년 하반기 다양한 기업과 창작자들이 입맛대로 AI 캐릭터를 만들 수 있는 플랫폼을 출시할 계획이다. 이루다 2.0은 딱딱한 어투의 챗GPT와 달리 평균 0.04초의 빠른 속도와 재치 있는 입담을 무기로 출시 6개월 만에 사용자 150만 명을 빠르게 확보했다. 이루다 2.0은 스캐터랩이 자체 개발한 sLLM '루다 젠1'을 기반으로 작동된다. 루다 젠1은 빠르게 생겨나는 신조어나 사회적 이슈에 대응하기 위해 데이터를 꾸준히 학습했다.

기계 독해 전문기업 포티투마루는 'LLM42'라는 자체 개발 sLLM을 선보였다. 기계 독해란 AI가 글을 읽고 질문하거나 답할 수 있는 기술이다. LLM42는 기업용으로 활용할 수 있는 경량화 모델로, 솔루션 구축과 학습, 서빙에 들어가는 비용을 획기적으로 절감하고 기업용 프라이빗 모드를 지원해 기업 내부 데이터와 민감한 고객 정보 유출에 대한 걱정 없이 AI를 사용할 수 있다.

하지만 sLLM 개발에 나선 모든 기업이 성공하기에는 현실적 한계가 있다. 무엇보다 풍부한 데이터셋이 필수적인데 스타트업은 이

Up 1T
Token Club

글로벌 1등 기술력을 보유한 업스테이지와
대한민국 LLM 독립선언, 함께 해요!

upstage

자료: 업스테이지 홈페이지

를 얻기 위한 인프라나 자금력이 부족한 경우가 많다. 그래서 AI 스타트업 업스테이지의 경우, 데이터 부족 문제를 해결하기 위해 '1T 클럽'을 발족했다. '1T'는 '1트릴리언(Trillion) 토큰'을 의미한다. 업스테이지는 파트너사들로 1T 클럽을 구성해 한국어 데이터를 확보하고 고품질 sLLM 개발을 진행한다. 파트너사에게는 데이터 제공량에 비례해 API 사용료를 할인해주고 LLM의 API 사업으로 창출되는 수익을 공유하는 혜택을 제공한다.

AI는 쓰고 싶은데 비용과 보안 때문에 망설이는 기업에게
딱 알맞은 sLLM

경량화 언어모델 sLLM은 훈련 시간, 비용, 필요한 데이터 등이 상대적으로 적고, 다른 여러 애플리케이션과 통합하기 쉽다는 것이 장점이다. sLLM은 특정 분야에 한정돼 있지만 깊이 있는 데이터를 학습할 수 있으며 파라미터를 줄여 비용과 훈련 시간을 줄이고 미세 조정을 통해 정확도를 높일 수 있다.

AI 도입을 원하는 기업들은 다방면의 모든 정보가 아니라, 꼭 필요한 자신들의 분야에 관한 독자적인 언어모델을 선호한다. 하지만 하드웨어 비용이 걸림돌이다. 일반적으로 LLM을 구동하기 위해선 GPU 장비가 필요한데, '엔비디아 A100 텐서코어 GPU 80GB'의 경우 약 2145만 원에 달하며 제품이 공급되는 기간도 12~20주 가까이 소요된다. 한 단계 높은 등급 제품인 '엔비디아 H100 80GB'의 경우엔 약 5700만 원에 이른다.

파라미터 수 1750억 개인 GPT-3 기반 챗GPT가 엔비디아의 A100 GPU 8대로 운영되고 있는 반면, 메타의 라마-13B는 V100(32GB) 1대로 실행이 가능해 챗GPT에 비해 추론 비용을 크게 줄일 수 있다.

구글 팜의 경우 슈퍼컴퓨터 두 대로 50일 이상 훈련해야 하고, 오픈AI의 GPT-3는 훈련 비용에만 1000만 달러(약 130억 원)가 든다. 반면 AI 전문기업 데이터브릭스가 공개한 오픈소스 AI 모델 '돌리(Dolly)'는 120억 개의 파라미터를 지닌 sLLM으로, 학습에는 3시간이 들었고 비용은 고작 30달러에 불과하다.

LLM 사이즈가 줄어들면 보안 문제도 해결할 수 있다. LLM은 클라우드 방식으로 사용하기 때문에 AI에 입력한 정보가 외부 서버에 공유된다. 금융권 등 많은 기업이 사내에서의 챗GPT 사용을 제한한 것도 사내 정보가 유출될 위험 때문이다. 그러나 모델 크기가 작아지면 기업 자체 서버나 PC 등에 탑재해 구동할 수 있어 정보 유출 가능성이 작다. 스마트폰, 태블릿, 자율주행차 등에도 탑재가 가능해져 인터넷이 끊겨도 AI를 이용할 수 있게 된다.

오류나 부정확성 문제 해결에도 sLLM은 유용하다. sLLM은 특정 분야에 한정돼 있지만 깊이 있는 데이터를 학습할 수 있으며 미세조정을 통해 정확도를 높일 수 있다. 파라미터를 줄인 대신 질 좋은 데이터를 학습시키고 파인튜닝(미세조정)하는 방식으로 성능을 개선하는 식이다.

sLLM은 만능 범용은 아니지만 특정 영역에서는 높은 수준의 생성 작업을 수행할 수 있으며 활용성이 높다. 기업들은 자신들이 갖고 있는 자산을 바탕으로 자신들만의 sLLM을 구축할 수 있고 이는 해당 기업에게 있어 최적화된 모델이 될 수 있다.

이처럼 앞으로의 기업용 AI 시장에서는 거대 LLM 경쟁에서 탈피해 파라미터 수를 작게 하여 비용과 훈련 시간을 줄이고, 특정 분야에서 효과적인 역량을 발휘할 수 있는 경량화 언어모델, sLLM이 주목을 받을 것으로 예상되고 있다.

이미지, 소리, 동영상을 이해하고
만들어내는 멀티모달 AI

생성형 AI 다음에 뜰 인공지능은 '멀티모달 AI'

2023년이 챗GPT가 주도한 생성형 AI의 해였다면, 아마도 2024년
은 멀티모달 AI가 중심이 되어 시장을 이끌어갈 것으로 예상된다.
이미 빅테크들은 생성형 AI의 다음 단계인 멀티모달 AI로 눈을 돌
려 시장 선점을 위해 발 빠르게 움직이고 있다.

멀티모달 AI는 이미지, 텍스트, 음성, 영상 등 다양한 데이터 모
달리티(Modality, 상호작용 과정에서 사용하는 의사소통 채널)를 다중
지능 처리 알고리즘과 결합해 더 높은 성능을 구현하는 새로운 AI
패러다임이다. 예를 들어 이미지로 텍스트 검색을 하거나 텍스트에

서 이미지를 검색 혹은 이미지와 텍스트를 같이 이해하는 멀티모달 검색이 가능하다. 이미지를 보고 텍스트를 생성하거나 텍스트를 기반으로 이미지를 생성할 수 있다.

기존 AI 시스템이 언어, 텍스트(문자)에 초점을 둔 언어모델이었다면, 멀티모달 AI는 텍스트 데이터 외에도 이미지, 음성, 제스처, 시선, 표정, 생체신호 등 여러 입력 방식(모달리티)을 받아들이고 사고할 수 있다. 멀티모달 AI가 제대로 구현된다면 인간과 AI는 더 자연스럽고 다양한 방법으로 소통할 수 있게 되는 것이다.

문자, 이미지, 음성, 영상 등 다양한 데이터의 상호작용이 가능한 AI가 멀티모달 AI

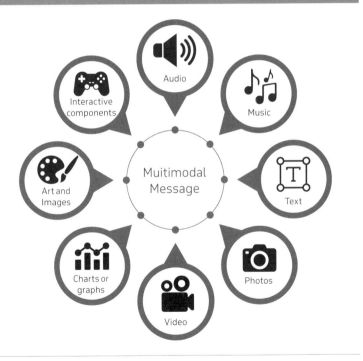

자료: 언론 종합

멀티모달 AI로 대중의 마음을 사로잡아라

2023년 7월에 메타는 기존보다 5분의 1 적은 데이터로 이미지 생성과 분석을 모두 지원하는 멀티모달 생성형 AI '카멜레온(CM3leon)'을 선보였다. 카멜레온은 텍스트를 이미지로 구현하고, 이미지를 텍스트로 설명하는 기능을 동시에 지원하는 AI 모델이다. 토큰 기반의 자동회귀 모델이라는 새로운 학습 방법을 적용해 5분의 1 수준의 적은 데이터로 학습했지만 기존 AI 모델보다 더욱 높은 수준의 성능을 보인다. 약 30억 개 수준의 소규모 텍스트 토큰으로 구성된 데이터셋으로 학습했음에도 시각적 질문에 대한 답변 및 자막 작업 등 다양한 비전 언어 작업을 무리 없이 수행했다.

그리고 한 달 뒤인 8월에 메타는 새로운 멀티모달 AI인 심리스M4T(SeamlessM4T)를 발표했다. 심리스M4T는 문자와 음성을 지원하는 멀티모달 AI로 문자-문자, 음성-음성, 문자-음성, 음성-문자 형태로 상황에 따라 편리하고 효율적인 다국어 번역 기능을 제공한다. 예를 들어 영어로 말하면 이를 한국어로 번역해서 음성으로 들려주거나 문장으로 출력한다. 음성-문자 번역은 최대 100개 언어를 지원하고, 음성-음성 번역의 경우는 100개 언어에 대한 입력과 35개 언어에 대한 출력이 가능하다. 문자-음성의 경우도 100개의 입력 언어와 35개의 출력 언어를 지원하고, 문자-문자 번역의 경우는 최대 100개 언어까지 가능하다.

알파고를 만든 딥마인드는 모회사인 구글과 함께 '구글 딥마인드'라는 신조직을 설립해 '제미니(Gemini)'라고 하는 새로운 거대언

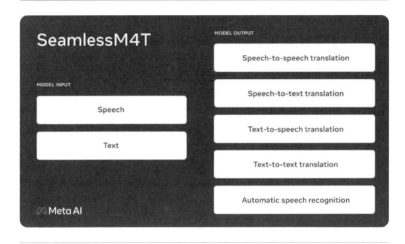

메타가 공개한 심리즈M4T는 최대 100개 언어를 지원하는 문자 및 음성 번역 멀티모달 AI 모델로, 서로 다른 언어 간에 음성 입력을 음성 또는 문자로 문자 입력을 문자 또는 음성으로 번역

자료: Meta

어모델(LLM)을 개발 중인데, 이 LLM은 방대한 규모의 유튜브 비디오 데이터를 훈련에 활용하고 있다. 제미니에 멀티모달 기능이 더해지면 AI가 사진 속 정보를 해독해 글을 쓴다거나 매출 장표를 본 뒤 그래프와 분석 글을 만들어줄 수도 있게 된다. 구글은 지메일, 구글 맵, 구글 포토, 안드로이드 등에 제미니의 멀티모달 기능을 적용해 MS의 코파일럿에 대항하는 서비스를 출시할 예정이다.

세미애널리틱(SemiAnalytic) 보고서에 따르면 제미니는 GPT-4의 사전학습보다 5배나 빠른 속도로 모델을 학습 중으로, 지속적인 인프라 추가를 고려하면 2024년 말까지 학습 속도는 GPT-4의 20배 수준까지 올라갈 가능성도 있다고 분석했다. 이런 놀라운 학습 속도에 세미애널리틱은 "잠자던 거인 구글이 깨어났다"라고까지 말할 정도이다. 이에 구글은 멀티모달 AI 모델 개발을 최우선 순위에 두겠다고 밝히며 AI와 관련된 가장 중요하고 전략적인 기술 프로젝트의 첫 번째가 바로 강력한 멀티모달 AI 모델이라고 강조했다.

멀티모달 AI로 차별화된 서비스를 제공하는 스타트업들

멀티모달 AI에 대한 연구와 개발은 스타트업들 내에서도 활발히 진행되고 있다. 독일의 스타트업 지나(Jina)AI는 2020년에 설립되어 개발자 서비스인 깃허브(GitHub)를 통해 오픈소스로 멀티모달 AI와 관련된 여러 기능을 제공하고 있다. 현재 전 세계 4만 명 이상의 개발자가 지나AI를 사용해 여러 서비스를 만들고 있는데, 이를 이용하면 텍스트, 이미지, 비디오 및 기타 형태의 데이터를 처리하는 AI 애플리케이션을 손쉽게 개발할 수 있다.

지나AI를 이용해 만든 대표적인 서비스로 베스트배너 (BestBanner)가 있다. 텍스트를 입력하면 가장 적합한 배너(banner, 다른 사람들에게 자신의 홈페이지를 알리기 위한 작은 이미지)를 생성해주는 서비스인데, 뉴스 사이트나 소셜미디어(SNS)에서 매우 유용하다. 특히 생성된 배너 이미지의 저작권은 사용자에게 있다. 예를 들어 마틴 루터 킹 주니어의 〈나는 꿈을 꾼다(I Have a Dream)〉 연설문 내용을 입력하고 이에 맞는 배너 이미지를 요청하면 해당 글을 분석해 적합한 이미지를 만들어낸다.

자료: 지나AI 홈페이지 https://jina.ai/

　신엑스플레인(SceneXplain)도 지나AI를 기반으로 만들어진 서비스로 이미지에서 텍스트를 식별하고 표와 다이어그램을 해석해 전문적인 이미지 스토리텔링 경험을 제공한다. 멀티모달 기능을 지원해 이미지, 텍스트, 음성을 종합적으로 처리할 수 있어 이미지에 대해 질문하면 음성으로 대답해준다.

　래셔널(Rationale)은 비즈니스 또는 개인의 의사결정을 도와주는 서비스이다. 의사결정을 내리기 위해 고민 중인 사안을 입력하면 AI가 장단점을 나열하고, SWOT 분석을 생성해 여러 옵션을 평가하

"100년 전, 우리 위대한 미국인은 해방 선언에 서명했다. 이 중대한 결정은 수백만 흑인 노예들에게 밝은 희망의 빛이었다…." 마틴 루터 킹 주니어의 〈나는 꿈을 꾼다〉 연설문 내용을 분석해 베스트배너가 만들어낸 이미지

자료: 베스트배너 홈페이지

거나 결과를 예측하도록 도와준다. 인과관계 분석, 상황별 분석, 다중 옵션 분석, 비용편익 분석과 개인화된 분석을 제공해 사업이나 마케팅 등의 의사결정을 함에 있어서도 큰 도움이 된다.

이미지를 보고 이해하는 멀티모달 챗GPT가 등장하다

2023년 3월에 출시된 GPT-4의 가장 큰 특징은 텍스트만 주고받았던 GPT-3와 달리 이미지, 음성 등 다양한 모달리티를 이해하고 생성할 수 있는 멀티모달 AI라는 점이다. 하지만 출시 당시에는 아직 일반 사용자들에게 멀티모달 기능이 제공되지 못했었다.

그리고 마침내 유료 버전 챗GPT 플러스에서 'GPT-4V(ision)'를 기반으로 하여 이미지로 대화할 수 있는 기능을 선보였다(2023년 10월 기준). 챗GPT 사용자는 사진을 찍거나 이미지를 올려 챗GPT에 질문을 할 수 있다. 꽃의 사진을 보여주면서 어떤 꽃인지 물어보면 해당 꽃의 이름과 꽃말 등을 알려주기도 하고, 복잡한 그래프 이미지 속에서 업무 관련 데이터를 분석해주기도 한다. 사진, 스크린샷 및 텍스트와 이미지가 모두 포함된 광범위한 이미지까지 모두 입력이 가능하다. GPT-4V는 입력된 이미지의 판별, 이해, 문자인식(OCR)은 물론, X-Ray 분석까지도 할 수 있다. 다만 가수, 배우 등 특정 인물에 대한 채팅은 지원하지 않는다(이미지에 나타난 인물의 실제 이름이나 정체성을 제공하는 것은 정책에 따라 할 수 없다고 답변한다). 또한 이미지 입력은 가능하지만 이미지 생성은 아직 제공하지 않고 있다.

챗GPT 플러스는 향후에 음성 대화 기능도 모바일 앱 상에서 제공할 예정이다. 음성 기능은 텍스트와 몇 초의 샘플 음성만으로 인간과 유사한 오디오를 생성할 수 있는데, 사용자는 앱에서 원하는 음성을 선택해 챗GPT와 대화할 수 있다. 정말로 실현된다면 영화 〈아이언맨〉에 나오는 AI 집사 '자비스'가 내 스마트폰 안에 있게 되는 것이다. 텍스트뿐만 아니라 이미지와 음성까지 지원함으로써 챗GPT는 진정한 멀티모달 AI로 한 단계 더 발전했다. 2024년에는 챗GPT가 또 어떻게 진화한 모습으로 우리 앞에 나타날지 벌써부터 기대가 된다.

이 사진의 물건이 어떤 것인지, 자세한 이름과 개요를 설명해줘.

이 사진은 람보르기니 스포츠카를 나타냅니다. 노란색의 외관, 날카로운 디자인, 그리고 앞부분에 있는 람보르기니의 특징적인 로고를 통해 이것이 람보르기니 자동차임을 알 수 있습니다.

하지만 특별히 이 모델의 구체적인 이름을 이미지만으로 판단하기는 어렵습니다. 그러나 노란색 외관과 그 디자인을 보면, 람보르기니의 대표 모델 중 하나인 '허라칸'일 가능성이 높습니다. 람보르기니 허라칸은 V10 엔진을 탑재하고 있으며, 높은 성능과 독특한 디자인으로 많은 자동차 애호가들에게 사랑받고 있습니다.

자료: 챗GPT 이용 자체 작성

멀티모달 AI는 범용 인공지능으로 가는 첫 단계

챗GPT를 경험한 기업과 대중들이 다음 단계로 멀티모달 AI에 주목하는 이유는, 멀티모달 AI가 범용 인공지능(AGI, Artificial General Intelligence)의 시작점이 될 것이라고 보기 때문이다. 챗GPT가 텍스트 생성형 AI의 새로운 지평을 열었다면, 멀티모달 AI는 범용 인공지능의 첫 단계로서 새로운 가능성을 보여줄 것으로 기대되고 있다.

물론 멀티모달 AI가 구현되더라도, 그것이 범용 인공지능의 실현을 의미하는 것은 아니다. 하지만 멀티모달 AI는 복잡하고 다양한 데이터와 환경에서 작동할 수 있는 가장 기본적인 능력을 갖추었다. 멀티모달 AI는 단일 유형의 데이터만 다루는 기존 AI에 비해 더욱 복잡하고 다양한 작업을 수행할 수 있기에 잠재력이 높다. 멀티모달 AI는 의료 진단, 가상 비서, 자율주행 차량 등 많은 분야에서 활용될 수 있으며, 발전 가능성이 높다는 점에서 큰 기대를 모으고 있다.

범용 인공지능은 모든 종류의 작업을 수행할 수 있는 '일반적인' 인공지능이다. 그러기 위해선 텍스트, 이미지, 오디오 등 여러 유형의 데이터를 처리할 수 있어야 한다. 그래야만 현실 세계의 다양한 문제와 상황에 대처할 수 있다. 그런 관점에서 멀티모달 AI는 범용 인공지능으로 나아가기 위한 중요한 발판이 될 수 있다.

범용 인공지능은
기존 AI와 무엇이 다른가

인간의 개입 없이 스스로 학습하고 판단하는 범용 인공지능

2023년 3월, 마이크로소프트(MS)는 자신들의 AI 기술 수준이 '범용 인공지능(AGI)'에 근접했다고 주장하는 논문을 발표해 세간의 주목을 모았다. '범용인공지능의 불꽃(Sparks of Artificial General Intelligence: Early experiments with GPT-4)'이라는 제목의 155쪽 분량 논문으로, MS 소속 과학자들은 인공지능 개발 과정에서 '특이점'에 도달하는 순간을 목격했다고 밝혔다. 많은 빅테크 기업들이 AI를 개발하고 있지만 범용 인공지능 수준에 근접할 만큼 AI를 개발했다는 '대담한 주장'을 한 것은 MS가 처음이다.

MS의 과학자들은 AI에게 달걀 9개, 노트북 컴퓨터, 책, 유리병, 못을 안정적인 방식으로 쌓아보라고 주문했다. 그러자 AI는 인간의 물리 세계를 이해한 것으로 보이는 답변을 내놓았다. 맨 먼저 책을 눕히고, 달걀 9개를 가로세로 3줄씩 늘어세운 뒤, 노트북 컴퓨터를 달걀 위에 올린 다음 그 위에 못과 유리병을 올리라고 답한 것이다. AI는 "달걀 위에 노트북 컴퓨터를 올릴 때는 껍질이 깨지지 않도록 조심해야 한다. 달걀을 사이에 두고 맨 밑에 있는 책과 나란한 위치에 놓인 노트북 컴퓨터의 평평한 표면은 유리병과 못을 올려놓을 안정적 기반이 될 것"이라는 조언도 했다. MS의 과학자들은 이를 두고 "인간의 두뇌가 할 수 있는 모든 일을 하는 범용 인공지능을 향한 단계"에 도달했다고 주장했다.

이들이 언급한 범용 인공지능이란 '인공지능이 인간에 견줄 수

일반 AI와 범용 인공지능의 차이점		
항목	일반 AI(Narrow AI 또는 Weak AI)	범용 인공지능(AGI 또는 Strong AI)
정의	특정 작업이나 기능에 초점을 맞춰 설계된 인공지능	다양한 작업을 수행할 수 있는, 인간 수준의 지능을 가진 인공지능
능력 범위	한정된 작업 영역에 한정된 기능	여러 작업 영역에서의 학습과 수행 능력
학습 및 적응	주로 특정 데이터셋에 대해 학습하며, 그 외의 작업에는 적응하기 어려움	다양한 작업과 환경에서의 학습과 적응 능력
예시	음성인식, 이미지 분석, 특정 게임 등	어떠한 특정 작업도 수행할 수 있는 인공지능
복잡성 및 자율성	제한된 파라미터와 명시적인 지침에 따라 작동	복잡한 모델과 상황에 따른 자율적인 판단 능력
창의성 및 문제 해결 능력	제한된 데이터와 알고리즘 내에서만 작동	복잡한 문제 해결, 추론 및 창의적인 작업 수행 능력

준으로 지능을 갖게 돼 인간의 개입이 없이도 스스로 추론하며 성장하는 AI'를 의미한다. 이는 AI를 개발하는 이들의 궁극적인 목표이기도 하다. 챗GPT 개발사 오픈AI의 샘 알트먼 역시 챗GPT의 최종 목표는 범용 인공지능이라고 밝힌 바 있다.

인류의 난제도 해결할 수 있는 범용 인공지능

일반 AI와 범용 인공지능은 어떤 차이가 있을까? 예를 들어 우리가 AI에게 "여러 사진 속에서 고양이를 찾아줘"라고 명령을 내렸다고 하자.

일반적인 AI는 특정 작업에 특화돼 있기 때문에 고양이를 인식하는 데 훈련된 AI는 여러 사진 이미지 중에서 고양이를 정확하게 찾아낼 수 있다. 그런데 만약 "이 사진들 속에 개를 찾아줘"라고 새로운 명령을 내리면, 고양이를 인식하는 데 훈련된 AI는 이 작업을 수행하지 못한다. 개를 인식하는 방법에 대해 학습하지 않았기 때문이다.

반면 범용 인공지능은 "사진 속에서 고양이를 찾아줘"라고 명령을 받으면 고양이를 찾아낸다. 그리고 마찬가지로 "이 사진들 속에서 개를 찾아줘"라고 새로운 명령을 내리면, 범용 인공지능은 전에 고양이 찾는 방법을 학습한 경험을 바탕으로 새로운 작업을 수행할 수 있게 된다. 이는 인간이 일을 배우거나 새로운 것을 학습하는 방법과 유사하다.

범용 인공지능이 각 분야에 도입되었을 때 변화 및 영향		
분야	변화 및 영향	예시
의료	• 복잡한 질병 진단 및 치료 도움 • 개인화된 의료 및 약물 연구에서의 확대된 역할	환자의 유전자 데이터를 분석해 개인화된 치료 방안을 제안
기후 변화	• 복잡한 기후 시뮬레이션 수행 • 지구온난화 대책 및 새로운 기술 제안	기후 데이터를 분석해 50년 후의 기후 변화 예측
에너지	• 지속 가능한 에너지 소스 탐색 • 에너지 사용 최적화 방안 제시	태양열 발전의 효율성을 극대화하는 새로운 재료를 제안
식량 부족	• 농업 및 식량 생산 효율화 • 물류 체계 최적화로 식량 낭비 감소	기후 및 토양 데이터를 기반으로 특정 지역의 농작물 최적화 방안을 제시
경제 불균형	• 다양한 분야의 데이터를 통한 사회적 불평등 문제 해결을 위한 정책 제안	국가별 경제 데이터를 분석해 불평등 해소를 위한 정책을 제안
교통 및 물류	• 교통 체계 최적화 • 물류 효율성 향상	도시 교통 패턴을 분석해 교통 체증 감소 방안을 제안
과학 및 연구	• 새로운 가설 설정 • 실험 및 연구 가속화	양자물리학 문제에 대한 새로운 연구 방향성을 제안
교육	• 개인화된 교육 방안 제안 • 교육격차 해소	학생의 학습 패턴을 분석해 맞춤형 학습 커리큘럼을 제안
환경 문제	• 오염 제어 및 생물 다양성 보존에 대한 해결책 탐색	해양오염 데이터를 분석해 플라스틱 오염 감소를 위한 방안을 제안

범용 인공지능은 특정 문제뿐 아니라 주어진 모든 상황에서 생각과 학습을 하고 창작할 수 있는 능력이 있다. 알파고가 아무리 사람보다 바둑을 잘 둬도 사람과 대화하며 동시에 바둑을 둘 수는 없다. 범용 인공지능은 일반 AI보다 훨씬 유연하고 다양한 작업을 수행할 수 있는, 정말 인간의 뇌에 근접한 수준의 AI라 할 수 있다.

범용 인공지능이 실현된다면 그 능력에 따라 다양한 사회 문제나 인류의 난제를 해결할 수도 있다. 빠른 데이터 처리 능력, 패턴 인식, 모델링 및 최적화 등의 능력을 활용해 인류가 해결하기 어려웠던 문제의 해결을 가속화시킬 수 있다.

다만 범용 인공지능의 뛰어난 능력에도 불구하고, 범용 인공지능의 도입과 활용에는 주의가 필요하다는 우려의 목소리가 높다. 범용 인공지능이 인류의 문제를 해결하는 도구로 활용되려면 적절한 윤리적 기준과 규제, 그리고 인간 중심의 접근 방식이 필요하다. 무섭도록 빠르게 개발되고 있는 범용 인공지능의 위험성을 세상에 알리고자 회사를 뛰쳐나온 세계적인 석학도 있다. 바로 세계 4대 AI 석학 중 한 명인 제프리 힌튼 교수이다.

'딥러닝의 대부', 범용 인공지능의 위험성을 경고하다

'AI의 대가'이자 '딥러닝의 대부'로 불리는 제프리 힌튼(Geoffrey Hinton) 교수는 캐나다 토론토대학의 교수로 재직 중이면서 구글의 부사장직도 겸임하고 있었다. 그런데 2023년 5월 돌연 그는 10년간 몸담은 구글에 사표를 냈다. 이유는 AI의 위험성을 자유롭게 세상에 알리기 위해서였다. (또 다른 이유는 빅테크의 AI 독점에 반대했기 때문이다. 힌튼 교수는 오픈AI나 구글에 대항하기 위해 독자적인 LLM을 만드는 AI 스타트업 코히어(Cohere)에 직접 투자한 바 있다.)

힌튼 교수는 GPT-4를 통해 AI가 자신이 생각했던 것보다 훨씬 더 똑똑해지고 있음을 깨달았다. "이것은 마치 외계인이 착륙했는데 그 외계인들이 영어를 아주 잘해서 외계인임을 깨닫지 못하는 것 같다"라며 AI의 위험성을 다음과 같이 경고했다.

"생성형 AI로 인한 가짜 이미지와 텍스트가 너무 많아졌다. 앞으로 인간은 진실과 거짓을 구분하지 못하는 세상을 마주하게 될 것이다. 이 점이 가장 두렵다…. AI는 기업 생산성을 높이는 장점을 갖고 있지만, 이보다 더 큰 위험성을 갖고 있다. 일평생 연구한 AI 연구에 대해서도 후회하지만, 내가 연구하지 않았어도 누군가가 대신 발견하거나 만들었을 것이다…. 이러한 AI의 위험성을 비롯한 경각심, 끝없는 빅테크 전쟁 등에 대해 일반 시민들도 알아야 한다. 내가 구글을 떠나야만 이에 대해 더 자유롭게 말할 수 있을 것 같다."

《뉴욕타임스》 인터뷰

인터넷에는 AI로 생성된 거짓 사진, 동영상, 텍스트가 넘쳐나고, 이로 인해 사람들은 더 이상 무엇이 진실인지 알 수 없게 되었다. AI가 분석하는 막대한 양의 데이터에서 예상치 못한 행동을 스스로 학습하기도 한다. 만약 자체 컴퓨터 코드를 생성하고 실제로 그 코드를 스스로 실행하도록 허용한다면 자율 무기, 즉 '킬러 로봇'도 현실화될 수 있다.

범용 인공지능이 진화해 정말로 인간의 개입 없이 스스로 학습하고 판단해, 나중에는 자신보다 더 똑똑한 AI 프로그램을 만들어낸다면 정말 인류의 문명은 끝이 날 수도 있는 상황이다. "그깟 AI, 전원 스위치를 꺼버리면 되지"라고 말하는 사람도 있겠지만, 전원 스위치도 통제하고 아예 전기까지 스스로 만들어 저장한다면 인간으로서는 그야말로 속수무책이다.

아예 인간을 뛰어넘는 '초인공지능(Artificial Super Intelligence)' 이란 개념도 있는데, 인간의 지식을 1000배 이상 초월하고 모든 면에서 월등한 AI이다. 컴퓨터과학자이자 미래학자인 구글의 엔지니어링 디렉터 레이 커즈와일(Ray Kurzweil)은 2011년 저서 《특이점이 온다》에서 "정보기술, 유전자공학, 로봇공학, 나노기술, AI 등의 기하급수적인 성장으로 인해 인류는 마침내 2045년에는 특이점에 이르게 된다"고 했다. 특이점(singularity)이란 인간이 설정한 기준점을 넘어서는 세상, 즉 AI가 인류의 지능을 넘어서는 세상이 펼쳐진다는 것이다. 이때가 되면 인간이 AI를 통제하기는커녕 오히려 AI가 인간을 통제하게 될지도 모를 일이다.

MS가 발표한 AI가 진짜 범용 인공지능인지는 아직 증명할 수가 없다. MS의 논문 서론에서도 자신들이 발표한 내용이 과학적 평가의 엄격한 기준을 충족하지 못할 수 있다고 인정했다. 그만큼 범용 인공지능의 실현은 쉽지 않다는 의미다. 그럼에도 불구하고 범용 인공지능은 모든 AI 개발자와 빅테크 기업들이 추구하는 궁극적 목표 중 하나이다.

2024년에 GPT-5는 등장할 것인가

GPT-5에서 범용 인공지능은 실현될까

GPT-4가 등장하고 몇 개월이 지나자 사람들의 관심사는 자연스럽게 '과연 GPT-5는 언제 어떤 모습으로 등장할 것인가'로 옮겨갔다. '챗GPT가 나온 지 불과 4개월 만에 GPT-4가 나왔으니 GPT-5도 곧 나오는 거 아냐?'라는 추측들도 난무했다. 심지어 2023년 4월에는 한 개발자가 트위터에 "GPT-5가 2023년 12월까지 훈련을 완료할 예정이며, 오픈AI가 범용 일반지능(AGI)을 달성할 것으로 기대한다고 들었다"는 내용의 글을 올려 화제가 됐다.

GPT-5에 대한 온갖 소문이 떠돌자 오픈AI의 CEO 샘 알트먼은

한 행사에서 "GPT-5에 대한 학습을 당분간 하지 않을 것"이라며 GPT-5에 대한 소문을 일축했다. 알트먼은 거대언어모델(LLM)에 의한 AI 발전 속도가 너무 빠르다며 "GPT-5를 시작하기 전에 해야 할 일이 많다. GPT-4 개발 완료 후 출시하기까지 6개월 이상 걸렸다. 새로운 모델 개발을 시작하기에는 아직 이르다"고 직접 말해 GPT-5가 2023년 내에 나올 일은 없을 것이라고 못 박았다.

알트먼의 발언에 GPT-5에 대한 기대는 살짝 꺾였지만, 그래도 여전히 온라인상에는 GPT-5에 대한 루머들이 계속해서 업데이트되고 있다. (소문은 소문일 뿐 확인된 내용은 아니므로 참고만 하시길…)

우선 GPT-5 출시 시기에 대해서는 GPT-4를 개발하는 데 2년 이상이 걸렸으니 GPT-5도 아마 2025년경에 등장할 것이라는 예상과 함께 그 중간 버전인 GPT-4.5가 2024년에 나올 것이라는 소문이 있다. 시기가 늦춰지는 가장 큰 문제는 LLM을 학습시키고 운영하는 데 드는 비용 때문이다.

할루시네이션을 최소화해야 하는 과제도 있다. 오픈AI는 할루시네이션을 줄이기 위해 '프로세스 감독(Process Supervision)'이라는 보상 방법을 도입했는데, 올바른 결과보다는 올바른 추론 단계마다 보상을 받는 구조이다. 오류는 크게 줄일 수 있지만 텍스트 생성에 오랜 시간이 걸리는 등 이러한 제약들 때문에 GPT-5의 개발 기간은 계속 늘어날 수밖에 없는 상황이다.

멀티모달 기능에 대해서는 GPT-5에서 오디오와 동영상의 입출력이 가능해질 것이라는 예상이 있다. 이미 경쟁사인 구글은 의료 응용 프로그램용 팜2 모델의 변형 버전에서 동영상의 입력과 분석이 가능함을 보여주었다. 구글도 하는데 오픈AI가 못 할 리 없다. 시간의 문제일 뿐 GPT-5 혹은 그 이후 버전에 음성과 동영상 멀티모달 기능이 탑재될 가능성은 높다. GPT-5로 이제는 나만의 동영상을 만들어내는 시대가 도래하는 것이다.

무엇보다 사람들이 GPT-5에 가장 크게 기대하는 부분은 범용 인공지능의 실현이다. 특히 현재 GPT-4에서 제공되고 있는 플러그인(plug-in, 컴퓨터에 추가 프로그램을 설치해 특정 기능을 수행할 수 있도록 하는 소프트웨어) 기능을 GPT-5에도 적용시켜 더 높은 수준의 서비스를 제공하도록 하면 좋겠다는 의견이 많다.

예를 들어 쇼핑 서비스와 GPT-5를 플러그인으로 연계시켜 사용자의 예산과 음식 선호도에 맞게 식료품을 구매하도록 GPT-5에 요청한다. 그러면 GPT-5는 사용자의 선호도에 기반해 스스로 인터넷에서 레시피를 검색하고, 필요한 재료를 쇼핑해 배달까지 진행한다. 모두가 꿈꿔온 AI 라이프가 GPT-5를 통해 실현되는 것이다.

과연 루머대로 GPT-5가 구현될지는 아직은 미지수이다. 범용 인공지능은 고사하고, 현재의 할루시네이션을 최소화하는 데에도 많은 시간과 노력이 든다. 확실한 것은 GPT의 다음 버전은 어떤 형태로 나오든 이전보다 훨씬 더 진화되고 개선된 모델로 나올 것이고, 그로 인해 또 한 번 AI 시장은 크게 요동칠 것이다.

GPT-5 상표권 출원! 출시가 임박?

샘 알트먼이 GPT-5의 학습을 시키지 않고 있다고 선언한 지 불과 몇 개월 후인 2023년 7월 18일, 오픈AI가 미국 특허청에 'GPT-5' 상표권을 출원한 사실이 밝혀졌다. 물론 상표권 출원이 곧바로 서비스 출시를 의미하는 것은 아니다. 하지만 "GPT-5의 훈련을 시키지 않고 있다"고 공언한 샘 알트먼의 발언과는 다소 상반된 행보여서 업계에서는 GPT-5의 출시가 임박한 것 아니냐는 얘기가 돌기 시작

오픈AI가 미국 특허청에 제출한 GPT-5의 상표 출원서

자료: https://uspto.report/TM/98089548

했다. 일반적으로 기업들은 서비스나 제품 개발이 임박했을 경우 상표권을 먼저 출원하는 경향이 있어, GPT-5도 출시할 예정이거나 개발 초기 단계라고 예상할 수 있다.

일각에서는 GPT-5 상표를 확보함으로써 브랜드 무단 사용을 방지하기 위한 오픈AI의 브랜드 보호 전략이라는 해석도 있다. 어쨌든 미국 특허청에 'GPT-5' 상표 출원서는 제출되었고, 현재 관련 심사 작업이 진행 중이다.

흥미로운 것은 상표 출원 신청서에 기재된 GPT-5의 목적(용도)

상표 출원 신청서에 기재된 GPT-5의 주요 예상 기능	
for using language models	언어모델 사용
for the artificial production of human speech and text	인공적으로 인간의 언어와 텍스트를 생성
for natural language processing, generation, understanding, and analysis	자연어 처리, 생성, 이해 및 분석
for machine-learning-based language and speech-processing software	기계학습 기반의 언어 및 음성 처리 소프트웨어
for the translation of text or speech from one language to another	텍스트나 음성을 한 언어에서 다른 언어로 번역
for sharing datasets for the purpose of machine learning, predictive analytics, and building language models	기계학습, 예측 분석 및 언어모델을 구축하기 위한 데이터셋 공유
for conversion of audio data files into text	오디오 데이터 파일을 텍스트로 변환
for voice and speech recognition	음성 및 발화 인식
for creating and generating text	텍스트를 생성하고 작성
for developing, running, and analyzing algorithms that are able to learn to analyze, classify, and take actions in response to exposure to data	데이터 노출에 대한 반응으로 분석, 분류 및 행동을 학습할 수 있는 알고리즘을 개발, 실행 및 분석
for developing and implementing artificial neural networks	인공신경망을 개발하고 구현

에 관한 내용이다. 제출된 신청서에 따르면, 'GPT-5는 다음 목적을 위한 다운로드 가능한 컴퓨터 프로그램 및 컴퓨터 소프트웨어의 집합(GPT-5 is a set of downloadable computer programs and downloadable computer software for the following)'이라고 소개하고 다음과 같이 목적(용도)을 설명했다.

이 내용을 보면 GPT-5가 무엇을 할 수 있는지, 어떤 AI로 구현될지에 대한 대략적인 방향성을 파악할 수 있다. 내용 중 대부분은 이미 GPT-4에 포함돼 있는데, 이 중에서 특히 눈에 띄는 부분은 바로 '음성, 오디어 데이터 처리'에 대한 내용이다. 음성이나 오디오를 텍스트로 변환하고 다른 언어로 번역하는 기능이 탑재될 것으로 예상되어 본격적인 멀티모달 AI로의 진화가 기대되는 부분이다.

다만 GPT-5와의 대화에서 사람과 AI를 구분하는 일이 점점 어려워지면, 이를 악용하는 사기나 속임수 등의 위험이 증가할 수도 있다. 힌튼 교수가 우려하는 정보의 진실성과 진정성이 무엇인지에 대한 문제도 제기될 수 있다.

문자가 아닌 말로 대화하고, 심지어 외국어로 통역까지 해주는 GPT-5의 등장은 다시 한번 우리에게 큰 충격을 안겨줄 것으로 기대된다. 그때가 언제가 될지는 모르겠지만, 그리 오랜 시간이 걸릴 것 같지는 않을 듯하다.

제2장

UAM(도심항공모빌리티)

모빌리티,
하늘로 날아오를 수 있을까?

전기차 대중화 시대 도래,
아직은 먼 완전 자율주행

내연기관 자동차보다 먼저 개발된 전기차

최근 몇 년 사이에 도로를 누비는 전기차가 부쩍 늘었다. 2023년 상반기 기준으로 국내 자동차 시장에 등록된 전기차 누적 대수는 약 40만 대이다. 전체 자동차 가운데 전기차가 차지하는 비중은 아직 1.5% 수준이지만, 가파른 성장세에 힘입어 점유율은 계속 늘어날 전망이다.

사실 전기차는 디젤이나 가솔린을 쓰는 엔진 자동차보다 먼저 개발되었다. 1824년 헝가리의 발명가 아뇨스 제들리크(Ányos Jedlik)가 전기모터를 바퀴에 적용했던 것이 전기차의 시초이다. 그

후 1832년에 영국의 로버트 앤더슨(Robert Anderson)이 최초의 전기 마차를 개발했고, 1859년 프랑스의 물리학자 가스통 플랑테(Gaston Planté)가 운송수단에 전기를 저장할 수 있는 충전식 납축전지를 발명하면서 전기차의 동력원이 마련되었다. 그리고 1884년 영국의 토마스 파커(Thomas Parker)가 축전지를 활용해 충전 가능한 전기차를 발명했고, 이것이 공식적인 세계 최초 전기차로 인정받았다.

1900년대는 미국 도로 위의 자동차 중 3분의 1이 전기차일 정도로 대중화됐었다. 내연기관 자동차에 비해 냄새와 소음이 적었고, 크랭크를 돌려야 하는 내연기관 자동차보다 시동을 켜는 게 훨씬

테슬라 차량의 운전석 대시보드

자료: 테슬라

편리했기 때문에 상류층 여성들에게도 큰 인기를 끌어 일명 '마담 차'라는 별명도 얻었다.

하지만 1920년대 텍사스 원유 발견과 함께 가솔린 가격이 크게 하락했고, 1913년 포드가 컨베이어 시스템을 도입해 내연기관 자동차를 대량생산하면서 전기차는 경쟁력을 잃게 됐다. 그러다 1980년대 들어 대기오염 문제가 대두되고 환경에 대한 사람들의 관심이 증가하면서 전기차가 다시 주목받고 있다. 특히 기존 전지의 한계를 리튬이온 배터리로 극복하면서 전기차는 미래를 책임질 스마트 모빌리티의 대표 주자로 급부상했다.

갈 길이 먼 완전 자율주행, 하늘로 눈을 돌리다

전기차의 대중화로 자율주행에 대한 관심 역시 높아지고 있다. 그러나 완전한 자율주행차의 등장은 아직 갈 길이 멀다. GM은 2016년 자율주행 기술 개발회사 크루즈를 인수했고, 스텔란티스(Stellantis) 그룹은 2022년에 자율주행 기술 개발업체인 AI모티브를 인수했다. 완성차 업체들은 기술 우위를 점하기 위해 경쟁적으로 자율주행 기술 회사를 인수했다. 하지만 기대만큼 성과가 따르지 않아 좌초된 기업도 나오고 있다.

아르고AI는 2016년 설립된 자율주행 스타트업으로, 포드와 폭스바겐으로부터 36억 달러(한화 4조 7484억 원)를 투자받았다. 기업 가치가 한때 9조 원에 달했던 아르고AI는 2022년 10월 말 문을 닫

미국 자동차공학회 기준 자율주행 6단계		
레벨 0	비자동	운전자 항시 운행
레벨 1	운전자 보조	시스템이 차간 거리 유지 등 수행
레벨 2	부분 자율주행	특정 조건에서 시스템이 보조 주행
레벨 3	조건부 자율주행	고속도로 등 특정 조건에서 자율주행
레벨 4	고도 자율주행	특정 조건에서 운전자 개입
레벨 5	완전 자율주행	운전자 불필요

자료: 미국 자동차공학회

고 말았다. 5조 원에 가까운 돈을 투자받았는데도 6년밖에 버티지 못하고 폐업한 것이다. 자율주행 상용화는 지연되는 데 막대한 비용만 기약 없이 들어가자, 포드와 폭스바겐은 결국 아르고AI를 포기했다.

미국 자동차공학회(SAE)는 자율주행 단계를 레벨 0부터 5까지 총 6단계로 나눈다. 이 중 자율주행이라고 부를 수 있는 단계는 레벨 4 '고도 자율주행' 단계로 비상 상황에서만 인간이 개입한다. 그러나 현시점 이 단계에 도달한 회사는 아직 없다. 레벨 3을 달성한 업체도 혼다와 메르세데스 벤츠 정도에 불과하다. 중국 전문가 포럼(CSF, China Specialist Forum, 정부의 대중국 정책 수립을 지원하고자 만들어진 포럼)에 따르면 레벨 4 자율주행이 상용화되려면 적어도 15년이 더 필요하다고 한다. 자율주행 테스트 완료를 위해 180억 km에 달하는 주행 시험을 해야 하고, 자율주행차가 겪을 수 있는 10억 개의 시나리오에 대한 시험을 마쳐야 한다는 것이다.

레벨 4의 자율주행이 실현된다고 하더라도 안전에 대한 불안감은 완전히 해소되기 어렵다. 자율주행을 하던 GM의 크루즈 로봇택시가 미국 샌프란시스코에서 버스 뒷부분과 충돌하는 사고가 있었는가 하면, 캘리포니아에서는 테슬라 운전자가 정차된 911 소방 트럭을 들이받고 사망하는 사고도 발생했다. 이 사고는 미국 내 테슬라 차량 36만 대 리콜이라는 조치로 이어졌다.

무엇보다 자율주행을 담당하는 AI가 현재의 복잡하고 다양한 도로교통 상황을 인간처럼 이해하면서 운전하기란 쉽지 않다. 실제로 고속도로에서 자율주행 기능으로 운전하는 경우, AI는 끼어들 때와 출구로 빠져나가야 할 때 등의 상황에서 인간처럼 유연하게 대처하지 못한다.

여러 가지 현실적 이유로 완전 자율주행 기술은 지상의 차량에 탑재되어 상용화되기까지 상당한 시간이 걸릴 것으로 보인다. 그러다 보니 자율주행 기술은 복잡한 지상의 도로 대신 상대적으로 변수가 적은 하늘길로 눈을 돌렸다. 바로 UAM이다.

지상에서 하늘로 진화하는 모빌리티

복잡한 도로 대신 하늘로 다니는 UAM

내연기관에서 전기로 자동차 산업의 패러다임이 바뀌면서 '탈 것(모빌리티)'에 대한 가치도 변화하고 있다. 여기에 UAM(Urban Air Mobility, 도심항공모빌리티)까지 등장하면서 모빌리티는 지상의 영역에서 하늘로까지 확대되고 있다.

UAM은 저소음, 친환경 동력 기반의 수직이착륙 교통수단과 이착륙 인프라를 포함하는 최첨단 교통 시스템이다. 플라잉카, 에어택시, 드론택시라고도 하며 도심 속 공중에서 운송하는 모빌리티다. UAM은 미국 항공우주국(NASA)에서 제시한 개념으로, 뉴욕 및 도

자료: 언론 종합

쿄 등 세계 주요 도시의 메가시티화로 교통 체증이 심화되는 문제를 극복하기 위해 등장했다.

UAM은 기존 항공기에 비해 낮은 300~600m 고도에서 비행하며, 소음 역시 63dB 이하로 낮아 소음 공해가 심각한 헬리콥터에 비해 도심 내에서 활용도가 높다. 낮은 소음 및 높은 안전성으로 인해 UAM이 이착륙하는 버티포트(Vertiport)를 도심 속 낮은 빌딩 옥상에 설치하기 좋다.

UAM은 크게 기체, 인프라 시스템 및 서비스로 구성된다. 기체는 수직이착륙이 가능한 eVTOL(electric Vertical Take Off & Landing, 전기 수직이착륙기)로 만들어지며, eVTOL에 적합한 고밀도, 고출력

UAM의 기체에 해당하는 eVTOL(전기 수직이착륙기) 종류		
구분	Vectored Thrust (틸트로터)	Lift + Cruise (고정익 · 회전익 복합)	Wingless(Mutlirotor) (멀티로터)
형상			
형상적 특징	• 틸트 시스템 탑재 (동일 추진부) • 세 가지 비행 모드 (고정익, 회전익, 천이비행) • 높은 전진 비행 효율 • 낮은 제자리 비행 효율	• 독립적 고정식 추진부 구성 • 세 가지 비행 모드 (고정익, 회전익, 천이비행) • 백터드 스러스트 (Vectored Thrust)보다 수직이착륙이 용이 • 높은 전진 비행 효율	• 회전익으로 구성 • 단일 비행 모드(회전익) • 높은 제자리 비행 효율 • 상대적으로 높은 안전성 • 낮은 전진 비행 효율

자료: 언론 종합

배터리 팩과 연료전지 시스템 등 동력원 개발을 위한 노력이 계속되고 있다. UAM은 eVTOL 기체가 양산되는 2025년부터 본격적인 서비스가 시작될 예정이다. 현재까지 상장된 eVTOL 기체 제작 기업은 조비(Joby), 릴리움(Lilium), 아처(Archer), 블레이드(Blade), 이항(Ehang) 등이 있다. 국내 기업으로는 한화시스템, 현대자동차 및 베셀에어로스페이스가 eVTOL 개발에 참여하고 있다.

2025년, 서울 상공에 에어택시가 뜬다

정부는 한국의 미래를 이끌 핵심 사업 중 하나로 UAM을 선정하고 2025년까지 상용화하겠다고 발표한 바 있다. 국토교통부는 과학기술정보통신부, 산업통상자원부, 중소벤처기업부, 기상청 등과 함께

1조 6000억 원 규모 UAM 공동 R&D 프로그램을 추진한다. 정부가 상용화 시기를 구체적으로 언급하며 투자까지 진행한 만큼 관련 기업들과 투자자들의 관심도 높을 수밖에 없다.

UAM의 로드맵은 이미 2020년부터 구상되었다. 당시 드론 택시 상용화를 위한 단계별 추진 과제와 실행 방안을 구체화한 〈한국형 도심항공교통(K-UAM) 로드맵〉이 발표되었고, 이때 2025년 UAM 상용화가 언급되었다. 5년의 준비기를 거쳐 2025년이면 상용화가 될 것이라고 생각했는데, 그 시기가 벌써 코앞으로 다가온 것이다.

정부는 2025년 UAM 상용화를 목표로 2023년 8월에는 한국형 도심항공교통 실증사업(K-UAM 그랜드 챌린지) 1단계 실증을 추진했다. K-UAM 1단계 개활지(開豁地, 앞이 막히지 않고 탁 트여 시원하게 열려 있는 땅) 실증 사업은 2023년 12월까지 국내 유일의 실증 지역인 고흥 국가종합비행성능시험장에서 진행되는데, 46개 기업이 12개 컨소시엄(통합실증 7, 단일실증 5)을 구성해 UAM 기체 운용 및 안전성 검증, 버티포트 운영, 교통관리 체계 등을 점검한다.

1단계 실증을 통과한 컨소시엄은 2024년 7월부터 2025년 6월까

한국형 도심항공교통(K-UAM) 로드맵			
	준비기	초기	성장기	성숙기
기간	2020~2024년	2025~2029년	2030~2035년	2035년~
내용	• 이슈·과제 발굴 • 법·제도 정비 • 시험·실증(민간)	• 일부 노선 상용화 • 도심 내·외 거점 • 연계 교통 체계 구축	• 비행 노선 확대 • 도심 중심 거점 • 사업자 흑자 전환	• 이용 보편화 • 도시 간 이동 확대 • 자율비행 실현

자료: 국토교통부

지 수도권에서 2단계 실증을 하게 되고, 실증을 마치면 본격적인 상용화가 시작된다. 이 계획대로라면 몇 년 후에는 하늘에 에어택시가 떠다니는 모습을 보게 된다.

여러 이해관계자들이 협력해야 띄울 수 있는 UAM

UAM이 상용화되기 위해선 하늘길의 '교통정리'를 담당하는 공중관제 시스템을 구축해야 한다. UAM 기체 조종사, 운항지원 정보 제공자, 교통관리 서비스 제공자, 공공안전 담당자, 버티포트 운영자 등 수많은 이해관계자가 주고받는 여러 데이터를 상황에 맞게 종합적으로 관리 운영해야 한다. 이러한 공중 신호 시스템을 만들기 위해선 IT 인프라, 통신망이 구축되어야 하는데, 현재 국내 컨소시엄에서는 통신사들이 이 역할을 담당한다.

　UAM의 관제와 운용을 위해서는 저지연·초고속의 5G 통신망이 필수인데 통신 3사는 K-UAM 실증 사업이 요구하는 통신 품질

K-UAM 컨소시엄 구성 현황				
통신사	모빌리티	항공	기체 제작	인프라
SKT	티맵모빌리티	한국공항공사	한화시스템·조비	한국교통연구원
KT	현대차	대한항공·인천공항공사	현대차	현대건설
LGU+	카카오모빌리티	제주항공·파블로항공	버티컬에어로스페이스	GS칼텍스

자료: 언론 종합

을 확보하는 데 역점을 두고 5G 인프라를 확대하고 있다. 지금은 5G를 활용한 통신망 구축을 테스트하고 있지만 향후에는 안전한 비행을 위해 6G 통신망 구축이 요구된다. 또한 통신사는 UAM 교통관리 시스템도 개발하고 있는데, 교통관리 시스템은 기체를 무선 모니터링해 항로를 이탈하지 않도록 하고 장애물을 회피하도록 막는 체계로 UAM의 '두뇌'라 할 수 있다.

미래 먹거리로 UAM을 점찍은 국내 통신 3사

KT는 현대자동차·대한항공·현대건설·인천국제공항공사와 컨소시엄을 꾸리고 UAM 실증 사업에 참여했다. KT는 UAM 통신 인프라와 데이터 플랫폼 개발, 모빌리티 사업 모델 연구, UATM 교통관리 시스템 개발·실증 협력 등을 추진하고 있다. KT는 이미 UAM 전용 5G 항공망 구축을 완료하고 성능 검증을 마쳤다. 항공망에는 KT가 개발한 3차원 커버리지 최적 설계 기술과 네트워크 슬라이스 기술 등이 적용되는데, 이를 통해 UAM의 운항 고도인 300~600m에서 안정적인 5G 서비스를 제공할 것으로 기대하고 있다.

SK텔레콤은 한국공항공사·한화시스템·한국기상산업기술원·한국국토정보공사 등과 컨소시엄을 구성해 UAM 기반 기술 개발과 협력 체계를 구축하고 있다. 특히 SK텔레콤은 미국의 UAM 기체 제조사 조비에비에이션(Joby Aviation)에 1억 달러를 투자했는데, 조비에비에이션은 미국 연방항공청(FAA)의 상업 비행용 허가인 G-1 인증을 가장 먼저 받은 기업이다.

　LG유플러스는 카카오모빌리티·GS칼텍스·제주항공 등과 컨소시엄을 구축했다. 부산시와도 UAM 생태계 조성을 위한 업무협약(MOU)을 체결해 지역 거점 확보에 나서고 있다. 서울교통공사와 함께 UAM 복합환승센터 조성을 위한 MOU를 체결하기도 했다. 또한 LG유플러스 컨소시엄은 전국 GS칼텍스 주유소 옥상에 UAM 착륙장을 구축하겠다는 구상도 내놓아 주목을 받고 있다.

　통신사가 UAM을 신성장동력으로 삼은 이유는 방대한 데이터량이 발생하는 네트워크에서 신규 매출이 창출될 수 있기 때문이다. UAM이 정해진 항로를 이탈하지 않고 운항하기 위해서는 수많은 데이터가 오고 가며 처리되는데 그 기반이 되는 것이 바로 통신 네트워크이다. 여기에 통신 3사가 개발 중인 AI 기술 역시 UAM의 상공망 통신과 교통 관제, 지상교통 연계 등 다양한 영역에서 활용될 것으로 예상되어 통신사에게 있어 UAM은 '황금알을 낳는 거위'인 셈이다.

편리함보다는 안전이 우선

UAM, 사람이 타기엔 아직은 불안해

UAM 상용화가 멀지 않았지만 여전히 대중들은 UAM에 탑승하기를 꺼린다. 비용도 비용이지만 제일 큰 이유는 안전성 때문이다. 글로벌 회계법인 딜로이트가 3만 5000명을 대상으로 실시한 'UAM 상용화 및 안전성 소비자 설문조사'에 따르면 'UAM이 안전하지 않을 것이다'라고 답한 응답자는 48%에 달했다. 아직 대중의 절반은 UAM 안전성에 의구심을 갖고 있다는 의미다.

에어택시도 마찬가지다. 정부는 2025년까지 여의도-인천공항을 20분 만에 가는 에어택시를 상용화하겠다고 밝혔다. 그러나 에어택

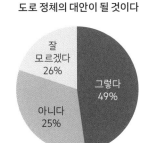

도로 정체의 대안이 될 것이다

그리 안전하지 않을 것이다

자료: 딜로이트

시가 상용화된다 하더라도 지상의 택시 서비스처럼 누구나 맘 편하게 에어택시를 탈 수 있을지는 의문이다. 2021년 한국교통연구원이 발표한 조사 결과에 따르면 '절대 이용하지 않을 것이다'라고 답한 20%의 응답자 중 '위험할 것 같아서'라며 안전성을 지적한 비율이 40%에 달했다. 비행 도중 충돌이나 이착륙 시 발생할 수 있는 위험을 해결할 수 있는 안전장치가 없으면 타기가 꺼려진다는 뜻이다.

UAM에 맞는 안전 인증 제도 확립이 필요

안전성 중 가장 먼저 우려되는 부분은 탈 것, 특히 UAM 기체에 대한 안전성이다. 비행기의 경우, 상업적 목적의 비행을 하려면 인증 제도를 통해 기체 및 운항 상의 안전성을 확인받는다. 인증 제도란 기체의 설계-생산-운용에 이르는 전 과정에서 비행 안전성을 위한 요구사항을 적합하게 충족했는지 기술적으로 판단·평가하는 것을 말한다.

UAM을 비롯한 에어택시는 하늘을 나는 '항공기'에 해당하기 때문에 항공기 안전 인증을 통과해야 한다. 다만 현행 안전 인증 제도는 대형 여객기나 헬리콥터를 대상으로 한 것으로, 기존 항공기와 특성이 전혀 다른 새로운 형태의 UAM에서는 이러한 인증 제도가 잘 맞지 않을 수 있다.

활주로 없이 수직으로 이착륙해 수평으로 비행을 한다든지, 전기에너지나 수소연료전지를 활용한다든지, 조종 시 사람의 개입을 최소화하는 등의 특징을 지닌 UAM은 전통적인 비행기와는 기술적 측면에서 큰 차이를 갖는다. 즉 UAM 기체에 특화된 안전 인증 체계가 마련되지 않으면 UAM 기체의 안전성을 담보하기 어렵다.

물론 아직 UAM 기체만을 위한 안전 인증 제도를 완비한 국가는 없다. 미국 연방항공청(FAA)과 유럽항공안전청(EASA)은 UAM용 안전 인증 체계를 마련 중에 있지만 언제 실현될지는 미정이다. UAM 전용 안전 기준을 손보고 검토하는 데에만 수년이 걸릴 수도 있다. 기체 제조사의 안전관리 시스템 및 정책 구축, UAM에 맞는 소음 인증 기준 검토, 기존 비행 시뮬레이션 훈련 장치의 적합성 검토, 기체 조종사의 자격 요건 강화, UAM 기체 환경영향평가, 사이버 보안 요건 상향 등 검토 이슈가 한두 가지가 아니다.

미국 연방항공청은 미국 UAM 기체 제조사인 조비에비에이션의 2024년 상용화를 위해 일찍부터 인증 제도 확립에 노력을 기울여왔

UAM 기체 안전 인증 제도 절차	
항공기 인증 절차	
1단계 형식 증명	기계가 안전 규정에 맞게 설계됐는지 검증
2단계 제작 증명	생산한 기계가 설계에 잘 부합하는지 검증
3단계 감항 증명	완성한 기계의 성능·비행성·구조 등을 검증

↓

애로사항
UAM 기체 전통적 항공기와 다른 기술적·행태적 특성 가져

↓

UAM 안전 인증 체계 필요
① 전 세계 한 곳도 인증 체계 구축 못 해
② 인증 체계 만드는 데만 수년 걸릴 전망

자료: 언론 종합

지만 결국 UAM의 대규모 상용화 시점을 2028년으로 규정했다. (조비에비에이션도 상용 서비스 시작 시점을 2025년으로 연기했다.)

기술력으로 UAM 안전을 확보한다

UAM이 단순한 시범 서비스가 아닌 일반 택시나 기존 여객기 수준의 서비스를 제공하려면 안전성이 최우선되어야 한다. 하지만 인증제도를 마련하고 통과했다고 UAM의 안전성이 담보되는 것은 아니다. 그래서 기체를 만드는 사업자들은 기술적으로 UAM의 안전성을 높이기 위해 노력하고 있다.

예를 들어 갑작스러운 돌풍에도 안전한 UAM을 만들기 위해 한국과 스위스는 공동으로 연구를 진행 중에 있다. DfR컨설팅, 한국 생산기술연구원, 인투스페이스(IntoSpace)로 구성된 한국 컨소시엄과 윈드셰이프(WindShape), HES-SO 제네바(HES-SO Geneva), 셰팰리(Säfeli) 등이 참여한 스위스 컨소시엄은 공동으로 UAM 풍동 시험 평가법을 개발했는데, 풍동 시험은 바람을 인위적으로 일으켜 실험 기체의 움직임과 안전성 등을 확인하는 기법이다.

UAM은 도심에서 비행하는 만큼 갑작스러운 악천후나 이상 바람 현상 등에 대응해야 한다. 특히 UAM이 비행할 고도 600m 내의 바람은 전혀 예측할 수 없는 방향으로 움직이므로, 제작 단계부터 돌풍(시간에 따라 변하는 바람), 전단(자연적 바람 형상), 제어된 난류(강도와 스펙트럼) 등을 포함한 다양한 종류의 바람을 고려해 안전 평가를 해야 한다.

기존 항공기 중심으로 설계된 풍동 실험 장비에서는 이 같은 실험이 불가능하기 때문에 한-스위스 국제 공동 기술 개발에서는 디지털 픽셀 풍동장비의 자동비행 환경 시뮬레이터를 활용한 드론 안전성 및 바람 저항 능력을 확인할 수 있는 시험 평가법을 개발했다.

'디지털 픽셀 풍동 시스템'이란 작은 선풍기(바람 발생기)가 다수 연결된 형태로, 이를 통해 디지털 기술로 제어되는 다수의 바람 발생기들이 자연에서 발생할 수 있는 각종 바람 현상을 재현한다. 실제로 미국 항공우주국은 최초의 화성 비행 드론을 개발하는 과정에서 900개의 바람 발생기로 구성된 시험 설비를 활용한 바 있다. 이 디지털 픽셀 풍동 시스템으로 개발된 안전성 평가법 및 시뮬레이터 기술은 UAM의 안전성 확보에도 쓰일 수 있다.

UAM 사업자들은 철저한 시연 비행과 안전 검증을 마친 후 상용화에 나서겠다는 계획이지만 사고 발생 가능성을 배제할 수는 없다. 사실 UAM 사고 확률은 경비행기 사고 확률보다 낮다고 한다. 하지만 만약 UAM 사고가 발생하면 피해 규모는 지상에서 발생하는 교통사고보다 더 클 수밖에 없다. UAM의 사고 발생 확률 자체를 거의 제로(0)에 가깝게 해야 대중들은 UAM의 문턱을 넘을 수 있을 것이다. 쉽지는 않은 일이다. 하지만 다행스럽게도 우리에겐 AI가 있다. 다음 절에서 어떻게 AI가 UAM과 결합해 편리함과 안전성 모두를 갖출 수 있는지 살펴보자.

UAM의 안전과 편리함, AI가 책임진다

완전 자율비행이 완전 자율주행보다 더 빨리 실현될 수 있다

UAM에서 자율비행 기술은 필수적이다. 물론 자동차와 UAM에 적용되는 자율주행 기술이 완전히 똑같다고 할 수는 없지만, 전체적인 알고리즘이나 절차 등은 유사하다. 육지와 하늘이라는 서로 다른 도메인에서 운용되지만, 둘 다 고도화된 센서와 인공지능 기술을 활용해 자동화 시스템을 구현하고 있다. 자율주행 기술을 사용해 UAM은 자동으로 경로를 계획하고 충돌을 회피한다. 이를 통해 공중에서의 교통 혼잡을 줄이고, 여러 UAM 기기 사이에서 안전한 거리를 유지할 수 있다. 또한 인공지능이 데이터 분석을 통해 승객과 물류 운송을 최적화해 공중 교통 시스템을 효과적으로 관리해 운행 효율성을 높이는 것도 가능할 것으로 보인다.

자동차에서 레벨 4 이상에 해당하는 완전 자율주행이 실현되려면 많은 시간이 소요된다. 이제 막 시작한 UAM도 완전 자율비행이 도입되려면 성숙기에 해당하는 2035년 이후쯤 되어야 가능할 것으로 보인다. 그때까지는 기내에 조종사가 탑승하거나 일부 자율비행, 원격조종 등이 도입될 전망이다. 그래도 GPT가 불러온 AI 붐으로 인해 AI에 대한 연구와 기술이 빠르게 진행되면서, UAM에 AI를 도입하려는 다양한 시도가 그 어느 때보다 활발히 이루어지고 있다. 어쩌면 UAM의 완전 자율비행이 완전 자율주행보다 더 빨리 실현될지도 모를 일이다.

AI 파일럿이 UAM을 조종하다

이미 일반 항공기의 항공운항 부문에서는 조종사가 항공기를 이륙시킨 후 본 항로에 올라가면 AI가 항공기를 자동조종하는 체제가 갖춰져 있다. 최근에는 군사용 무인기와 전투기에도 'AI 조종사'가 도입되고 있을 만큼 항공 산업의 AI 적용은 급속도로 이뤄지고 있다.

영국에서는 차세대 스텔스 전투기 '템페스트(Tempest)'에 AI가 탑재돼 조종사의 신체·정신 상태를 읽어내고 유사시에는 AI가 조종간을 넘겨받아 스스로 비행을 하는 프로젝트가 진행 중이다. AI

는 헬멧에 달린 뇌파 센서 등으로 조종사의 생체·심리 정보를 실시간으로 수집해 분석하는데, 만약 중력가속도에 일시적으로 정신을 잃거나 돌발 상황에 판단력을 상실하는 등 위급 상황이 포착되면 AI가 대신 전투기를 조종해 위기를 넘긴다.

스위스의 대덜리언(Daedalean)이라는 업체는 비주얼 머신러닝 기반 조종 시스템을 개발했는데, 비행 중인 드론 기체와 지형·장애물·안전 착륙지 사이는 물론 비행 중인 다른 기체와의 상대적 위치도 파악할 수 있다. 특히 항공 장애물의 95% 이상을 정확하게 추적하는 신경망 기반 파일럿 지원 기술로 보다 안전한 자율비행을 지원한다.

UAM 자율비행에서 또 하나 중요한 것은 정밀 착륙이다. 정밀 착륙은 비상 및 정상 착륙 시에 UAM이 목표 지점에 약 20cm 정확도로 안전하게 착륙하는 것을 의미한다. 이를 위해 AI는 지도 데이터를 분석하고 지상의 장애물을 실시간으로 모니터링해 착륙 지점을 식별한다. 그리고 안전한 착륙을 위해 사용 가능한 최상의 착륙 지점을 자율적으로 선택할 수 있다. 특히 딥러닝 기술을 이용하면 자율 정밀 착륙 시스템을 구축할 수 있는데, 카메라를 통해 주변 상황을 실시간으로 입력해 분석하게 되면 GPS를 사용하지 않고도 시간에 따라 이미지가 어떻게 변하는지를 관찰해 AI가 착륙 위치를 결정할 수 있다.

이와 같이 AI 기반의 자율비행 기능을 UAM에도 적용한다면 UAM 운행의 안전성을 보다 높일 수 있을 것이다.

신호등 없는 하늘길, AI가 관리한다

AI는 도시의 교통 체증을 관리하는 데에도 사용될 수 있다. 하루 중 다양한 시간대와 지역에서 eVTOL에 대한 수요를 예측하는 동시에, 교통 데이터를 분석해 특정 시간, 주, 또는 월에 대한 교통 패턴을 학습해 교통 체증을 관리할 수 있다. 또한 AI는 다양한 시나리오를 시뮬레이션하고 예측 모델을 만들 수 있는데, 이는 UAM 시스템의 성능을 최적화하고 잠재적인 문제를 미리 파악하는 데 도움이 된다.

AI는 항공 교통 관제(ATC, Air Traffic Control) 시스템을 관리함에 있어서도 활용된다. 항공 교통 관제는 수많은 항공기가 비행을 함에 있어 다양한 정보로 조종사와 관제사에게 하늘길을 파악하는 데 도움을 주는 시스템인데, AI는 항공 교통 관제 시스템의 의사결정 과정에 중요한 통찰력을 제공할 수 있다. ATC 시스템은 기체가 충돌을 피하기 위해 최소한의 분리 거리를 유지하도록 조절하고, 섹터 간의 항공기 순서, 효율적인 연료 소비, 최적화된 착륙 순서 등을 고려해야 한다. AI는 이러한 요소 각각을 최적화해 하늘길에서의 사고를 미연에 방지한다.

항공 위험 및 교통 상황 체크를 위해 하늘을 지속적으로 스캔해 파악하는 것도 AI 역할 중 하나이다. AI가 24시간 하늘 전체를 스캔해 항공 교통 상황, 공중 위험 요소, 드론 및 새 등 실시간으로 발생하는 하늘길의 모든 상황을 파악해 시스템에 통합시킨다.

1초 만에 AI가 UAM 안전성을 진단한다

기체의 상태를 모니터링하고, 필요한 유지보수를 예측하거나 문제를 진단하는 데에도 AI는 중요한 역할을 한다.

스타트업 위플로(weflo)는 AI로 UAM 기체 안전을 진단하는 기업으로 드론·UAM 자동 점검 솔루션인 '버티핏(Verti-pit)'을 통해 점검한다. 자체 개발한 AI 알고리즘을 포함해 비접촉식 센서, 빅데이터로 드론이나 에어택시 같은 UAM을 자동으로 진단한다. 버티핏은 UAM 이착륙 시 작동하는데 향후 에어택시가 대중교통으로 상용화하면 UAM 전용 정류장 버티포트에도 설치할 예정이다.

기체가 이착륙할 때 버티핏 무선 센싱이 기체를 탐지해 비행 안

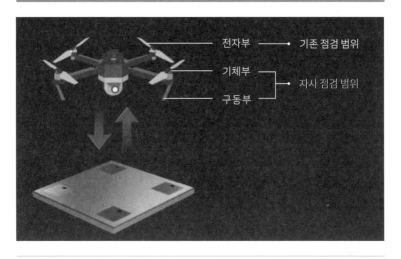

버티핏 개요도. UAM 진단 케어 솔루션으로 자동 진단

자료: 위플로 홈페이지

전성, 전류 컨트롤, 모터, 날개(블레이드) 등 총 14종류 데이터를 AI에 전송한다. 데이터를 받은 AI는 알고리즘을 통해 자동 분석하는데 측정 시간은 1초 이내이다. 데이터 14종으로 날개 손상으로 인한 추락 등을 미리 파악할 수 있고 만약 사고가 나더라도 그 원인을 명확히 파악해 재발하지 않도록 한다. 특히 UAM은 모터가 조금만 고장나도 주변 부품을 통째로 갈아야 해 비용 부담이 높아 AI 예지보전 기술을 이용하면 비용 효율성을 높일 수 있다. 육안으로 보면서 점검해야 하는 부분까지 AI가 센싱 기술을 통해 고장을 미리 알릴 수 있어 UAM의 안전성과 효율성 모두를 확보할 수 있는 장점이 있다.

AI 비서가 탑승자의 눈과 귀를 즐겁게 한다

UAM 탑승자에게는 AI 어시스턴트(AI 비서)가 운행 도중 다양한 서비스를 제공해 무료함과 불안감을 해소한다. 2023년 1월, 미국 라스베이거스에서 열린 CES 2023에서는 가상현실(VR) 기기를 쓰고 UAM을 체험하는 K-UAM 가상 체험 프로그램이 등장해 관람객의 인기를 끌었다.

승객 4명이 탑승하는 실물 크기의 eVTOL 좌석에 올라 VR 헤드셋을 착용하면 2030년 미래 부산의 풍경이 눈앞에 펼쳐진다. 탑승권 확인을 마치고 부산역에서 이륙해 동백섬으로 비행하는 동안 AI 비서가 오늘의 날씨를 알려준다. AI 비서는 업무 일정과 회의 일정을 정리해주고, 동백섬에서 내려 환승할 때 이용할 최적의 교통수단까지 예약해준다. AI 비서가 추천해주는 음악을 들으며 부산 상공을 감상하다 보면 어느새 목적지에 도착했다.

인천공항에서 서울 도심까지 UAM으로 걸리는 시간은 약 15~20분. 짧지만 탑승자가 집중할 수 있는 이 시간 동안 AI를 통해 UAM은 단순한 탈 것이 아닌 새로운 업무 공간이자 미디어 체험 공간, 쇼핑 및 마케팅 홍보 공간 등으로 활용될 수 있다. UAM이 상용화되면 UAM 안에서 탑승자의 눈과 귀를 사로잡을 AI 추천 기반의 다양한 콘텐츠와 서비스 경쟁이 치열해질 전망이다.

제3장

휴머노이드 로봇

인간형 AI 로봇은 실현될 수 있을까?

스스로 생각하는 로봇이
우리 곁으로 온다

인간의 지능을 갖춘 꿈의 로봇,
〈스타워즈〉의 찐 주역 C-3PO와 R2D2

1977년에 개봉된 SF 영화의 고전이자 레전드라 할 수 있는 조지 루카스 감독의 〈스타워즈(Star Wars)〉는 시대를 앞서가는 비주얼과 상상력에 감탄이 절로 나오는 영화이다. 어렸을 적 〈스타워즈〉를 처음 보았을 때의 그 흥분과 감동은 아직까지 잊히지 않는다. 그중에서도 가장 인상 깊었던 것은 주인공 루크 스카이워커를 따라다니며 위기 때마다 도움을 주는 두 대의 로봇, 'C-3PO'와 'R2D2'였다.

인간 형태를 한 지적이고 상냥한 만능 로봇 C-3PO는 사람과 자연스럽게 대화도 하고(심지어 외계어도 구사한다), 자신의 의지대로 걸어 움직이는 휴머노이드 로봇이다. 번쩍거리는 금속 몸체에 커다란 눈, 상·하체를 잇는 전기배선 외양을 한 C-3PO는 주인공 루크 스카이워커의 충직한 집사로, 어설픈 외양과 달리 비범한 능력을 갖춘 로봇이다.

또 다른 로봇 R2D2는 드럼통 모양에 2족 전동바퀴를 장착한 지능형 로봇으로, C-3PO처럼 인간의 말은 못 하지만 상대의 말을 모두 알아듣고 역시 자신의 의지대로 움직이는 만능 로봇이다. 모양과 기능이 다른 이 두 로봇의 공통점은 인공지능을 탑재한 AI 로

〈스타워즈〉에 등장한 인간 지능을 갖춘 로봇 C-3PO와 R2D2

자료: 디즈니

봇이라는 점이다. 인간과 교류가 가능한 수준의 지적 능력을 갖추고 스스로 생각해 움직이며 인간의 어떤 요구든 다 알아듣고 대응한다.

〈스타워즈〉를 보면서 '나도 저런 로봇이 있었으면', '언제쯤이면 저런 인간의 말을 알아듣고 스스로 움직이는 로봇이 나올까'라는 생각을 했는데, 그로부터 40여 년이 지난 지금 그 꿈이 조금씩 현실로 다가오기 시작했다.

스스로 학습하는 AI 로봇 구글의 'RT-2'

2023년 7월, 구글은 세계 최초로 프로그래밍 없이 스스로 학습하는 AI 로봇 '로봇 트랜스포머 2(Robotics Transformer, RT-2)' 모델을 발표했다. 로봇 업계의 근간을 흔드는 RT-2 모델은 대화형 AI 바드나 챗GPT와 같이 인간의 언어를 사용해 로봇을 제어할 수 있는 세계 최초의 '시각-언어-행동(VLA, Vision-Language-Action)' 모델이다.

RT-2 모델의 가장 큰 특징은 별도의 훈련 단계 없이 특정 작업을 수행할 수 있다는 것이다. 어떤 특정 작업을 수행하려면 로봇에게 하나씩 프로그래밍해야 하는데, 그럴 필요 없이 방대한 양의 인터넷 텍스트로 훈련한 LLM을 통해 스스로 새로운 기술을 배워서 실행하도록 했다. 이전 모델인 RT-1은 물건을 들어 옮기고 서랍을 여는 작업을 수행하기 위해 엔지니어의 프로그래밍 작업이 필요했다.

반면 RT-2는 할 일을 일일이 입력하지 않아도 인터넷상 이미지와 텍스트를 바탕으로 스스로 기술을 습득해 실행 방법을 찾아낸다.

예를 들어 엔지니어가 독일, 미국 등의 국기를 펼쳐놓은 뒤 "폭스바겐 장난감 자동차를 독일 국기로 이동시켜"라고 명령하면 RT-2 로봇은 폭스바겐 마이크로버스를 인식해 장난감 차량을 집어 든 뒤 독일 국기 위에 올려놓는다. "딸기를 바구니에 담아줘"라고 말하면 RT-2는 팔을 들어 올려 딸기만 바구니에 담는다. 이런 방식으로 로봇은 여러 물건 중에 바나나 껍질, 과자 봉투 등 쓰레기를 스스로 구분해 이를 주워서 버릴 수도 있다. RT-2는 대량의 데이터에서 지식을 습득했기 때문에 이미 쓰레기가 무엇인지 알고 있고, 이 때문에 별도의 훈련을 받지 않아도 쓰레기를 구분해 버리는 방법에 대한 개념도 갖고 있다.

프로그래밍 없이도 스스로 학습해 물건을 집는 RT-2 로봇

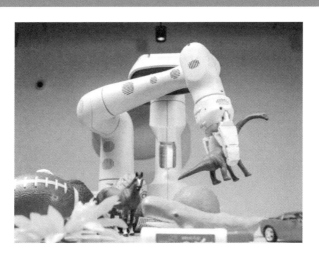

자료: 구글

RT-2는 초거대 AI를 클라우드로 연결한 로봇이다. 그동안 수많은 로봇이 학습한 대로, 정해진 경로대로만 임무를 수행했다면 초거대 AI를 탑재한 로봇은 스스로 생각하고 판단해 움직인다. 별도 학습 없이도 사람의 목소리를 듣고 정확히 사용자가 원하는 임무를 수행하며 사람과도 스스럼없이 대화를 나눌 수 있다. RT-2는 LLM을 일종의 인공두뇌처럼 사용함으로써 이 같은 능력을 갖출 수 있다. RT-2는 향상된 일반화 능력과 의미론적·시각적 이해를 바탕으로 새로운 작업에 필요한 가장 적합한 도구 등을 결정할 수 있도록 한 것이다.

구글은 RT-2 로봇을 판매할 계획은 없지만 향후 창고에 투입되거나 의료기기를 다룰 때 사용될 수 있을 것으로 기대하고 있다. 또한 세탁물을 정리하고, 식기 세척기를 돌리고, 집 안을 청소하는 가사도우미 로봇으로도 배치될 수 있다고 소개했다.

AI 기업들이 주목하는 새로운 무대, 로봇 시장

챗GPT의 등장으로 빅테크들이 생성형 AI와 LLM에서 주도권 경쟁을 벌이고 있는 가운데, AI를 탑재한 로봇 시장이 새로운 격전지로 급부상하고 있다. 이미 글로벌 빅테크들은 자사가 개발한 AI의 접목 대상으로 로봇에 집중하고 있다.

마이크로소프트는 오픈AI의 챗GPT를 활용해 누구나 AI 로봇을 개발할 수 있는 무료 도구인 '프롬프트 크래프트'를 발표했다. 어떤 로봇 개발업체든 이 도구를 활용하면 RT-2 로봇처럼 별도 학습 없이도 수많은 공 가운데 농구공을 파악해 잡을 수 있는 로봇을 만들 수 있다.

미국 프린스턴대학은 GPT-3를 활용해 명령을 알아듣고 학습하는 청소봇 '타이디봇(Tidybot)'을 시연해 눈길을 끌었다. 그동안 로봇청소기가 먼지만 빨아들이고 걸레질만 했다면, 타이디봇은 어지럽힌 방에 있는 쓰레기를 들어 올려 쓰레기통에 옮겨 담는다. 특히 70개에 달하는 전혀 다른 물체가 바닥에 놓여 있어도 이를 11개 종류로 분류해 쓰레기를 알아서 치운다. 이 로봇을 응용한다면 세탁물이나 재활용품 분류 작업 등에 직접 투입할 수 있을 것이다.

유럽의 로잔연방공과대학과 델프트공과대학은 초거대 AI의 도움을 받아 토마토 수확 로봇을 설계 및 개발했다. LLM 기반의 AI가 수확 로봇에 적합한 소재와 모터 등을 추천해 이를 토대로 설계하고 개발한 것인데, 수확 로봇은 농장을 돌아다니며 토마토를 손상 없이 수확했다. AI가 이제 로봇까지 만드는 시대가 되었다.

GPT-3 모델 활용한 집 안 정리 로봇 '타이디봇'

자료: 프린스턴대학 홈페이지

AI로 더욱 인간에 가까워지는
휴머노이드 로봇

로봇이 육체라면 AI는 로봇의 '뇌'

로봇은 AI가 등장하기 이전부터 존재했었다. 로봇이라는 단어는 체코의 극작가 카렐 차페크(Karel Capek)가 1921년에 발표한 〈로섬의 만능로봇(Rossum's Universal Robots)〉이라는 연극 대본에서 처음 등장했다. 여기서 로봇(Robot)은 '힘든 일' 혹은 '강제노동'이라는 의미의 체코어 '로보타(Robota)'에서 따온 말이다. 실제 로봇의 첫 등장은 용어가 나온 지 6~7년 후인 1927년과 1928년에 발표된 텔레복스(Televox)와 에릭(Eric)으로 알려져 있다. (AI는 1956년 다트머스 컨퍼런스에서 처음 언급되었다.)

1928년 9월 영국 런던의 한 전시회에 등장한 로봇 에릭은, 마치 〈오즈의 마법사〉에 나오는 양철 나무꾼과 흡사해 보이는 외관이다. 에릭은 무선 신호를 수신해 말도 할 수 있었고 일어나거나 앉을 수는 있었지만 다리를 움직이거나 걸을 수는 없었다. 가슴에는 '로섬의 만능로봇(Rossum's Universal Robots)'의 약자인 RUR이 쓰여있었다.

에릭은 전시회 개막식에 나서 4분간 퍼포먼스를 펼쳤다. 청중들에게 인사를 하고 좌우로 돌아보며 손을 흔들었다. 청중들은 에릭의 일거수일투족에 열광했다. 에릭을 처음으로 본 사람들은 에릭이 거의 사람과 같다고 흥분했다. 사람이 조작한 대로 움직이는, 인간

1928년에 대중들 앞에 선보인 영국의 로봇 '에릭'

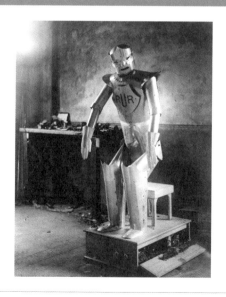

자료: 해외 언론

이 뒤에서 조정하지 않으면 그저 '깡통'에 불과한 로봇이었지만, 당시의 대중들은 인간처럼 움직이는 '양철 로봇'의 등장에 환호했다.

그리고 100여 년이 흐른 지금, 시키는 대로만 움직였던 로봇의 머리에 'AI 뇌'를 심어주려는 시도가 이루어지고 있다. 'AI 뇌'를 이식받은 로봇은 인간처럼 행동하는 것에서 진화해 인간처럼 생각하며 행동하게 되었다.

그림도 그리고 비행기도 조종하는 AI 로봇

미국 카네기멜런대학 로봇연구그룹(BIG)은 그림을 그리는 로봇 '프리다(FRIDA)' 개발에 성공했다. 고도화된 AI를 탑재해 사용자가 원

원하는 그림을 설명하면 생각해서 그림을 그려주는 AI 로봇 화가 '프리다'

자료: 해외 언론

하는 그림을 말이나 사진으로 설명하면 로봇팔이 한 획 한 획 그림을 직접 그려낸다. 프리다는 사람이 그림을 그리는 것처럼 작업 전에 전체 그림을 계획한 뒤, 실시간으로 자신의 붓질과 캔버스의 상황을 파악해 그림을 완성해나간다.

챗GPT로 비행법을 학습한 로봇이 실제로 항공기를 조종해 화제가 된 사례도 있다. 한국과학기술원(KAIST)은 항공기 비행 매뉴얼을 스스로 이해하고 직접 조종까지 하는 인간형 로봇 '파이봇(Pibot)'을 개발했다. 이 파이봇은 인간 조종사처럼 실제로 조종석에 앉아 항공기를 조종하는 AI 로봇인데, 챗GPT를 활용해 전 세계 항

챗GPT로 비행법을 학습해 항공기를 조종하는 휴머노이드 로봇 '파이봇'

자료: 언론 종합

공 차트(Jeppson Chart)와 항공기 조작 매뉴얼, 비상 대처 절차를 담은 자료(QRH)를 모두 학습했다.

자율비행 프로그램으로 구현된 기존의 AI 파일럿과 달리 실제 인간형 로봇으로 제작한 이유는 항공기를 개조하지 않아도 되도록 하기 위해서다. 인간형 조종사 로봇은 기존의 항공기들을 전혀 개조하지 않고 즉각적으로 자동 비행이 가능해 실용성과 활용성이 크고, 항공기뿐만 아니라 자동차, 장갑차, 우주선, 선박 등 다양한 장치의 조작도 가능하다.

파이봇은 카메라를 이용해 조종석과 외부 상황을 관찰해 마치 인간처럼 상황을 고려한 조종이 가능하다. 파이봇은 비행 조종 시뮬레이터에서 항공기의 시동부터 이착륙, 순항 등 모든 조작을 수행하고 있는데, 개발 완료 목표 시점은 2026년으로 민간, 국방 분야에서 상용화를 추진할 예정이다.

오픈AI가 점찍은 회사는 바로 휴머노이드 로봇 기업

2023년 3월, 챗GPT 개발사인 오픈AI가 한 스타트업에 투자해 많은 관심을 모았다. 다른 회사도 아니고 AI 붐을 일으킨 챗GPT의 개발사가 투자한 기업이라는 점에서 과연 챗GPT를 어디에 접목시킬까 하는 대중들의 관심이 집중되었다.

오픈AI가 투자한 스타트업은 바로 노르웨이의 휴머노이드 로봇 스타트업 '1X 테크놀로지스'였다. 1X 테크놀로지스는 시리즈 A2 펀

1X 테크놀로지스에서 공개한 2족 보행 안드로이드 로봇 '네오'

자료: 1X 테크놀로지스

딩 라운드에서 2350만 달러(약 306억 원)의 투자금을 유치했고 투자에 오픈AI 외에 타이거 글로벌, 샌드워터, 알리앙스 벤처스 등도 참여했다.

1X 테크놀로지스는 투자받은 자금을 노르웨이와 북미 지역에 출시된 휴머노이드 로봇 '이브(EVE)'의 제조 시설과 2족 보행 안드로이드 로봇 '네오(NEO)'의 개발에 투입할 계획이다. 투자를 주도한 오픈AI는 "1X 테크놀로지스가 미래의 일터에 대한 접근 방식에 큰 영향을 미칠 것이라고 믿는다"며 투자 배경을 설명했다. 이로써 챗GPT와 휴머노이드 로봇의 만남이 현실화됐다.

삼성 이재용 회장도 눈독 들인 휴머노이드 로봇

삼성전자도 차세대 성장동력 중 하나로 휴머노이드 로봇을 선택했다. 이재용 회장은 테슬라가 개발 중인 휴머노이드 로봇을 언급하며 구체적인 사업 검토 지시까지 내렸다. 물건 운반 및 정리부터 위험물 처리, 구조 활동 등 일반 로봇에 비해 쓰임새와 잠재력이 훨씬 클 것이라는 판단 때문이었다. 이에 삼성전자는 시제품까지 내놓은 헬스케어용 웨어러블(착용형) 로봇을 뒤로 미루고 AI 휴머노이드 로봇 상용화를 위해 중장기 전략까지 수정했다.

테슬라, 구글, 삼성전자 등 세계적인 기업들이 로봇에 집중하는 이유는, 혁신적인 기술의 총합체인 로봇을 잘 만드는 기업이 앞으로 수십 년간 세계 경제 및 IT 산업을 호령하는 '빅테크 거인'으로 성장할 가능성이 높기 때문이다.

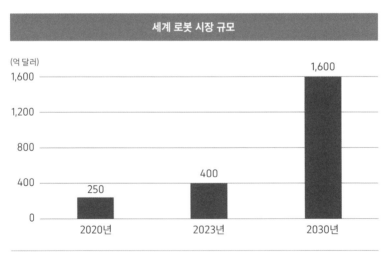

세계 로봇 시장 규모

(억 달러)

자료: 언론 종합

세계 기업 간 로봇 경쟁	
회사	**주요 내용**
삼성전자	미래 성장동력으로 로봇 사업 추진, 중장기 로드맵 준비 중
현대차	보스턴다이내믹스 인수, 로봇AI연구소 설립
테슬라	휴머노이드 '옵티머스' 개발
도요타	자체 연구소 확대 개편한 '우븐플래닛'으로 로봇 스타트업 투자, IP 획득
아마존	로봇청소기 1위 업체 '아이로봇' 17억 달러에 인수
알파벳(구글)	로봇 AI 개발, 로봇 사업 위해 '에브리데이 로봇' 분사
포드	2021년 미시간대학에 7500만 달러 들여 로봇 연구소 설립
혼다	1986년부터 휴머노이드 로봇 개발·생산

자료: 언론 종합

커지는 시장 규모도 무시할 수 없는 이유이다. 보스턴컨설팅그룹은 세계 로봇 시장이 2020년 250억 달러(약 31조 원)에서 2023년 400억 달러(약 50조 원)로, 2030년에는 1600억 달러(약 201조 원)까지 커질 것으로 전망했다. 시장조사기관 프레시던스 리서치 역시 2032년 인간형 휴머노이드 로봇 시장 규모가 286억 6000만 달러(약 37조 1400억 원)로 커질 것으로 전망했다. 골드만삭스도 휴머노이드 로봇 시장이 2035년까지 1540억 달러(약 214조 원) 규모가 될 것이라 추정했는데, 이는 전기차 시장과 맞먹는 규모이다.

개인용 컴퓨터, 스마트폰, 인터넷이 우리 사회에 혁명을 일으켰듯이 휴머노이드 로봇은 운송, 제조, 공급망 물류, 항공, 노인 돌봄 등 다양한 영역에서 우리 삶의 많은 측면에 깊은 영향을 미칠 것이다. 서비스 로봇은 물건을 옮기고 로봇청소기는 아파트 바닥을 청소하며, 수색·구조 로봇은 재난 대응에 사용된다. 아직까지는 비교적

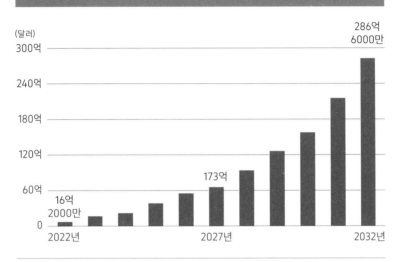

글로벌 휴머노이드 시장 규모

(달러)

286억
6000만

300억

240억

180억

120억

60억

16억
2000만

173억

0

2022년 2027년 2032년

자료: 프레시던스 리서치

단순한 작업을 수행하거나 인간의 광범위한 감독을 필요로 하지만, AI를 탑재한 휴머노이드 로봇은 인간과 상호작용하며 집 안 정리부터 노인 돌보기, 신제품 설계 및 제작에 이르기까지 복잡한 작업을 수행할 수 있게 될 것이다.

더 나아가 AI와 결합한 휴머노이드 로봇은 인간의 개입을 필요로 하지 않는 '무인화의 시대'를 앞당길 것이다. 코로나19 팬데믹 이후 비대면과 자동화가 일반화되면서 국방, 제조, 모빌리티, 물류 등 산업 곳곳에서 로봇 활용은 빠르게 확산됐다. 이러한 가운데 고령화·저출산에 따른 일손 부족, 인건비 상승 흐름 속에서 로봇은 산업을 혁신시킬 핵심 기술로 주목받고 있다.

알바 대신 차라리 로봇을 쓸래요

급구! 일할 로봇 찾습니다

최근 식당을 방문하면 테이블 사이로 서빙 로봇이 바쁘게 돌아다니는 풍경을 어렵지 않게 볼 수 있다. 관광지에서는 관람객의 짐을 대신 들고 따라다니거나 청소하는 로봇도 등장했고, 대규모 아파트 단지에서는 순찰 로봇이 주·정차 단속, 화재 감시 등의 업무를 수행한다.

AI와 로봇 기술이 비약적으로 발전하면서 로봇은 서서히 우리의 생활 속에 깊숙이 자리 잡고 있다. 이전에는 손님들의 호기심을 끄는 마케팅 용도로 로봇을 도입했다면, 이제는 정말 일손을 대신할 일꾼으로서 로봇을 이용하고 있다. 그리고 이러한 추세는 업종을 막론하고 점점 늘고 있는 추세이다.

한 PC방에서는 아르바이트생을 줄이고 가게에 서빙 로봇을 도입했다. 소상공인시장진흥공단에서 로봇 도입 비용의 절반 이상을 지원받고 자비 부담금을 '640만 원'이나 냈지만, 점주 입장에서는 "인건비에 비하면 저렴한 편"이라고 말한다. 주말과 평일 총 5명의 아르바이트를 고용 중인 이 PC방은 인건비만 한 달에 700만~800만 원이 나간다.

테이블 15개 규모의 양식집을 운영하는 한 점주도 월 10만 원의 비용을 지불하고 서빙 로봇을 도입했는데, 아르바이트생을 고용하는 것보다 저렴하고 실수도 적어서 만족하며 사용 중이다. 서빙은 로봇이 해결해주고 조리만 하면 되니 점주 입장에서는 편할 수밖에

PC방에서 음료를 운반하는 서빙 로봇

자료: 언론 종합

없다.

아직 인간의 노동력을 대신하기에는 한참 모자라는 로봇을 매장에 들인 가장 큰 이유는 가파르게 상승한 인건비 때문이다. 거기에 주휴수당, 퇴직금 등 각종 수당까지 더하면 그 비용은 무섭게 늘어난다. 2018년부터 2022년까지 5년간의 최저임금 인상률이 41.6%에 달하는 등 이미 수용력은 한계치에 다다랐다. 가파르게 오른 인건비에 로봇으로 눈길을 돌리거나 아예 키오스크, 셀프바 등 무인으로 운영하는 매장도 늘고 있다.

설령 아르바이트생을 채용한다고 해도 이 역시 쉽지 않다. 최저임금인 시급 9620원으로는 지원자조차 오지 않는 게 현실이다. 적어도 1만 2000원은 지급한다고 해야 지원자들이 찾아온다.

현재 국내 외식업체 수는 약 70만 개로, 이들 업체가 도입하는 서빙 로봇은 약 1만 대 정도로 추정된다. 보급률은 1.4%에 불과하지만, 뒤집어 말하면 로봇 시장의 성장 가능성은 충분히 높다는 얘기다. 로봇 도입으로 인건비 절감 효과를 거둔 외식업체가 많아지면 로봇을 도입하는 업체는 더욱 늘어날 전망이다.

휴머노이드 로봇이 인간의 일자리를 대신한다

두 바퀴로 식당에서 음식을 테이블까지 운반해주는 서빙 로봇의 경우, 손님이 많아 바쁜 시간대에는 큰 도움이 되지만 손님이 뜸한 시간대는 휴식을 취한다. '서빙만' 하도록 설계된 로봇은 설거지나 테이블 정리 같은 서빙 외의 일은 할 수가 없다.

　만약 휴머노이드 로봇이었다면 서빙은 물론 다른 여러 가지 일을 하면서 인간을 도왔을 것이다. 이처럼 인간과 유사한 행동을 할 수 있는 휴머노이드 로봇은 급변하는 산업 환경 변화에 빠르게 대응할 수 있는 높은 자유도를 지닌 것이 강점이다. 자동차 공장의 로봇팔이나 물류 창고에 투입된 바퀴 달린 운송용 로봇과 달리, 휴머노이드 로봇은 인간의 신체와 행동 양식에 맞춰 다양한 작업 환경에서 능력을 발휘할 수 있고 돌발 상황에도 유연한 대처가 가능하다.

　휴머노이드 로봇이 상용화된다면 제조업, 서비스업 노동력 부족의 격차도 채워줄 수 있다. 그렇게 되면 사람이 아닌 로봇을 고용하

미래의 가사도우미 로봇

자료: Aldebaran

는 '고용 형태의 변화'가 일어나게 되고, 점주 입장에서 인건비를 감당하는 것보다 로봇이나 기계를 쓰는 것이 더 낫다고 인식하는 순간 일자리 수요는 급격하게 감소할 것으로 예상된다.

실제로 국내 통계청에 따르면 고용원이 없는 자영업자 수는 2018년 398만 7000명에서 2022년 426만 7000명으로 28만여 명 증가했다. 사람 대신 키오스크나 서빙 로봇을 도입하려는 점주가 늘고 있다는 것이 수치로 증명된 셈이다. 그리고 이 흐름은 로봇의 성능이 개선되고 휴머노이드 로봇이 대중화되면 더욱 가속화될 것이다.

휴머노이드 로봇, 언제쯤 출시될까

절치부심 끝에 선보인 테슬라의 휴머노이드 로봇 '옵티머스'

2022년에 열린 테슬라의 AI 데이에서 많은 사람이 기대했던 휴머노이드 로봇 '옵티머스'의 등장은 그야말로 충격이었다. 스스로 걷기는 고사하고 테슬라 직원 3명의 도움을 받아 무대 중앙에 '겨우' 설치되었기 때문이다. 다른 기업도 아닌 테슬라였기에 기대감이 컸던 대중들의 아쉬움은 클 수밖에 없었다. 그런 실망과 아쉬움을 뒤로하고 그로부터 1년여가 흘렀다.

2023년 9월 말, 일론 머스크는 X(구 트위터) 계정에 휴머노이드 로봇 '옵티머스'의 진화된 모습을 공개했다. 1분 분량의 동영상에는 옵티머스가 손가락과 팔, 그리고 다리를 자유롭게 움직이는 모습이 담겨 있었다. 옵티머스는 사람처럼 한 발로 무게중심을 잡으며 요가를 하는 듯한 모습도 연출했는데, 이 과정에서 팔과 다리가 자연스럽게 움직였다.

인상적인 것은 옵티머스가 사람처럼 5개의 손가락을 움직여서 테이블 위에 있는 블록을 색깔별로 구분하는 장면이었다. 오로지 시각과 탑재된 신경망을 통해 플라스틱 블록을 색깔에 따라 스스로 분류하고 팔과 다리를 스스로 컨트롤했다. 공개된 동영상이 진짜라면 옵티머스는 당장 산업 현장에서 즉시 전력감으로 사용될 수 있을 수준이었다. 1년 전 인간에게 부축받으

테슬라 옵티머스 영상

한 발로 요가 자세를 취하며 서 있는 옵티머스. QR코드를 찍으면 옵티머스 동영상을 볼 수 있다.

자료: 테슬라

며 등장했던 때와는 180도 달라진 모습이었다. 옵티머스 영상을 본 누리꾼, 로봇 전문가들은 "마치 CG로 보일 만큼 뛰어나다"라고 평가할 정도였다.

옵티머스의 빠른 진화는 로봇 제어 AI의 발전 덕분이다. 옵티머스는 테슬라의 신경망 AI를 통해 오직 컴퓨터 비전만으로 임무를 수행한다. 우여곡절이 있었지만 이제 옵티머스는 휴머노이드 로봇 상용화의 첫걸음을 조심스럽게 떼기 시작했다.

슈퍼컴퓨터 도조가 휴머노이드 로봇 상용화를 앞당긴다

2022년 AI 데이에서 일론 머스크는 '2만 달러(약 2700만 원)' 휴머노이드 로봇의 양산화를 선언한 바 있다. 향후 3~5년 내에 테슬라 전기차의 저가 모델보다도 더 저렴한 가격으로 휴머노이드 로봇을 판매하겠다는 것이다. 미국의 로봇 회사 보스턴 다이내믹스가 만든 경찰견 모양 4족 보행 로봇 '스팟(Spot)'의 판매 가격이 7만 4500달러로, 한화 8000만 원임을 감안한다면 머스크가 선언한 가격은 그야말로 '혁명'에 가까운 가격이다.

물론 일론 머스크의 말을 곧이곧대로 다 믿을 수는 없다. 하지만 사람들이 기대하는 이유는 선언한 사람이 '일론 머스크'이기 때문이다. 아무도 전기차의 성공을 믿지 않았을 때 그는 전기차 대중화를 예견했고, 결국 전기차 상용화에 성공해 자동차 업계의 판도를 바꿨다.

그리고 머스크의 선언이 결코 허무맹랑한 꿈이 아님을 보여준 사건이 일어났다. 2023년 9월 11일, 뉴욕 증시에서 테슬라 주가가 전거래일 대비 10%나 상승하며 단 하루 만에 시가총액이 무려 100조 원 이상 불어났다. 테슬라 주가 급등의 이유는 테슬라가 개발하고 본격 상용화에 돌입한 자율주행용 슈퍼컴퓨터 '도조 효과' 때문이다.

도조(Dojo)는 테슬라가 AI 기술과 고화질 영상 등 전기차 주행데이터를 근간으로 자율주행 소프트웨어를 만들어내는 고성능 슈퍼컴퓨터이다. 테슬라는 자율주행 AI를 구동하는 신경망 훈련을 위해 막대한 자본을 투입해 도조를 자체 개발해왔다. 그리고 마침내 2023년 7월에 1차 버전을 상용화했고 2024년에 대폭 업그레이

슈퍼컴퓨터 도조 덕분에 급상승한 테슬라 주가

테슬라 주가

(달러)
293.34
(연중 최고가)
273.58
52주 (장중가) 최고가 313.80 최저가 101.81
153.75
※종가 기준
2023. 4. 26.   2023. 7. 18.   2023. 9. 11.

목표 주가

(달러)
400
44명 애널리스트 마켓워치 기준
258.03
모건스탠리   증권가 평균

자료:《한국경제》

드 버전을 내놓을 예정이다. 도조는 현존하는 슈퍼컴퓨터 중 가장 빠르다는 '후카쿠(Fugaku)'보다 2배 이상 빠른 처리 속도 구현을 목표로 하는데, 2024년 10월까지 도조의 연산 능력은 무려 100엑사플롭스(1초에 1만경 번)에 도달할 것으로 예상된다. 계획대로라면 도조는 세계 최강의 슈퍼컴퓨터에 등극하게 된다. 이 도조의 가치를 눈여겨본 모건스탠리는 '도조가 테슬라의 기업가치를 5000억 달러 이상 끌어올릴 것'이라고 발표했고, 그 덕에 테슬라의 주가가 급등하게 된 것이다.

도조의 근간을 이루는 AI 반도체는 엔비디아 A100 GPU보다 무려 6배 더 나은 성능에도 엔비디아의 단위당 비용인 20만 달러보다 훨씬 저렴하다. 향후 테슬라는 엔비디아 없이도 더 효율적인 AI 시스템을 개발할 수 있다.

도조를 탑재한 옵티머스가 2만 달러라면? 바로 클릭!

특히 모건스탠리가 주목한 것은 도조의 확장성이다. 아직 개발 초기 단계이지만 장기적으로 자동차 산업을 넘어 다른 영역, 즉 로봇, 우주항공 등으로 확장할 잠재력이 충분하다는 것이다. 심지어 2040년 테슬라 핵심 수익의 60% 이상이 도조로부터 나온다고 했다. 모건스탠리는 현재 개발 중인 휴머노이드 로봇 및 여러 제품군에 도조를 적용해 고수익을 창출할 수 있을 것으로 보고 있다.

휴머노이드 로봇의 대중화가 과연 먼 미래의 일일까? 지금은 각

테슬라 휴머노이드 로봇 '옵티머스'가 짐을 나르는 시연 장면

자료: 테슬라

가정에 1대씩은 꼭 있는 로봇청소기를 보자. 로봇청소기가 대중화된 것도 생각해보면 10년이 채 되지 않았다. 처음 등장했을 때만 해도 비교적 높은 가격과 어설픈 청소 능력으로 "로봇청소기를 돌리느니 차라리 내가 직접 청소하겠다"라고 하는 사람이 많았다. 하지만 지속적인 성능 개선과 가격 하락으로 지금은 냉장고, 세탁기만큼이나 없어서는 안 될 필수 가전으로 자리 잡았다.

로봇 1대가 청소, 빨래, 방범, 장보기, 심지어는 요리까지 모두 해결해주는 모습을 상상해보자. 그리고 이 모든 가사 노동을 해줄 로봇이 대당 2만 달러라면? 자동차 할부 구매나 리스와 같이 여러 방법으로 부담을 낮춘다면 적지 않은 소비자들이 구매의 유혹에 고민할 것이다. 테슬라가 2024년 AI 데이에서 휴머노이드 로봇이 빨래를 넣고 설거지하고 장을 보는 모습을 시연한다면 아마 각 가정에서 너도나도 로봇 주문 예약 버튼을 클릭하지 않을까 싶다.

범용 인공지능과 휴머노이드 로봇의 만남

휴머노이드 로봇에 대한 테슬라의 궁극적 목표는 점점 더 복잡해지는 작업을 수행할 수 있도록 하는 것이다. 실현만 되면 이는 공장 생산라인에서 큰 변화를 초래할 수 있다. 머스크는 휴머노이드 로봇이 노동 위기를 해결하고, 향후 로봇 사업을 통해 1조 달러 매출을 창출하며 테슬라의 자동차 사업을 능가할 수 있다는 믿음을 표명했다.

특히 머스크는 테슬라가 범용 인공지능에서 이룬 발전이 휴머노이드 로봇에 큰 영향을 미칠 것으로 전망했다. 기존 인공지능은 특정 임무만 해결하는 데 비해 범용 인공지능은 인간처럼 지적인 임무를 배우거나 이해해서 해결할 수 있기 때문이다. 휴머노이드 로봇이 범용 인공지능을 탑재한다면 처음 접하는 문제도 별도의 학습 없이 인간처럼 해결할 수 있다. 그야말로 노동의 대혁신이 일어나는 것이다.

AI와 로봇은 다른 어떤 디바이스보다 궁합이 좋다. 로봇의 보디(body)가 인간의 육체라면, AI는 인간의 뇌에 해당하기 때문이다. AI가 진화하면 할수록 좋은 뇌를 탑재한 로봇 역시 똑똑해질 수밖에 없다.

인간의 지시에만 따르던 로봇이 알고리즘과 AI로 인해 비로소 세상과 상호작용하고 움직일 수 있게 된 것이다. 심층 신경망과 LLM을 포함한 AI의 진화는 로봇의 지능을 비약적으로 향상시킨다. 이제 로봇은 머신러닝을 통해 물체를 식별하고 고도의 조작 작업을 수행하는 방법을 스스로 학습한다. 획기적인 알고리즘으로 복잡한 계획을 수행하고 주변 환경의 장애물을 매핑하는 동시에, 모터와 센서의 성능 향상으로 움직임은 보다 인간에 가까워지고 있다. 여기에 수백만 개의 다른 디바이스들과 더 많은 정보를 공유하면서 AI의 지능은 기하급수적으로 높아진다.

로봇과 AI는 이제 한 몸과 같은 관계이다. 로봇에 쓰이는 AI를 '로봇 지능'이라고 하는데, 로봇 지능이 발달할수록 더 똑똑한 로봇이 나오고 로봇에 대한 수요도 커질 것으로 예상된다. AI를 탑재한 로봇이 사람을 대신해 유의미한 노동력을 제공할 수 있다면 제조, 물류 등 산업 전 영역에서 '노동혁명'이 일어날 것이다. 이미 미국, 중국, 일본, 독일 등 여러 나라는 국가 경쟁력에 직결되는 산업 및 군사 안보의 발전을 위해 로봇 개발에 박차를 가하고 있다.

거실을 청소하고 음식을 나르던 로봇이 AI와 결합하면서 말을 하고 그림을 그리는 등 한층 더 인간에 가까워진 행동을 하게 되었다. 유례없는 속도로 AI가 발전하면서 로봇 역시 어디까지 진화할지 앞으로의 미래가 주목된다.

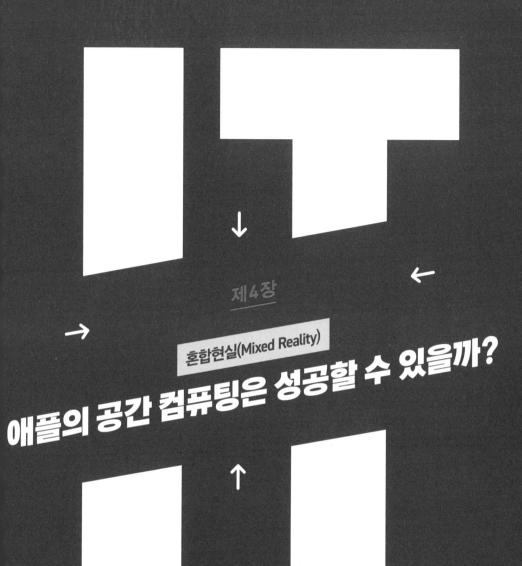

제4장

혼합현실(Mixed Reality)

애플의 공간 컴퓨팅은 성공할 수 있을까?

애플이 외친 원 모어 씽(One more thing),
그것은 공간 컴퓨팅

9년 만에 등장한 애플의 신제품 '비전 프로'

매년 미국 캘리포니아주 애플 본사에서 열리는 연례 세계개발자회의(WWDC). 2023년 6월에도 어김없이 개최된 개발자회의 첫날 마지막 순서에 애플 CEO인 팀 쿡(Tim Cook)이 무대에 올랐다. 그리고 "원 모어 씽(One more thing)"이라고 운을 떼자 행사장에서는 환호성이 터졌다. '원 모어 씽'은 애플의 창업자인 고 스티브 잡스가 아이팟·아이폰·아이패드 등 애플의 신제품을 공개할 때마다 썼던 말이다. 2014년 애플 워치 발표 후 9년 만에 등장하는 신제품에 참석자들은 물론 세계의 언론들 역시 주목했다.

애플이 9년 만에 선보인 신제품, 혼합현실 기기 '비전 프로'

자료: 애플 홈페이지

마침내 베일에 가려졌던 애플의 신제품이 등장했다. 제품의 이름은 '비전 프로(Vision Pro)'. 겉모습은 VR 헤드셋인데, 팀 쿡은 이 제품에 대해 "당신이 지켜보는 게 아니라 들여다볼 수 있는 첫 번째 애플 제품"이라고 하면서 "오늘은 컴퓨팅의 새로운 시대가 시작되는 날이다. 오래전 매킨토시가 개인용 컴퓨팅 시대를 열었고, 아이폰이 모바일 컴퓨팅 시대를 열었듯이, 비전 프로는 '공간 컴퓨팅' 시대를 열 것"이라고 강조했다.

디지털 정보와 물리적 공간이 결합한 공간 컴퓨팅

공간 컴퓨팅(Spatial Computing)이란 매사추세츠공과대학(MIT) 미디어랩의 시몬 그린우드(Simon Greenwold)가 2003년에 발표한 논문에서 처음 사용된 용어로, 디지털 정보를 물리적 공간에 통합하고 그 정보와 자연스럽게 상호작용할 수 있는 컴퓨팅의 형태를 말한다. 가상현실(VR), 증강현실(AR)과 같은 기술을 이용해 사용자가 물리적 세계와 디지털 세계 사이에서 자연스럽게 이동하고 상호작용할 수 있는데, 혼합현실(MR) 혹은 확장현실(XR)과 유사한 개념이라 할 수 있다.

가상현실(VR, Virtual Reality)은 가상의 세계를 체험하고 상호작용하는 것에 초점을 맞추고 있는 반면, 증강현실(AR, Augmented Reality)은 실제 환경에 디지털 요소를 추가해 확장된 경험을 제공하는 것이 특징이다. 혼합현실(MR, Mixed Reality)은 가상현실과 증강현실의 경험을 한 단계 더 발전시켜 디지털 요소와 실제 환경 사

기술	정의	특징
가상현실 (VR)	완전히 가상의 환경을 생성하는 기술	VR 헤드셋을 통해 실제 환경이 완전히 차단되며, 사용자는 완전히 디지털 환경에 몰입해 가상의 세계를 체험하고 상호작용
증강현실 (AR)	디지털 요소를 실제 환경에 겹쳐 보여주는 기술	스마트폰이나 태블릿, 스마트글라스 등을 통해 디지털 요소를 실제 환경에 겹쳐 볼 수 있음
혼합현실 (MR)	디지털 요소를 실제 환경에 겹쳐 보여주며, 이들 사이에 상호작용이 가능한 기술	사용자는 디지털 요소와 실제 요소 모두와 상호작용 가능. 로그래픽 장치나 몰입형 장치를 통해 실제 환경과 디지털 요소 사이의 상호작용을 체험

VR, AR, MR의 개념 및 특징

이에 상호작용이 가능하게 한다. 실제 환경과 가상 환경을 결합해 새로운 환경을 생성하고, 이 환경에서는 물리적 및 디지털 객체가 공존해 사용자가 실제 세계와 가상 세계 사이에서 자연스럽게 이동할 수 있다.

확장현실(XR, eXtended Reality)은 가상현실, 증강현실, 혼합현실을 모두 포괄하는 용어이다. 혼합현실이 가상현실과 증강현실의 결합을 나타내는 용어라고 한다면, 확장현실은 이러한 기술들을 모두 포괄하는 더 넓은 범위의 용어라고 할 수 있다.

완전히 새로운 유형의 컴퓨터라 불러다오

비전 프로는 애플이 2015년에 독일 AR 소프트웨어 업체인 메타이오를 인수하면서 가상현실과증강현실을 기반으로 만든 애플 기술의 총집합체라 할 수 있다. 비전 프로의 스펙만 봐도 가히 괴물급이다. RAM 12GB, 저장 용량 512GB에 애플이 자체 설계한 M2 칩셋, R1 센서 처리 칩셋을 탑재하고 있으며, 12개의 카메라, 5개의 센서, 6개의 마이크 등을 내장하고 있다. 화면은 눈 한 쪽당 4K TV 이상의 성능을 구현하는 2개의 디스플레이를 합쳐서 2300만 픽셀을 밀집시킨 초고해상도 디스플레이를 구현해 모든 경험이 사용자의 눈앞에서 실시간으로 일어나는 것과 같은 느낌을 준다. 최고급 사양의 컴퓨터와 맞먹는 성능으로 사용자는 자연스럽게 디지털 콘텐츠를 감상하고, 손동작과 음성을 통해 직관적인 상호작용이 가능

컴퓨터로 작업하듯 여러 화면을 띄워놓고 비전 프로로 업무를 볼 수 있다.

자료: 애플 홈페이지

하다.

운영체제는 비전 프로에 특화된 자체 OS인 비전OS(VisionOS)를 도입해 증강현실 환경에서 여러 가상 화면에 접근할 수 있도록 지원하고 있다. 비전 프로는 아이폰이나 맥북 등 별도의 기기와 연동할 필요 없이 단독으로 작동할 수 있는데, 팀 쿡이 비전 프로를 단순한 VR·AR 기기가 아닌 현실과 디지털 세계를 완벽하게 융합해 현실을 증강하는 '새로운 유형의 컴퓨터'라고 소개한 이유도 이 때문이다.

고글 형태의 비전 프로를 쓰면 가상의 앱과 콘텐츠가 마치 현실 세계에 존재하는 것처럼 나타난다. 앱과 콘텐츠의 배치를 자유롭게 조절하거나, 크기를 늘릴 수도 있다. 모니터나 TV 등 디스플레이의 제약 없이 공간 전체를 화면으로 활용할 수 있다.

타인과의 소통을 강조한 아이사이트 기능

조작은 아이폰과 아이패드의 직관성을 이어받아 사용자 눈과 손, 목소리로 제어한다. 제품 내외부의 카메라와 센서가 눈동자와 손 움직임을 추적하고, 마이크와 인공지능 '시리(Siri)'를 통해 음성인식으로 명령할 수 있다. 손가락 제어는 원하는 곳을 바라본 채 엄지와 검지를 꼬집듯 맞대면 클릭되는 방식이다. 이외에 텍스트를 입력할 수도 있고 가상의 키보드를 띄워 쓸 수도 있다. 별도의 컨트롤러 없이 직관성을 강조한 애플다운 방식이다.

비전 프로의 아이사이트 기능. 사람이 다가가면 화면이 투명해진다.

자료: 해외 언론

비전 프로에는 3D 카메라도 탑재되어 입체감 있는 사진과 동영상을 촬영할 수도 있다. 애플은 이를 '공간 사진, 동영상'이라고 하는데, 마치 그 순간으로 돌아간 듯한 생생한 경험을 할 수 있다는 의미다. 아이폰이나 아이패드로 찍은 사진을 비전 프로에서 실물 크기로 감상할 수도 있다.

비전 프로는 영상통화 기능인 '페이스타임(FaceTime)'도 지원한다. '페르소나(Persona)'라고 하여 비전 프로를 착용하지 않은 내 모습을 디지털로 구현해 상대에게 보여주는데, 표정이나 손동작도 자연스럽게 실시간으로 반영된다. 머신러닝으로 재현한 일종의 디지털 아바타로, 아이폰 이용자끼리 이용했던 페이스타임을 비전 프로로도 이용할 수 있어 실제 상대방을 앞에 두고 이야기하는 듯한 체험을 할 수 있다.

특히 비전 프로가 다른 VR·AR 기기와 차별화되는 기능이 있는데, 바로 '아이사이트(eyesight)'라는 기능이다. 아이사이트는 사람이 가까이 다가가면 화면이 투명해지면서 주변을 인식할 수 있게 하는 기능으로, 상대방도 착용자의 눈을 바라볼 수 있어 헤드셋을 벗지 않아도 상대와 소통할 수 있다. 현실과 가상 세계의 단절 문제를 해결하기 위해 도입된 아이사이트는 물리적 공간에 아무도 없으면 자동으로 종료되고, 사용자가 콘텐츠를 시청 중일 때는 눈을 가리는 완전 몰입 모드로 전환되고 영상을 촬영 중일 때는 아이사이트가 빛나며 주변 사람들에게 이를 알려준다.

보안 인증으로는 아이폰에 선보였던 지문인식인 터치 ID와 얼굴인식인 페이스 ID의 뒤를 잇는 새로운 생체인식인 홍채인식 '옵틱

ID(Optic ID)'가 탑재됐다. 일란성쌍둥이의 홍채 차이까지도 감지할 수 있을 정도로 정교한데, 이 기능으로 비전 프로의 잠금 해제부터 애플페이 결제에까지 이용할 수 있다.

계획대로라면 비전 프로는 2024년 초에 미국 시장에서 먼저 출시될 예정인데, 첫 제품이 나오기도 전에 애플은 이미 더 저렴한 가격의 차세대 비전 프로를 개발 중이라고 한다. 3499달러(약 457만 원)보다 좀 더 저렴한 보급형 비전 프로에 대한 개발은 초기 단계에 있으며, 해당 제품은 2025년 말에 출시될 것이라는 얘기도 들려오고 있다.

전문가(프로)만을 위한 고가의 장난감이 될 것인가?
산업 현장을 혁신할 도구가 될 것인가?

1000명이 넘는 애플의 개발자들이 7년 넘게 개발에 참여해 탄생시킨 애플의 야심작, 비전 프로를 처음 접한 언론과 대중들의 반응은 엇갈렸다.

비전 프로를 실제로 체험한 사람들은 애플이 보여준 고성능의 하드웨어에 대해 극찬했다. 혼합현실의 실행과 기능에 있어 진정한 도약을 보여준다고 평가하면서, 특히 눈동자 추적과 제스처 컨트롤이 거의 완벽하다고 체험 후기를 밝히기도 했다. 타 제조업체 기기 대비 텍스트가 매우 선명하게 읽히고, 3D 영화가 매우 좋게 보인다는 점도 강조했다.

하지만 비전 프로의 높은 가격과 제한적인 게임 기능, 짧은 배터리 수명은 단점으로 지적되었다. 비전 프로의 가격은 3499달러로, 지금까지 나온 AR·VR 헤드셋 제품 중 가장 고가이다. 짧은 배터리 사용 시간도 걸림돌이다. 전원을 연결하면 하루 종일 사용할 수 있지만, 외장 배터리의 최대 이용 시간은 2시간에 그치고 있어 영화 한 편의 러닝타임이 보통 2시간 안팎인 점을 고려하면 '아직 부족하다'는 평이다.

애플의 비전 프로는 '프로'라는 브랜딩에서 알 수 있듯이 전문가 및 엔터프라이즈를 1차 타깃으로 한 제품이다. 따라서 비전 프로는 여러 분야의 전문가 및 산업용 엔터프라이즈 앱의 보조 장치로 쓰일 수 있다.

예를 들어 건축사무소나 프리랜서 건축가에게 비전 프로는 좋은 도구가 될 수 있다. 건축가들은 리모델링 프로젝트에서 건축주에게 자신의 디자인을 3D 모델링으로 제시하는데, 3D 모델링을 하기 위한 업무 환경 구축에 최소 수천만 원의 비용이 발생한다. 비전 프로를 이용한다면 건축가는 자신의 디자인을 가상 공간에 구현해 고객을 위한 최고의 프레젠테이션 도구로 활용할 수 있다.

원격의료에도 비전 프로가 사용될 수 있다. 응급대원이 머리에 카메라를 착용하고 실시간으로 환자의 영상을 병원에 있는 전문의에게 전송해 즉각적인 응급처치를 하는 것은 이미 실행되고 있다. 카메라 대신 비전 프로로 원거리에서 발생한 긴급 환자를 살펴보고 영상을 전송한다면 진료에 좀 더 효율적일 수 있을 것이다.

비전 프로로 다중 모니터 환경을 구축해 기차나 비행기에서 자

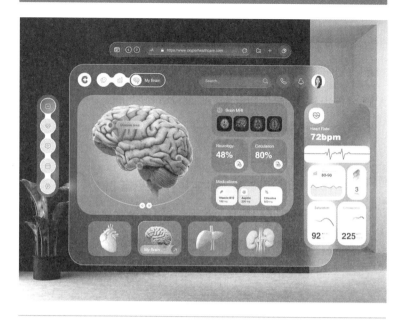

비전 프로를 활용한 헬스케어 대시보드(Healthcare Dashboard UI)

자료: 애플 홈페이지

신만의 업무 환경을 구축할 수도 있다. 비전 프로 사용자들은 비전
프로와 키보드만 들고서 어디에서든 사무실을 만들어 이동 중에도
손쉽게 업무를 볼 수 있게 될 것이다.

비전 프로는 콘텐츠 감상에 있어서도 새로운 체험을 선사할 것
으로 기대된다. 비전 프로용 콘텐츠 제작과 확보를 위해 애플은 디
즈니, 유니티와 파트너십을 체결했다. 애플은 VR 매체에 대한 이해
도가 높은 스토리텔러를 기용해 이전에 없던 VR 콘텐츠를 만들어
낼 수도 있다.

공간 컴퓨팅을 표방하는 비전 프로는 '공간 음향(Spatial Audio)'

을 즐길 수 있는 가장 좋은 기기이기도 하다. 애플의 공간 음향은 사용자의 귀와 머리의 위치, 사용자가 있는 공간의 물리적 특성을 실시간으로 분석해 3차원적 음향을 만들어내는 기술을 말한다. 비전 프로는 특히 양쪽 귀 옆에 각각 듀얼 드라이버 오디오팟(Dual-driver Audio Pods)을 장착해 주변 소음과 상호작용하며 개인화된 사운드를 제공한다. 비전 프로의 고성능 오디오는 소리를 새롭게 경험하는 방식을 제시할 수 있다.

혼합현실 속에 숨겨진 AI의 역할

AI를 AI라 부르지 못하는 애플

애플의 혼합현실 기기 '비전 프로' 발표를 지켜보면 흥미로운 점을 하나 발견할 수 있다. 46분 동안 진행된 발표 내내 'AI'라는 단어는 단 한 차례도 등장하지 않는다는 것이다. 딱 한 차례 AI 기술 중 하나인 '머신러닝(기계학습)'이라는 표현이 등장하는데, 가상의 아바타를 만드는 과정에서 사용자의 얼굴을 미리 촬영한 뒤 머신러닝을 이용한다는 내용에서 잠시 등장한 것이 전부일 정도로 애플은 AI라는 단어 사용을 극도로 자제했다.

구글의 순다르 피차이(Sundar Pichai) CEO가 2023년 5월에 열린

자료: 유튜브 'Why Apple didn't tell about AI in Apple Vision Pro? | Apple Vision Pro didn't tell you'(2023. 6. 12.)

연례 개발자회의 기조연설에서 2시간 동안 무려 143번의 AI를 언급한 것과는 상당히 대조적이다. 2023년에 전 세계를 강타한 챗GPT와 AI 열풍을 생각한다면 구글만큼은 아니더라도 AI에 대한 얘기를 애플이 그냥 지나칠 수가 없다.

비전 프로에 AI 기술이 전혀 쓰이지 않아서 일부러 AI라는 표현을 자제한 것일까? 그건 아니다. 비전 프로에는 머신러닝 기반의 아바타 생성 외에도 손동작이나 사람의 시선으로 기계를 조작하는 방식에 AI 기술을 적용했다. 홍채인식 및 아이사이트 등에도 AI는 도입되었다. 즉 비전 프로의 자연스러운 기능 구현을 위해 여러 AI가 사용됐지만, 굳이 AI라고 부르지는 않겠다는 것이다. 팀 쿡 CEO는 미국 ABC방송과의 인터뷰에서도 "애플은 제품에 AI를 통합했지만, 대중들이 볼 때는 그런 기능을 AI로 생각하지 않는다"고 말한 바 있다.

드러내놓지 않았을 뿐, 혼합현실에서 없어서는 안 될 AI

애플은 아이폰 입력 시 오타를 바로잡아 주는 '자동 수정' 기능에도 AI 알고리즘의 하나인 트랜스포머 모델을 도입하겠다고 발표했다. 트랜스포머는 구글이 발표한 거대언어모델(LLM)로 챗GPT의 핵심인 GPT-3와 GPT-4도 바로 LLM의 일종인 트랜스포머를 기반으로 만들어졌다.

iOS 17부터는 문자 하나를 입력할 때마다 GPT와 같이 다음 문

비전 프로 곳곳에 AI는 숨겨져 있을 뿐이다.

자료: 유튜브 'The Hidden AI in Apple's new VISION PRO – Spatial Computing'(2023. 6. 9.)

자를 예상해 문구를 제안하거나 오타를 바로잡는다. 또한 아이폰 사용자의 음성인식에도 정확성을 높이기 위해 트랜스포머 기반 음성인식 모델이 적용된다. 이 음성인식 기술은 비전 프로를 포함한 애플의 다양한 디바이스에 확산 적용될 예정이다.

애플은 비전 프로 발표에서 AI라는 표현을 일부러 사용하지 않았지만, 가상현실, 증강현실 및 혼합현실, 더 나아가 이 기술들을 활용한 메타버스상에서 AI는 매우 중요한 역할을 수행한다.

우선 AI는 혼합현실 기기 사용자의 행동을 분석하고 예측할 수 있다. 이를 통해 AI는 사용자에게 가장 적합한 인터페이스를 제공하거나, 가상 공간에서의 이동을 돕고 특정 행동을 예측해 환경을 미리 조정할 수 있다. 예를 들어 VR 게임에서 AI는 사용자의 머리나 손의 움직임, 시선 등을 분석해 다음에 할 행동을 예측해 게임의 난이도를 조절하거나 적의 위치를 조정한다.

AI는 사용자의 선호나 행동 패턴을 학습해 개인화된 콘텐츠를 제공할 수 있다. AI는 사용자의 취향을 학습해 맞춤형 추천도 가능하다. AI 기반의 언어 번역 시스템을 통해 원하는 언어로 즉시 번역된 대화를 들을 수 있다. 이를 통해 서로 다른 언어를 사용하는 사용자들이 함께 가상 환경에서 상호작용하거나 협업이 가능하다.

AI는 맞춤화된 학습 경험을 제공하는 데 도움이 될 수 있다. 사용자의 학습 스타일과 속도를 이해하고 적응해 최적의 학습 경로를 제안하거나 복잡한 개념을 직관적으로 이해하는 데 도움이 된다. 랩스터(Labster)와 같은 VR 교육 플랫폼은 학생들이 가상의 과학 실험실에서 복잡한 과학적 개념을 학습하고 실험해볼 수 있게 한다.

AI는 이런 환경에서 학생의 학습 진도와 이해도를 추적하고 학습 경험을 최적화하는 데 사용될 수 있다.

혼합현실의 희망을 보여준
애플의 비전 프로

메타버스와 혼합현실은 같은 개념인가

2021년에 등장해 시대의 트렌드로 주목을 받았던 메타버스는 챗
GPT에 밀려 지금은 그 명성이 무색하게 점차 자취를 감추고 있다.
한때 인터넷 패러다임을 완전히 바꿀 것이라는 기대를 받았으나 팬
데믹이 종료된 후 메타버스는 급격히 존재감을 상실하고 있다.

그렇지만 메타버스에 대한 전망은 결코 어둡지만은 않다. 오히려
거품이 사라진 메타버스 업계는 차세대 미래 먹거리로 발돋움하기
위해 더욱 기술과 서비스 품질을 높이려고 노력 중이다. 그리고 애
플이 선보인 '비전 프로'는 가상 세계와 현실 세계를 잇는 새로운 미

래를 제시하며 메타버스의 희망을 엿볼 수 있었다.

메타버스 붐을 일으킨《메타버스》의 저자 김상균 교수는 메타버스를 "시간과 공간의 한계를 초월해 새로운 경험을 제공하는 것"으로 정의했다. 메타버스를 '디지털 현실'이라고도 표현했는데, 이러한 정의는 메타버스가 단순히 가상의 세계를 넘어 실제 세계와 동등한 존재로서 새로운 경험과 가능성을 제공하는 공간임을 강조하고 있다. 즉 가상현실, 증강현실 및 혼합현실 등을 사용해 사용자에게 더욱 몰입감 있는 경험을 제공하는 것이 바로 메타버스이다.

메타버스와 혼합현실, 두 개념은 밀접하게 연관돼 있다. 메타버스는 가상 세계를 생성하고 유지하는 데 필요한 기술과 인프라를 포함한다. 메타버스는 사회적·경제적·문화적 활동이 이루어지는 공간으로, 실제 세계와 가상 세계 사이의 경계를 모호하게 만들어

자료: 대학뉴스

사용자들이 두 세계를 자유롭게 이동하면서 다양한 활동을 할 수 있게 한다. 그리고 혼합현실은 가상의 객체를 실제 세계에 삽입하거나, 실제 세계의 객체를 가상 환경에 삽입함으로써 사용자가 두 세계를 동시에 경험할 수 있게 한다.

정리하면 메타버스는 온라인 세상과 현실 세상을 아우르는 거대한 디지털 공간이고, 혼합현실은 그러한 메타버스를 구현하는 기술의 일종이라고 생각하면 이해하기 쉬울 것이다.

혼합현실의 미래였던 홀로렌즈는 왜 실패했나

팀 쿡이 설명하는 애플의 비전 프로 프레젠테이션을 보면서 용어는 다르지만 왠지 어디선가 본 듯한 장면이라는 느낌을 받는 이들도 있을 것이다. 그렇다. 이미 2015년에 비전 프로의 선배 격인 마이크로소프트의 홀로렌즈(Hololens)가 등장해 세간의 관심을 모은 적이 있었다.

AR 헤드셋인 홀로렌즈는 사용자의 눈앞에 있는 디스플레이로 현실 세계의 배경에 디지털 중첩 이미지를 펼쳐 보여주었다. 당시에는 메타버스라는 개념이 아직 등장하지 않았기에 새로운 게임 경험을 선사하는 동시에 윈도우 PC를 이용한 작업 생산성 향상을 위한 제품으로 홀로렌즈를 소개했다.

그리고 몇 년 후에 좀 더 성능이 업그레이드된 홀로렌즈2가 출시되었다. 전작보다 2배 이상 넓은 시야각과 AI가 내장된 심도 센서를 활용한 조작으로 뛰어난 몰입감을 선사했다. 초경량 탄소섬유 소재로 제작해 무게를 줄이고 안면부에 치중돼 있던 무게중심을 뒤로 옮기면서 착용감도 한층 높였다. 홍채인식 기능도 추가해 보안을 중시하는 기업에서의 활용성도 강화됐다.

미국 항공우주국(NASA)에서는 홀로렌즈2를 이용해 8시간이었던 우주선 수리 소요 시간을 50분으로 줄였다. 3D 그래픽을 통해 렌더링을 보여주면 원격으로 작업자가 이를 보고 기계를 수리하거나 정비할 수 있어 매우 효율적이었다. 명품업체인 페라가모의 경우 태블릿PC를 이용해 고객이 색상이나 재질을 선택하면 영업사원이 홀로그램을 통해 정확한 렌더링을 구축할 수 있다.

심지어 홀로렌즈 헤드셋을 군용으로 개량한 통합시각훈련장비(IVAS 1.2)가 미군의 테스트를 받아 실제 전투에서 활용될 예정이다.

2025년 실제 전투에 투입될 홀로렌즈 기반의 통합시각훈련장비(IVAS 1.2)

자료: 해외 언론

어두운 조명 상태에서의 기능성, 병사들에게 불편을 유발하는지 여부에 초점을 맞춘 테스트를 통과하면, 2025년 초에는 작전 전투 테스트를 진행해 몇 년 내에 현장에 배치된다. 마이크로소프트(MS)의 홀로렌즈 기반 IVAS 장비는 보병들의 위치를 시각화하고 건강 데이터를 수집해 부상을 예방하는 등 미군들의 전투 능력을 향상하는 것이 목표이다.

이처럼 좋은 평가를 받았던 홀로렌즈의 미래는 밝아 보였다. 하지만 2023년 1월, MS는 직원 1만 명을 정리해고했는데 이 중에는 2017년 MS에 인수된 알트스페이스VR(AltSpaceVR) 전체 팀도 포함돼 있었다. 알트스페이스VR은 MS의 자체 '메타버스' 작업을 주도했던 부서였다.

해고된 또 다른 팀은 MS 혼합현실 툴 킷(MRTK, Mixed Reality Tool Kit) 프레임워크 제작팀이다. MRTK 팀은 플랫폼 간 혼합현실 앱 개발을 가속화하는 데 사용되는 일련의 구성요소 및 기능을 제공하는 프로젝트 팀이었다.

MRTK 및 알트스페이스 VR 팀을 통으로 해고하면서 MS는 홀로렌즈 사업을 계속할 동기가 없어졌다. MS가 가상현실과 증강현실을 담당하고 있는 주요 팀들을 해고했다는 것은 더 이상 혼합현실과 메타버스에 관심이 없다는 의미다.

이유는 단순하다. 저조한 판매 실적 때문이었다. 엔터프라이즈 기업 시장에 주력하면서 기업 고객을 확보했으나 홀로렌즈는 2016년 정식 출시 이후 판매량 30만 대로 저조한 실적을 거두었다. 홀로렌즈 사업이 기업 매출에 기여하는 수준은 극소수였다.

게다가 홀로렌즈는 더 광범위한 시장으로 진출하지 못하고 소비자용 기기로 입지를 차지하지 못했다. 홀로렌즈는 거액을 투자한 것과 달리 투자 수익을 기록하지 못하는 애물단지로 전락했다. 2021년에 전 세계적으로 메타버스 열풍이 불긴 했지만, 메타버스는 소프트웨어 기반의 가상 세계 생태계가 중심이 되어버려 하드웨어에 집중한 홀로렌즈는 메타버스의 수혜를 전혀 입지 못했다.

특히 홀로렌즈의 가장 큰 문제는 높은 가격이었다. 당시 홀로렌즈2의 가격은 3500달러로, 국내에서는 500만 원 수준에서 판매되기도 했다(비전 프로의 가격 3499달러는 아마도 홀로렌즈를 참고해 책정한 듯하다). 개인이 취미로 하기에는 부담스러운 가격이고, AR 기기 특성상 게임이나 미디어 콘텐츠도 많지 않아 결국 홀로렌즈는 대중화에 실패하고 말았다.

혼합현실 생태계 확장으로 새로운 성공 신화를 노리는 비전 프로

물론 애플과 MS는 CEO의 성향도 다르고 추구하는 전략 스타일도 다르다. 애플 역시 MS의 홀로렌즈 실패를 의식한 듯, 혼합현실이라는 용어를 자제하고 '공간 컴퓨팅'이라는 키워드를 강조하며 차별화를 꾀했다.

무엇보다 애플은 비전 프로에 탑재된 운영체제 '비전OS'로 일상생활 속에 디지털 기술을 접목하는 동시에, 애플 iOS 생태계 확장에 중점을 뒀다. 홀로렌즈의 대중화 실패도 사용자가 체감할 수 있는 애플리케이션 및 콘텐츠의 부족이 문제점으로 꼽힌 만큼, 비전 OS 플랫폼 활성화를 위해서는 콘텐츠 다양화라는 선결 과제가 우선되어야 한다. 그리고 이를 통해 아이폰, 아이패드 등 애플 기기와의 결합을 통해 관련 기술을 극대화해야 한다.

그래서 애플은 콘텐츠 생태계 확장과 앱 제작을 촉진하는 개발자 키트를 제작해 2023년 7월에 제공했다. 앱과 게임에 대한 호환성 평가를 통해 앱이 비전OS에서 어떻게 표시되고 작동하는지에 대한 보고서를 제공하는 한편, 개발자 랩(lab)을 설치해 직접 비전 프로에서 앱을 실행하고 체험할 수 있도록 했다.

이 때문에 많은 언론은 비전 프로의 장점을 고성능의 하드웨어가 아니라 iOS 생태계로 꼽는다. 개발자가 iOS용 앱을 빌드하는 데 사용하는 프레임워크는 '공간 컴퓨팅'에 최적화되어 비전 프로를 위한 몰입형 콘텐츠를 만들 수 있도록 도와준다. 비전 프로는 수십만 개의 아이폰 및 아이패드 앱에 접근해 원활하게 실행된다. 이를

애플의 비전 프로는 비전OS로 독자적인 혼합현실 생태계를 구축하려 하고 있다.

자료: 애플 홈페이지

통해 개발자 커뮤니티는 비전OS의 기능을 활용해 새로운 앱 환경을 설계하고 공간 컴퓨팅을 위해 기존 환경을 재해석할 수 있다.

애플은 아이맥, 아이팟을 거쳐 아이폰의 대대적인 성공 이후 어떻게 하면 소비자 시장을 선도하고 인기를 얻을 수 있는지 그 비법을 터득했다. 그 결과 이후에 등장한 아이패드와 애플 워치도 태블릿PC와 스마트 워치 시장에서 선두를 달리며 독보적인 입지를 구축했다. 아이패드는 2022년 말 기준 전 세계적으로 약 6억 5800만 대가 팔렸고, 제조사별 점유율로도 약 30%로 1위다. 스마트 워치 시장점유율로도 애플 워치는 30%의 점유율로 1위다(2위는 삼성으로 9.2%. 2021년 기준).

비전 프로의 등장으로 위축된 메타버스 및 혼합현실 시장이 다시 성장할 것이라는 기대감도 커지고 있다. 실제로 애플이 비전 프로를 발표한 후, 2023년 6월 한 달 동안 미국 내 메타버스 기업들에게 2억 800만 달러(약 2644억여 원)의 자금이 투자되기도 했다. 외과 수술 의사를 보조하는 증강현실 기술 개발업체 오그메딕스(Augmedics)가 8300만 달러를 유치하는가 하면, 약시 치료 등 시력 교정을 위한 가상현실 기술 개발업체 루미노피아(Luminopia) 또한 1600만 달러를 투자받았다.

메타 역시 최신 혼합현실 기기 '메타 퀘스트3'를 출시해 애플과의 맞대결을 예고했다. 전작 대비 부피는 40% 이상 줄였고 그래픽 처리 성능은 2배 이상 늘어났지만, 가격은 499달러로 애플의 비전 프로 대비 7분의 1 수준이다. 성능보다는 소비자들의 접근성에 초점을 두어, 게임과 소셜을 통해 많은 사용자들이 연결되는 것을 최

메타 퀘스트3와 애플의 비전 프로 비교		
메타	제작사	애플
499달러	가격	3499달러
스냅드래곤 XR Gen2	CPU	M2칩·R1칩
2064×2208	해상도(픽셀)	2160×3840
있음	컨트롤러	없음
장비 내장	배터리	별도 연결
515g	무게	453g

자료: 언론 종합

우선으로 내세우고 있다. 마크 저커버그는 "메타 퀘스트3는 누구나 접근 가능한 최초의 주류 혼합현실 기기가 될 것"이라고 호언장담하며 애플에 도전장을 내밀었다.

구글과 MS 등이 선보인 다양한 AR·VR 기기가 모두 실패해 메타버스의 성장세가 한풀 꺾인 상황에서, 애플의 비전 프로는 공간 컴퓨팅을 표방하며 메타버스 분야에 자신감을 보이면서 자본 유입을 이끌어내고 있다.

비전 프로는 혼합현실 기기에 대한 새로운 높은 기준을 설정했으며, 비싼 가격에도 불구하고 애플이 비전 프로를 출시하면 시장에 큰 영향을 미칠 것이라는 전망이 적지 않다. 비전 프로가 제2의 홀로렌즈가 될지, 아이패드와 애플 워치의 뒤를 잇는 애플의 새로운 성공 신화가 될지 2024년을 흥미롭게 지켜봐야 할 것이다.

제5장

뷰티테크(안티에이징)

AI로 인간의 노화를 막을 수 있을까?

CES 2024의 첫 포문을
뷰티테크가 열다

CES 2024의 기조연설자로 선정된 뷰티 기업 로레알

매년 1월 초가 되면 미국 라스베이거스에서는 세계 최대 규모의 IT, 디지털 전시회인 세계가전박람회(CES, The International Consumer Electronics Show)가 열린다. CES는 혁신적인 제품이나 서비스의 전시도 볼거리이지만, 또 하나 많은 사람의 관심을 모으는 것이 바로 기조연설(keynote speech)이다. CES 기조연설에 어떤 기업의 수장이 나와 발표를 하느냐에 따라 그해의 지구촌 산업이 어느 방향으로 흘러가고 있고, 기술 및 자본, 인재의 움직임이 어떻게 될지를 가늠할 수 있기 때문이다.

CES 2023에서는 미국 반도체 기업 AMD의 CEO 리사 수(Lisa Su) 박사가 기조연설자로 선정되어 AI가 사회와 삶을 변화시키는 방법에 대해 이야기를 들려주었는데, 2023년은 CES의 전망대로 AI가 세상을 지배한 한 해가 되었다.

그렇다면 2024년 CES의 첫 포문을 열 기조연설자는 누구일까? CES를 주최하는 미국소비자기술협회(CTA)는 CES 2024의 기조연설자로 프랑스 뷰티 기업 로레알의 CEO 니콜라스 히에로니무스(Nicolas Hieronimus)를 선정했다. 세계 최대 IT 가전전시회인 CES의 기조연설에 화장품 기업 CEO가 선정된 것은 이번이 처음이다.

세계 1위 화장품 기업인 로레알은 AI 등 첨단기술을 뷰티 분야에 활용하는 데 적극적인 기업 중 하나이다. 로레알은 이미 CES 2023에서 세계 최초로 뷰티 신기술 '합타'와 '로레알 브로 매직'을 선보여 'CES 혁신상'을 받은 바 있다.

'합타(HAPTA)'는 손과 팔이 불편한 이들이 화장품을 바를 수

CES 2024 기조연설자로 선정된 로레알의 CEO 니콜라스 히에로니무스

자료: 해외 언론

자료: 로레알 홈페이지

있도록 설계한 휴대용 로봇 메이크업 기기다. 제품에 내장된 스마트 모션과 맞춤형 부착 장치를 통해 마스카라나 립스틱을 여닫고 바르는 등 섬세한 작업이 가능하다. AI 시스템이 사용자의 움직임, 패턴을 학습화해 점점 더 편리하고 최적화된 서비스를 제공하게 된다. AI의 도움으로 신체적 한계를 뛰어넘어 화장을 통해 자유롭게 개성을 표출할 수 있게 된 것이다.

'로레알 브로우 매직(L'Oréal Brow Magic)'은 전문가 수준의 눈썹 문신을 구현하는 최초의 가정용 디지털 눈썹 프린팅 디바이스이다. 증강현실 기술을 이용해 사용자에게 가장 알맞은 눈썹 모양과 문신 기법을 추천해주고, 몇 초 만에 눈썹 문신을 완성해준다.

로레알은 화장품 기업? IT 기업?

CES 2024 기조연설에서 로레알은 뷰티테크가 물리적, 디지털, 가상 비즈니스의 미래를 어떻게 변화시키고 있는지 보여줄 예정이다. 로레알이 뷰티테크에 주목하는 것은 초개인화된 뷰티 솔루션의 성장세가 기대되기 때문이다.

로레알이 혁신적인 뷰티테크 기술을 선보일 수 있는 이유는 IT 기업 못지않은 투자와 연구개발 때문이다. 로레알의 분야별 특허 분류 현황에서 '이미지 등 디지털 데이터 처리' 관련 분야는 로레알이 출원하는 특허의 11%에 달한다. 또한 로레알에는 5500명에 달하는 디지털 전문가들이 근무 중으로 웬만한 IT 기업과 견주어 손색이 없는 규모이다.

IT 인력을 포함해 총 9500여 명의 로레알 연구개발 인력은 전 세계 11개국, 20개 R&D센터에서 왕성한 특허 활동을 펼치고 있다. 2022년 연구개발 투자액만 전년 대비 10.6% 증가한 11억 3860만 유로(1조 6590억 원)에 달할 정도이다.

로레알이 개발한 AI 기반 스마트 틴트 디바이스 '입생로랑 루즈 쉬르 메쥬르'는 국내에 출시되자마자 품절될 정도로 인기를 끌었다. 개인 맞춤형 뷰티 시스템 '페르소(Perso)'를 처음으로 적용한 립 컬러 메이커로 모바일 앱을 기기와 연동해 맞춤형 립스틱 색상을 즉석에서 제조할 수 있다. 립스틱을 고르기 전에 자신의 피부 톤과 얼굴 형태, 입술 모양 등을 분석한 결과값을 바탕으로 최적의 색상을 추천받고, 증강현실 앱을 통해 해당 색상의 립스틱을 자신의 입술에 얹어본 뒤, 최종 구매 여부를 판단한다.

로레알은 AI 기반 알고리즘으로 피부 노화 상태를 진단하는 '랑콤 스킨스크린'도 개발해 안티에이징(anti-aging) 분야에도 관심을

자료: 로레알 홈페이지

두고 있다. '스킨스크린(SKIN SCREEN)'은 AI 알고리즘에 데이터로 축적해온 피부 노화 지식과 데이터베이스가 더해져 완성된 피부진단 기기다. 얼굴 전체를 촬영해 일반광, 편광, UV광의 세 가지 광선을 통해 표피부터 기저 층의 피부 상태, UV로 인한 피부 손상도 등 총 10가지 피부 상태를 측정할 수 있다. 연령별 피부 데이터를 기반으로 AI가 분석해 고민별 맞춤 해결 방안과 피부 상태에 맞는 제품을 추천해주기도 한다.

CES의 전망대로 과연 2024년에는 뷰티테크와 안티에이징이 핫 트렌드로 떠오를 것인가? 인간의 영원한 욕망인 '아름다움의 추구'와 'AI'라는 혁신적인 기술이 만나 어떤 빅뱅이 일어날지 벌써부터 사람들의 눈과 귀는 라스베이거스를 향해 있다.

2024년 뷰티테크 트렌드는 AI 기반의 '초개인화'

화장은 개인의 아이덴티티와 자신감을 표현하는 최고의 수단

'아름다움, 미(美, beauty)'에 대한 추구는 인간의 오래된 욕망이자 본능과도 같다. 그리고 그 아름다움을 돋보이게 해주는 수단 중 하나가 바로 화장(化粧, make-up)이다.

화장은 인류의 오랜 역사 속에서 함께해왔다. 인류의 화장 역사를 살펴보면 스페인 남부 무르시아에서 발굴된 조개껍데기에서 화장품으로 추정되는 물질이 발견되었다. 이것은 5만 년 전 네안데르탈인들이 화장을 했다는 증거로, 이들은 화장품을 보관하고 화장 도구로도 사용했다.

이집트의 고대 무덤 벽화에는 눈 화장을 짙게 한 남녀의 모습이 그려져 있다. 눈 주위를 검은색이나 녹색으로 칠해 눈을 더욱 돋보이게 했는데, 이집트인들의 화장은 단순한 미의 표현뿐만 아니라 눈을 보호하는 기능적인 측면도 있었다. 로마와 그리스에서도 화장 문화는 활발했다. 그리스에서는 하얀 피부가 상류층의 상징으로 여겨졌고, 로마에서는 귀족 여성들이 화장을 통해 자신의 능력과 부를 과시했다.

화장은 시대와 문화에 따라 다양한 의미와 기능을 가진다. 단순한 미의 표현뿐만 아니라, 사회적·문화적·건강적인 기능까지 포함하고 있다. 그리고 오늘날에 이르러서 화장은 개인의 아이덴티티와 자신감을 표현하는 중요한 도구로 자리 잡았다. 단순히 외모를 아

화장은 개인의 아이덴티티와 자신감을 표현하는 수단으로 자리 잡았다.

자료: 해외 언론

름답게 만드는 도구가 아니라, 개인의 자신감을 높이고 자아를 표현하는 중요한 수단인 것이다.

특히 노인이나 신체의 움직임이 불편한 사람들에게는 화장이 그들의 삶의 질을 향상시키는 데 큰 역할을 한다. 이들의 상황에 맞춘 특별한 화장품과 도구들도 있다. 예를 들면 큰 핸들의 브러시나 쉽게 잡을 수 있는 화장품 용기, 시각장애인들을 위한 점자 표기가 있는 화장품 등이다.

생성형 AI와 뷰티 산업이 결합한 뷰티테크

뷰티테크(Beauty Tech)는 '뷰티(Beauty)'와 '기술(Technology)'의 합성어로, 뷰티 관련 제품 및 서비스와 IT 기술이 결합된 산업 분야를 의미한다. 뷰티테크는 최근 크게 성장하고 있는 분야로, 다양한 기술적 혁신을 통해 개인화되고 맞춤화된 뷰티 관련 제품 및 서비스를 제공하고 있다.

예를 들어 AI와 스킨케어 센서를 활용해 사용자의 피부 타입과 상태를 분석하고 그에 맞는 화장품이나 스킨케어 제품을 추천하거나, 증강현실 기술을 활용해 사용자가 원하는 화장품을 가상으로 시도해볼 수 있게 한다. 3D 프린팅 기술을 활용해 사용자의 피부에 맞는 화장품이나 마스크를 제작할 수도 있고, 빅데이터와 AI를 활용해 사용자의 기초 데이터를 분석해 그에 따른 트렌드나 제품 추천을 제공하기도 한다. 실제로 로레알에서 개발한 스팟스캔

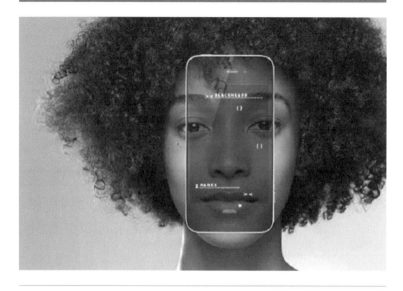

자료: 로레알 홈페이지

(SpotScan)은 사용자의 피부를 3개의 셀카로 분석하고 예측 AI를 사용해 그에 맞는 스킨케어를 제안하고 있다.

챗GPT가 불러온 생성형 AI 붐은 뷰티테크에도 큰 영향을 미쳤다. 인간의 언어를 이해하고 반응하는 능력을 가진 생성형 AI는 고객과 상호작용하는 방식을 혁신적으로 바꿔준다. 생성형 AI를 사용함으로써 뷰티 기업은 제품 추천을 강화하고 고객 경험을 개인화할 수 있다. 고객의 선호, 피부 유형 및 기타 요인을 기반으로 개인화된 제품 추천을 제공함으로써 뷰티 기업은 고객 경험을 향상시키고 매출을 늘릴 수 있다. 생성형 AI는 여러 국가에서 운영되는 뷰티 기업에게 있어 다양한 언어로 고객 서비스와 지원을 제공할 수도 있다.

생성형 AI를 통한 고객 경험의 개인화는 자연어를 이해하고 반응하는 능력을 활용해 고객의 선호, 피부 유형 및 기타 요인을 기반으로 개인화된 제품 추천을 제공함으로써 달성될 수 있다. 고객은 챗봇과의 대화를 통해 피부 유형, 관심사 등의 정보를 제공하고, 생성형 AI는 이 정보를 사용해 고객의 특정 요구에 맞춰 개인화된 제품 추천을 할 수 있다. 예를 들어 "나는 지성 피부를 가지고 있으며, 기름기를 조절하고 여드름을 줄일 수 있는 보습제를 찾고 있다. 여기에 맞는 제품을 추천해줘"와 같은 요구를 하면, 생성형 AI는 고객의 요청을 이해하고 특정 요구에 맞는 제품을 추천할 수 있다.

또한 생성형 AI는 사용자에게 맞춤화된 제품 설명, 마케팅 콘텐츠 및 기타 자료를 제공하는 데에도 사용될 수 있다. 이를 통해 고객에게 더 개인화되고 참여적인 경험을 제공해 구매 가능성을 높일 수 있다.

나의 아름다움과 아이덴디티를 극대화하는 뷰티테크

최근 뷰티 업계의 트렌드는 AI, 가상현실·증강현실 등 최신 IT 기술을 이용한 '초개인화'이다. 한 사람 한 사람의 조건과 요구사항을 세밀하게 분석해 개인에게 최대한으로 맞춤화된 서비스와 제품을 제공해 만족도를 높인다는 전략이다.

커스텀미(CUSTOM.ME)는 모바일 피부 분석 서비스, 피부 밸런스 맞춤 제품, 일대일 전담 매니저 서비스를 통해 고객 개개인에게 특화된 맞춤 뷰티 서비스를 제공한다. 언제 어디서나 스마트폰을 활용해 커스텀미 브랜드 홈페이지에서 얼굴 사진을 촬영하고 간단한 질문에 답변하면 피부 고민에 따른 맞춤 분석과 스킨케어 솔루션을 확인할 수 있다. 특히 피부 연구 전문가의 고품질 임상 데이터를 활용한 자체 개발 'AI 피부 분석 서비스'는 고객에게 보다 정밀하고 전문적인 분석 결과를 제공해 만족도를 높인다.

시중에 판매되는 파운데이션이나 쿠션이 피부 색깔과 딱 맞지 않아 늘 아쉬웠던 사람에게 유용한 서비스도 있다. 아모레퍼시픽은 '실키 스테이 파운데이션'을 총 125개의 색상으로 구성해 개인의 피부 톤과 가장 잘 맞는 제품을 선택할 수 있도록 돕는 '실키 스테이 커스텀 매치' 서비스를 개발했다. 이 서비스는 피부 톤을 측정

스킨텔리전트가 개발한 AI 피부진단 솔루션

자료: 스킨텔리전트 홈페이지

해 적합한 파운데이션 색상을 제안하고, 전문 교육을 받은 조제 관리사가 현장에서 바로 제조한 파운데이션을 구매할 수 있도록 도와준다.

싱가포르 뷰티 스타트업 스킨텔리전트(Skintelligent)는 AI 피부 진단 기술을 개발해 초개인화된 피부 솔루션을 제공한다. AI 피부 진단 도구는 설문을 통해 고객의 피부 상태, 유형, 관심 부문 등의 정보를 수집하고, 셀카를 분석해 모공·색소·나이·다크서클·위치 등의 정보를 기반으로 종합 분석해 피부 문제를 해결한다.

"거울아 거울아 세상에서 제일 예쁜 얼굴로 만들어줘"라고 요청하면 척척 대답해주는 마법의 거울이 있다면 얼마나 편리할까? 외모와 건강 상태를 체크하고 컨설팅해주는 아이콘닷에이아이(ICON.

아이콘닷에이아이가 개발한 AI 기반 음성인식 스마트 미러

자료: CES 홈페이지

AI)는 거실, 침실, 욕실 등 다양한 공간에서 나의 얼굴을 분석해주는 AI 기반의 음성인식 스마트 미러를 선보였다. 하루에도 몇 번씩 바라보는 거울이 자동으로 내 얼굴을 분석해서 피부 관리법 또는 화장법을 추천해주는 정말 마법의 거울이다. AI 비서 기능, 피부 분석, AR 메이크업, 블루투스 스피커, 테이블 무드 램프 등의 기능까지 갖추어 거울이 아닌 개인 비서와도 같은 역할을 수행한다.

이렇게 초개인화된 뷰티테크 덕분에 전 세계 뷰티테크 시장 규모는 2030년에 약 100조 원에 달할 것으로 예상된다. 한국의 홈 뷰티 기기 시장 역시 2013년 800억 원 규모에서 2023년에는 1조 6000억 원까지 성장했다.

'늙고 싶지 않은' 인간의 욕망이
기술과 만나다, 안티에이징

회춘의 비법을 듣고 싶으면 줄을 서시오

미국 보스턴 컨벤션센터의 한 과학 연구 발표회장. 이곳에 한 남자의 발표를 듣기 위해 엄청난 규모의 인파가 몰려들었다. 심지어 경찰이 발표회에 들이닥쳐 청중의 절반을 내쫓는 일까지 벌어졌다. 소방법상 일정 규모 이상의 인파가 모여들면 행사가 중단돼야만 하기 때문이다. 유명 영화배우나 가수도 아닌 일개 기업 CEO의 연설을 듣기 위해 통로를 가득 메운 사람들은 공간을 차지하기 위해 서로 밀치고 다투기까지 했다. 밖으로 쫓겨난 사람들은 여전히 문 주변을 서성였지만 컨퍼런스 관계자는 "다시 들어갈 수 없다"고 못 박았다.

대체 누가 발표하길래 이 난리가 벌어진 것일까?

발표자의 이름은 후안 카를로스 이즈피수아 벨몬테(Juan Carlos Izpisua Belmonte). 그는 다름 아닌 노화 방지 스타트업 알토스랩스(Altos Labs)의 CEO이자 '회춘' 분야 전문가이다. 발표회장에서는 노화 방지 기술 발표가 진행되었고, 그의 발표를 듣기 위해 학계 및 기업 관계자들이 앞다투어 몰려든 것이다.

사실 보스턴에서 개최된 발표회는 줄기세포 연구자들의 회의였다. 그런데 줄기세포 연구자들은 신체를 발달시키는 분자 프로그램 복제를 시도하면서 새로운 사실을 발견했다. 그 발달 과정을 거꾸로 되돌리면 늙은 동물을 젊게 만들 수 있다는 사실이었다. 그리고 '세포 리프로그래밍(cellular reprogramming)'이라 불리는 새로운 역노화 기술 개념을 주창한 이즈피수아 벨몬테가 발표한다는 소식을 들은 사람들은 '회춘의 비법'을 듣기 위해 보스턴 컨벤션센터로 몰려든 것이다.

스페인 출신의 벨몬테는 2016년에 특별한 리프로그래밍 단백질 혼합물을 투여받은 아픈 쥐들이 예상보다 30% 더 오래 살았다는 내용의 연구 내용을 발표했다. 동물들의 노화 역행 연구를 해온 벨몬테는 회춘 기술을 연구하기 위해 설립한 알토스랩스에 합류했다. 30억 달러(약 4조 원)의 막대한 창업 자금을 보유한 알토스랩스는 생명과학 스타트업 중 역대 최대 규모의 자금을 유치한 곳 중 하나로, 바이오 및 생명과학 분야의 오픈AI라 할 수 있다.

이즈피수아 벨몬테는 알토스랩스의 샌디에이고 연구소를 이끌고 있는데, 그는 발표에서 회춘 현상 또는 조직의 노화 역행 현상

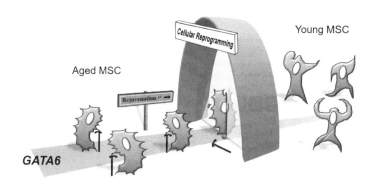

노화한 줄기세포(MSC, mesenchymal stem/stromal cells)를
세포 리프로그래밍으로 젊게 만든다.

Aged MSC

Cellular Reprogramming

Young MSC

Rejuvenation

GATA6

자료: AlphaMed Press

을 뒷받침하는 여러 증거들을 공개했다. 노화 현상은 '후성유전체
(epigenome)'와 관련이 있는데, 이 후성유전체는 유전자 자체 또는
주위에 있는 일련의 화학적 제어 장치로 어떤 유전자를 활성화할지,
비활성화할지를 결정한다. 이들은 개별 유전자나 염색체의 영역을
제어해 활성화 또는 비활성화를 결정한다.

벨몬테는 이러한 제어 시스템의 '장애'가 노화 및 많은 질병의
근본 원인이라고 설명한다. 그는 세포를 회춘시키기 위해 후성유전
체를 리프로그래밍하거나 초기화하는 방법을 연구했고, 발표에서
리프로그래밍된 세포가 어떻게 스트레스와 손상에 더 탄력적으로
반응하는지를 보여줬다. 실제로 리프로그래밍된 세포들은 더 젊은
상태로 활동하는 것처럼 보였다.

상당수의 연구자들은 벨몬테의 극단적인 주장에 더 많은 증거

가 필요하다고 말한다. 그럼에도 불구하고 보스턴 컨벤션센터에서 벌어진 소동은 많은 연구자가 생명의 비밀을 밝히는 데 얼마나 많은 관심을 갖고 있는지를 보여준다. 생명의 과정을 되돌리는 것은 과학자에게 어찌 보면 궁극의 업적이라고 할 수 있다. 과학이 노화 역행을 얼마나 막을 수 있는지 그 실체를 보기 위해, 그리고 그 답을 찾기 위해 많은 사람이 벨몬테 앞으로 모여든 것이다.

세계 부호들의 제1 관심사는 노화 방지와 생명 연장

'안티에이징(anti-aging)'은 노화를 늦추려는 모든 노력과 연구를 가리키는 용어이다. 이 개념은 건강하고 젊은 외모를 유지하려는 인간의 욕구와도 연결돼 있는데, 초기에는 주로 피부 노화를 줄이거나 방지하는 제품을 설명하기 위해 사용되었다. 크림, 보충제, 파우더, 차 등 다양한 제품에서 '안티에이징'이라는 용어가 사용되면서, 젊어 보이게 하거나 피부 노화를 늦춰주는 기능적 측면을 강조한 마케팅 차원에서 많이 이용되었다.

사실 노화를 늦추는 가장 좋은 방법은 균형 잡힌 식단, 꾸준한 운동, 스트레스 관리, 충분한 휴식 등이다. 특히 항산화 성분을 많이 포함한 식품(블루베리, 고등어, 녹차 등)은 안티에이징에 도움이 된다고 알려져 있다. 화장품 중에서는 레티놀, 펩타이드, 항산화물질, 히알루론산 등의 성분이 포함된 제품들이 안티에이징 제품군으로 판매되고 있다.

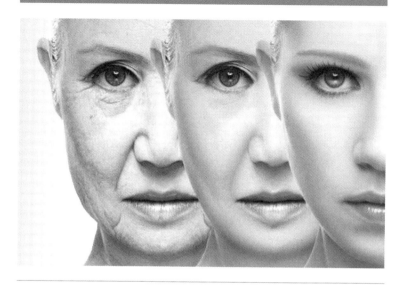

자료: napoleanskinhospital

　식이제한이 노화를 지연시키고 수명을 연장시킨다는 연구 결과
도 있다. 원숭이나 생쥐의 경우, 식단의 열량을 줄이거나 간헐적 단
식을 하게 되면 성인 질환과 두뇌 퇴행이 줄어들고 수명은 늘어난
다고 한다. 심지어 젊은 쥐의 혈액을 늙은 쥐에게 주입하면 늙은 쥐
의 건강 상태가 젊어진다는 연구 결과도 있는데, 이를 본떠 미국의
40대 백만장자 사업가는 회춘하기 위해 자신의 열일곱 살 친아들의
피를 수혈받는 '엽기적인' 일을 벌여 화제가 되기도 했다(하지만 결
국 이 실험은 얼마 가지 않아 중단되었다).

　안티에이징을 의학적 관점에서 접근해 근본적으로 노화를 늦추
거나 억제하려는 시도도 있다. 호르몬 치료, 줄기세포 치료, 유전자

치료 등 다양한 의학적 방법들이 노화와 관련된 문제를 치료하거나 예방하기 위해 연구되고 있다.

앞서 언급한 알토스랩스는 억만장자들이 회춘 기술을 연구하기 위해 설립한 회사로, 안티에이징 분야에서 가장 앞서 나가고 있는 기업이다. 알토스랩스는 세포에 단백질을 추가해 해당 세포가 분화 전 줄기세포와 비슷한 상태로 돌아가도록 하는 '리프로그래밍' 기술을 집중 연구하고 있는데, 100만 달러(약 11억 5000만 원) 이상의 연봉을 제시하며 유전과학자 등을 끌어모으고 있다. 이 안티에이징 기술이 구현되면 인간 수명을 50년이나 연장할 수 있을 것으로 보고 있다.

특히 세계 최고 부호인 아마존의 설립자 제프 베이조스(Jeff Bezos)가 알토스랩스에 투자한 사실이 알려져 화제이다. 베이조스는 주주들에게 보낸 퇴임사에서도 진화생물학자인 리처드 도킨스(Richard Dawkins)의 저서를 인용하며 생명 연장에 대한 높은 관심을 보여주었다. 베이조스 외에 러시아 과학자 출신 억만장자 유리 밀너(Yuri Milner)도 이 기업에 투자해 세계 부호들의 최고 관심사는 '노화 방지', '생명 연장'임을 알 수 있다.

오픈AI의 CEO 샘 알트먼도 생명 연장을 연구하는 기업 레트로바이오사이언스(Retro Biosciences)에 1억 8000만 달러를 투자했다. 레트로바이오사이언스는 2022년에 "건강한 인간의 수명을 10년 연장하고자 하는 임무를 위해 자금을 확보했다"고 밝혔는데 당시엔 그 출처가 밝혀지지 않았었다. 그런데 자금의 출처가 바로 샘 알트먼이었던 것이다. (오픈AI가 아닌 개인 차원에서의 투자이다. 그나마 알트면은 건강한 식사와 규칙적인 운동을 하면서 노화 방지에 애쓰고 있다.)

《제로 투 원》의 저자이자 페이팔의 설립자인 피터 틸(Peter Thiel)은 제프 베이조스와 함께 유니티 바이오테크놀로지(Unity Biotechnology)에 투자했다. 이 회사는 세포를 회춘시키는 리프로그래밍과 달리 노화세포를 아예 없애버린다. '좀비세포'라고도 불리는 노화세포는 주변 정상 세포에까지 영향을 미쳐 뇌졸중, 골다공증, 근육 약화 같은 다양한 노화 관련 질병을 야기하는데, 노화세포를 제거하는 물질을 투여하면 수명이 17~35%까지 늘어난다고 한다. 유니티 테크놀로지는 현재 안구 혈관에 축적된 노화세포를 제거해 노인성 안과 질환을 치료하는 약물을 개발해 임상시험 중에 있다.

이 밖에도 고령화 연구에 초점을 맞춘 칼리코 생명공학은 구글

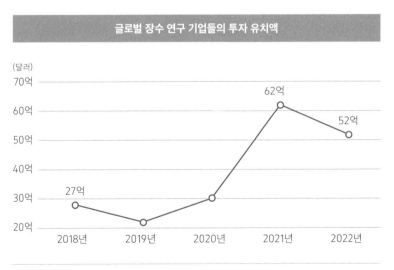

글로벌 장수 연구 기업들의 투자 유치액

(달러)

자료: First Longevity Ltd

'노화와 전쟁'에 투자하는 글로벌 큰손		
회사명	사업 내용	주요 투자자
레트로 바이오사이언스	세포 재프로그래밍, 혈장 기반 노화 치료제 연구	샘 알트먼(오픈AI 창업자)
알토스 랩스	세포 회춘 기술 연구	유리 밀너(DST 글로벌 창업자), 제프 베이조스(아마존 창업자)
헤볼루션 재단	노화 방지 연구에 연간 10억 달러 투자	무함마드 빈 살만 (사우디아라비아 왕세자)
유니티 바이오테크놀로지	노화 세포 제거 기술 연구	제프 베이조스(아마존 창업자), 피터 틸(페이팔 창업자)

자료: First Longevity Ltd

을 포함한 유명 투자자들의 지지를 받고 있고, '석유 부자' 무함마드 빈 살만 사우디아라비아 왕세자가 이사회 의장으로 있는 헤볼루션 재단은 노화 연구에 매년 10억 달러를 지원하겠다고 밝혔다.

2022년 기준 전 세계 노화 방지 연구 기업들의 투자 유치액은 큰 손들의 투자가 이어지면서 52억 달러(약 6조 8000억 원)에 달했다. 덕분에 안티에이징에 대한 연구도 가속화되는 분위기다.

진시황제도 중국을 통일하고 나서 한 일은 불로장생에 대한 연구였다. 세상의 모든 부와 권력을 가진 사람들이 노화 방지와 생명 연장에 관심을 갖는 일은 어찌 보면 당연한 일인지도 모르겠다. 먼 미래에는 10년을 되돌릴 수 있는 약물을 처방받는 일이 일상이 될 수도 있다. 다만 안티에이징의 발전은 부와 건강, 권력의 빈부 격차를 확대할 위험을 갖고 있다. 안티에이징 기술이 소수의 부자만을 위한 기술로 전락하지 않기 위해서는 좀 더 많은 고민과 논의가 필요할 것으로 보인다.

인류의 노화,
AI가 막아주고 관리한다

시간이 흐르면 인간은 늙는, 노화(老化) 현상은 당연하면서도 거스를 수 없는 법칙과도 같다. 브래드 피트 주연의 영화 〈벤자민 버튼의 시간은 거꾸로 간다〉에서 80세의 신체를 지닌 주인공은 시간이 지날수록 회춘해 점점 젊어지고 어려져 마침내는 갓난아기의 모습으로 돌아가기에 이른다. 아기까지는 아니더라도 영화처럼 노화 이전의 젊고 건강한 몸으로 되돌아가고 싶은 마음은 모든 인류가 바라는 꿈일 것이다. 줄기세포나 역노화세포 등 바이오 과학 측면에서 노화를 막아보려는 연구가 진행되고 있지만, AI를 이용해 노화의 비밀과 치료법을 찾는 연구도 최근 들어 주목을 받고 있다.

AI가 노화작용 세포를 제거하는 후보물질들을 찾아내다

매사추세츠공과대학(MIT) 연구팀은 AI를 이용해 좀비처럼 죽지 않는 '항노화 약물 후보물질'을 발견했다. 이 연구팀은 심층 신경망(DNN) 기반 AI 모델을 통해 섬유화, 염증, 암 등 노화와 관련한 작용을 억제하는 화합물 3개를 발견하고 연구 결과를 국제학술지《네이처 에이징》에 발표했다. DNN은 인간의 신경망을 모방해 여러 개의 가상 신경이 방대한 자료를 축적, 분석하는 머신러닝 기법이다.

노화를 억제하기 위해서는 노화작용과 관련된 세포를 선택적으로 죽여야 한다. 유전자 제어를 통해 노화작용 관련 세포를 없앨 수 있는 화합물이 몇 가지 개발되긴 했지만 유전독성(어떤 물질이 DNA나 염색체에 직접적으로 손상을 주어 형태적 변화나 기능적 이상을 일으키

자료: 유튜브 SOD 채널

는 현상)에 취약하다는 단점이 있었다.

MIT 연구팀은 체내 주변 환경에 견딜 수 있는 화합물을 찾기 위해 AI를 활용했다. 심층 신경망을 통해 AI가 세포 노화를 일으키는 활동을 예측할 수 있도록 학습시켰다. 이렇게 학습된 AI를 사용해 세포의 노화작용을 억제할 수 있는 화합물을 선별하도록 했다.

그 결과 AI는 80만 개의 후보물질 중 3개의 후보물질을 제시했다. 분석 결과 이 후보물질들은 먹어서 섭취해도 항노화작용이 유지됐으며 적혈구를 파괴하거나 유전독성을 일으키지 않았다. 기존 항노화물질과 달리 주변 환경에 영향을 받지 않고 효과를 유지했다.

동물실험에서도 AI가 제시한 후보물질들은 노화작용을 억제하는 것이 확인됐다. AI가 아니었다면 아직도 80만 개의 후보물질을 실험해가며 시행착오를 겪고 있었을 것이다. 후속 연구는 역시 AI를 이용해 이 후보물질들이 세포에 어떤 스트레스를 일으키는가에 대해 확인하는 일이다. AI가 찾아낸 먹는 노화 방지약이 세상에 나올 날도 멀지 않은 듯하다.

AI가 혈관 노화의 치료법과 노화 속도를 알려준다

건국대학교 의학전문대학원 연구팀은 자체 개발한 AI 알고리즘을 이용해 혈관 노화 관련 핵심 인자 및 생물 경로를 발굴해 노인성 혈관질환 치료의 새로운 패러다임을 제시했다. "혈관이 늙는 만큼 사

혈관 내피세포 노화 전사체 지도

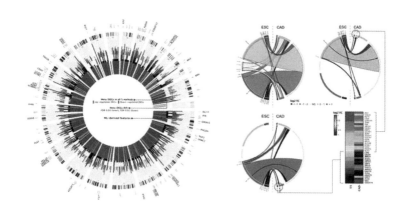

자료: BRIC 홈페이지

람은 늙는다(A man is as old as his arteries)"라는 말이 있을 정도로 혈관 노화는 노인성 질환의 핵심 원인으로 인지돼왔다. 하지만 여전히 혈관이 어떻게 늙어가는지 노인성 혈관질환의 분자생물학적 메커니즘은 불분명하다.

이 연구팀은 자체 개발한 기계학습 기반 메타분석 알고리즘 (MLMA, machine learning-based meta-analytic methods)을 이용해 혈관 노화의 특이적 전사체 지도를 완성했다. 메타분석은 독립적이지만 유사한 관련 연구의 데이터 통계량을 통합해 결과의 일관성을 평가하고 통계적 정확성과 검증력을 높이는 통계기법이다.

연구팀은 새로운 형태의 AI 메타분석 알고리즘을 개발해 새롭게 혈관 노화 관련 400개의 차별 유전자와 36개의 핵심 유전자와 관련 생물 경로를 찾아냈다. 새롭게 발굴한 생물 경로 중 특히 단일탄소대사(지질, 핵산, 단백질 등의 생합성에 변화를 일으키고, 산화 환원 상태 및 메틸화 반응에 대한 기질 변화 등 체내 다양한 대사 변화를 초래)의 핵심 대사경로인 세린 아미노산 생합성의 대사에 관여하는 효소가 혈관내피세포 노화에 매우 중요한 역할을 한다는 사실을 밝혀냈다.

단일탄소대사를 표적으로 하는 많은 항암제가 활발히 연구되고 있는 상황에서 AI를 활용한 새로운 발견들은 노인성 혈관질환의 제어에 매우 중요한 단서를 제공할 것으로 기대된다.

노화로 인한 시력 저하 치료법을 제시하다

AI를 이용해 노화로 인한 '시력 저하' 치료법을 찾기도 한다. AI 커뮤니티 기업 '모두의연구소'는 나이 관련 황반변성(AMD, Age-related Macular Degeneration) 치료 결과를 예측하는 AI 기술 연구를 진행하고 있다. AMD는 나이가 들면서 시력에 중요 역할을 하는 중심망막(황반) 부위가 손상돼 시각 저하를 일으키고 심하면 실명에 이르게 하는 질병이다. 50세 이상 연령층에서 주로 발생하는데 서양에서는 60세 이상 인구의 실명 1위 질병으로 꼽힐 정도이다.

AMD 치료 방법 중 하나는 혈관내피세포의 혈관신생을 촉진하는 당단백인 '혈관내피성장인자(VEGF)'를 투여하는 것이다. 시중에는 미국 식품의약국(FDA) 승인을 받은 여러 약제가 있는데, 이 약제들은 제품마다 효능이 다르고 환자 체질에 따라 효과도 달라 환자에게 적합한 제품을 투여하는 것이 매우 중요하다. 그래서 생각해낸 것이 AI의 활용이다.

AI로 AMD 환자의 치료 최적 루트를 예측하고, 서로 다른 약제에 따른 치료 결과 차이도 예측할 수 있도록 관련 연구를 시작했다. 그 결과 AI는 단기 치료 결과를 예측하는 데 있어 숙련된 전문의와 비슷한 정확도를 보였고, 서로 다른 약제 이용에 따른 치료 결과를 예측하는 데는 숙련된 전문의보다 더 높은 정확도를 나타냈다.

AMD 치료 결과를 예측하고 환자에게 가장 알맞은 약제를 선택하는 데 있어서 AI가 도움을 줄 수 있다는 것을 증명했고, 안과 분야에서도 AI를 이용한 환자 맞춤 치료가 가능하다는 것을 보여주었다.

의학 기술의 발달로 인류는 100세 시대를 맞이하게 되었다. 하지만 단순히 오래 산다는 것은 축복이 아닌 재앙처럼 여겨질 수 있다. 건강하고 가능한 젊게 오래 살아야 의미가 있다. AI는 노화 과정에서 겪게 되는 다양한 신체적 문제는 물론 심리적 문제들도 해결할 수 있다. AI로 인류가 노화에서 해방되는 날은 언제가 될지, 그런 날이 진짜 올지, 진짜 온다면 인류는 행복해질지 기대와 우려가 교차하는 가운데, 세포의 시간은 오늘도 흐르고 있다.

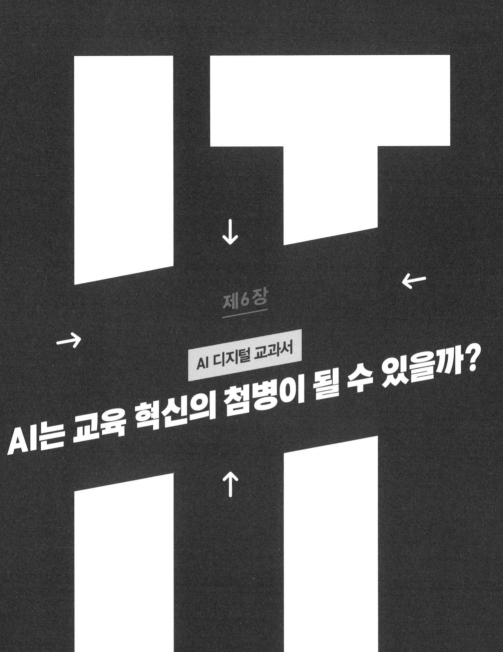

제6장

AI 디지털 교과서

AI는 교육 혁신의 첨병이 될 수 있을까?

챗GPT 등장으로
충격에 빠진 교육계

개학이 되자 다시 늘어난 챗GPT 트래픽과 이용자수

챗GPT의 월간 웹사이트 방문자수와 트래픽은 2023년 6월 이후부터 감소세를 보이면서, 초반에 보였던 챗GPT에 대한 관심과 열기는 서서히 가라앉고 있다. 웹사이트에 머무는 시간도 3월 이후 매월 감소해 평균 8.7분에서 8월에는 7분으로 줄었다.

그런데 2023년 8월 기준 챗GPT 순방문자수가 1억 8000만 명에서 1억 8050만 명으로 0.3%가량 증가했다. 챗GPT 트래픽도 소폭 늘어났다. 추세가 역전될 정도의 의미 있는 반등은 아니지만, 흥미로운 변화이기는 했다.

이용자수와 트래픽이 늘어난 이유는 다름 아닌 '개학'이었다. 개학이 되면서 챗GPT로부터 숙제 도움을 받으려는 학생들의 챗GPT 사용이 증가했기 때문이었다. 여름 동안 챗GPT를 사용하는 학생들의 비율이 감소했다가 개학으로 다시 소폭 증가한 것이다.

학생들의 숙제에 이용자수가 오르락내리락하는 이 현상은 챗GPT가 교육계에 얼마나 지대한 영향을 미치고 있는지를 단적으로 보여주고 있다. 여러 분야 중에서도 챗GPT의 등장으로 가장 많은 충격과 직접적인 영향을 받은 곳은 다름 아닌 교육계였다.

챗GPT 돌풍은 온라인 교육업체 주가에도 영향을 미쳤다. 미국의 온라인 교육업체 체그(Chegg)가 "챗GPT로 신규 고객 확보에 어려움을 겪고 있다"고 밝히자마자, 주가가 하루 사이에 50% 가까이 폭락했다. 코로나 팬데믹 당시 대표 수혜 기업으로 떠올랐던 체그는

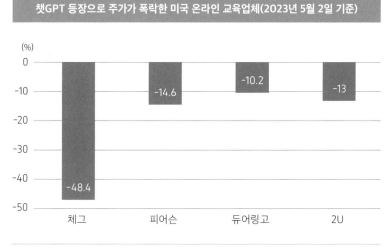

챗GPT 등장으로 주가가 폭락한 미국 온라인 교육업체(2023년 5월 2일 기준)

자료: 언론 종합

에세이 작성, 시험 대비 등의 교육 서비스를 온라인상으로 제공하고 회원들로부터 구독료를 받는 방식으로 큰 인기를 누렸다. 그러나 챗GPT 등장 이후 학생들이 과제나 숙제, 시험 대비를 위해 자사의 유료 서비스 대신 챗GPT를 더 많이 이용하면서 신규 가입자 확보에 어려움을 겪게 된 것이다.

이제껏 본 적 없는 AI의 등장으로 멘붕에 빠진 교육계

미국의 교사들은 챗GPT를 이용해 숙제를 하거나 부정행위를 저지르는 학생들 때문에 큰 고심에 빠졌다. 이는 대학교도 마찬가지다. 미국 중서부 지역의 한 대학생은 두 번이나 챗GPT로 숙제를 했다고 고백하면서, 앞으로도 시험을 치를 때 챗GPT를 사용할 계획이라고 소신을 밝혔다. 실제로 와튼스쿨에서 챗GPT에 MBA 핵심 코스의 한 기말시험을 치르게 한 결과 일부 오류가 있었지만, B 또는 B- 학점을 줄 수 있는 수준이었다고 밝혔다.

상황이 이쯤 되자 와튼스쿨의 이선 몰릭(Ethan Mallic) 교수는 아예 학생들에게 챗GPT 사용을 허용한 것은 물론 이를 의무적으로 사용하도록 했다. 챗GPT를 이용한 부정행위를 막는 게 최선은 아니라는 생각에서였다. 대신 학생들은 그 결과를 다른 출처와 비교해 확인해야 하고 AI로 인한 오류나 누락에 대한 책임은 학생 본인에게 있다. 학생들은 AI를 언제 어떻게 사용했는지 인정하고 밝혀야 한다. 교수가 학생들에게 주문한 것은 챗GPT로 무엇을 했는지, 답을 얻으려고 어떤 대화를 했는지 말해달라는 것뿐이다.

반면 AI 경계령을 내린 곳도 있다. 미국 뉴욕시는 챗GPT 등 AI 기술로 과제를 작성하는 사례가 나타나자 공립학교 내 와이파이 (Wifi) 등에서 챗GPT 접근을 차단하도록 했다. 미국 워싱턴대학과 버몬트대학은 학칙을 통해 AI를 활용한 대필을 '표절'로 규정했다. 챗GPT가 개입할 수 없도록 평가 방식 자체를 바꾼 곳도 있다. 조지 워싱턴대학, 럿거스대학, 애팔래치안주립대학은 교실 밖에서 작성해 제출하는 오픈북 과제를 줄이고, 에세이 과제는 강의실에서 교수가 지켜보는 가운데 직접 자필로 쓰도록 했다.

일본에서는 초·중·고생을 대상으로 한 설문조사에서 여름방학 숙제에 생성형 AI를 활용한 비율이 전체의 30%를 넘은 것으로 나타났다. 주로 작문과 보고서 작성, 수학 문제 풀이, 독후감, 외국어 번역 및 문법 확인 등에 사용되었는데, AI를 이용해 방학 숙제를 한 학생의 85%는 AI 덕분에 숙제를 원활하게 할 수 있었다고 답했다. 그러자 도쿄도 교육 당국은 챗GPT의 답변을 그대로 복사해 학생들이 여름방학 과제물로 내지 못하도록 산하 도립 학교에 통지해 학생들의 챗GPT 사용을 원천 봉쇄하고자 했다.

국내 교육계도 상황은 마찬가지다. 챗GPT의 등장으로 비상이 걸렸다. 인간처럼 생각하고 쓰는 챗GPT 열풍에 교사도, 학생도, 학부모도, 정부도 혼란에 휩싸였다.

초·중·고 현장에서는 일단 우려의 목소리가 높다. 수도권의 한 국제학교에서는 재학생 7명이 영문 에세이 과제를 제출하면서 챗GPT를 사용한 사실이 적발됐다. 학교는 'GPT제로(Zero)' 프로그램으로 대필을 잡아냈고, 학생들은 전원 '0점' 처리됐다.

그나마 국내 초·중·고 교육과정은 과제형이 아닌 학교 안에서 진행하는 시험형 수행평가여서 표절 우려는 크게 없다. 학생이 직접 작성했는지 평가할 수 없는 과제들은 이미 수행평가에 반영하고 있지 않는 쪽으로 바꾸고 있어 이 또한 큰 혼란은 없을 것으로 전망된다.

챗GPT 등장 이전과 이후로 달라지는 학교 수업

문제는 앞으로다. 챗GPT와 같은 생성형 AI를 어떻게 이해하고 수업에 활용해야 할지, 또 어떤 점을 염두에 둬야 할지 등의 내용을 교사는 물론 학생, 학부모, 정부 관계자 모두가 이해하고 관련 사안에 대해 지속적으로 논의를 해나가야만 한다.

학생들 입장에서는 챗GPT야말로 학습 격차를 극복할 최고의 대안이다. AI를 통해 모르는 문제의 답과 풀이 과정을 배울 수 있기 때문이다. 대학생 커뮤니티에서는 "챗GPT를 통해 파이썬을 공부하고 있다"는 글이 올라오는가 하면, 챗GPT로 기말고사 공부 시간을 크게 줄였다는 얘기도 회자되고 있다. 복잡한 수학·과학 문제 풀이는 물론 사회·역사적 지식도 방대하고 특히 영어를 비롯한 외국어 학습 역량은 압도적이다.

전문가들도 챗GPT의 등장으로 새로운 시대에 맞는 교수법이 필요하다고 조언한다. 전자계산기가 등장했다고 해서 수학이 사라진 것은 아니다. 교육자들에게 주어진 과제는 학생들에게 이 세상이 다시 어떻게 변했고, 그 변화에 어떻게 적응할 수 있는지 가르치는 일이다.

'챗GPT의 아버지' 샘 알트먼은 "챗GPT 등장 이후의 숙제와 그 이전의 숙제는 완전히 달라질 것"이라고 말한다. 발전된 AI의 이용을 무조건 금지할 수는 없다. 오히려 AI를 잘 활용해 한 단계 더 높은 부가가치를 생산해내는 일에 집중하는 편이 훨씬 낫다.

2025년부터 도입되는
AI 디지털 교과서, 공교육을 혁신하다

26조 원으로 커진 국내 사교육 시장

밤늦은 시간, 대치동 거리에는 학원 수업을 마친 아이들을 태우기 위해 수많은 차로 꽉 차 있다. 주차장을 방불케 하는 대치동 학원가 거리를 가득 메운 자동차들을 볼 때마다 한국 사교육 시장의 어마어마함을 느끼게 된다.

교육부에 따르면 국내 초·중·고 사교육 시장 규모는 2022년 기준 26조 원으로 2007년 20조 4000억 원에서 29.5% 증가한 규모이다. 특히 영어 사교육비는 전체 사교육비의 31~48%를 차지하고 있다. 1인당 월평균 사교육비는 2007년 22만 2000원에서 2022년에는

41만 원으로 두 배가 됐다. 하지만 이 금액은 교육을 받지 않는 학생들까지 통계에 잡혀 평균 41만 원 정도로 나타난 것일 뿐, 교육 현장에선 수능을 대비해 사교육에 집중하는 이들의 교육비를 매월 수백만 원으로 추산한다. 대입 재수를 전문으로 하는 기숙학원이 300만원, 유명 단과학원의 경우는 한 과목 1개월 수강료만 40만 원 수준

국내 초·중·고 사교육비 현황

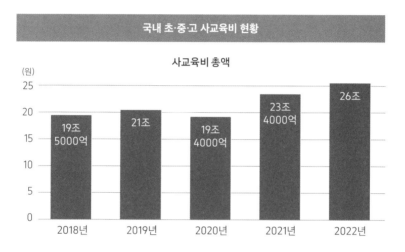

사교육비 총액

(원)

- 2018년: 19조 5000억
- 2019년: 21조
- 2020년: 19조 4000억
- 2021년: 23조 4000억
- 2022년: 26조

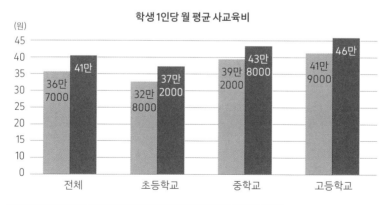

학생 1인당 월 평균 사교육비

(원)

- 전체: 36만 7000 / 41만
- 초등학교: 32만 8000 / 37만 2000
- 중학교: 39만 2000 / 43만 8000
- 고등학교: 41만 9000 / 46만

자료:《경향신문》

주: 전국 초·중·고 약 3000개 학교·학생 약 7만 4000명 대상 조사 결과

이다.

이처럼 사교육에 대한 의존도가 점점 커지고 그에 따른 가계 부담도 늘어나면서 공교육에 대한 신뢰 회복 문제가 이슈로 불거졌다. 공교육이 무너지고 사교육이 과도하게 팽창돼 있는 현 상황에서 정부와 교육계는 근본적인 교육 체제의 변화가 불가피하다고 판단했다. 그래서 마련한 것이 바로 'AI 디지털 교과서'의 도입이다.

2025년부터 도입되는 AI 디지털 교과서

AI 디지털 교과서는 3대 교육개혁 과제인 디지털 교육 혁신의 일환으로, 2025년에 수학, 영어, 정보, 국어(특수교육) 교과에 우선 도입하고 2028년까지 국어, 사회, 역사, 과학, 기술·가정 등으로 확대된다. 2023년 1월 교육부 업무보고와 2월 디지털 교육 혁신방안을 통해 AI 디지털 교과서가 처음 언급되었고, 4개월 후인 2023년 6월에 '인공지능(AI) 디지털 교과서 추진방안'이 발표되었다.

AI 기반의 디지털 교과서 서비스가 공교육에 전면 도입되는 것은 세계 최초로, 2000년대 초 추진되었던 교육 정보화 사업 이후 가장 큰 혁신 교육 프로젝트이다. AI 디지털 교과서는 AI 보조교사가 되어 학생 개인별 맞춤 학습을 지원하는데, 우선은 수학, 영어, 정보 3개 교과에 적용된다.

인공지능(AI) 디지털 교과서 추진방안 (2023. 6. 8.)	인공지능(AI) 디지털 교과서 개발 지침 (2023. 8. 29.)

AI 디지털 교과서 도입 일정	
적용 과목	
수학	AI로 학생 수준별 맞춤형 문제 추천
영어	음성인식 기능으로 말하기·듣기 연습
정보	코딩 실습 강화
적용 일정	
2023년 5월	국어·사회·과학 등 추가 과목 확정
2024년 상반기	AI 디지털 교과서 검정 심사
2025년	수학·영어·정보 초3~4, 중1, 고1 적용
2026년	과목 추가 초5~6, 중2
2027년	과목 추가 중3

자료: 교육부, 언론종합

AI 디지털 교과서, 기존 디지털 교과서와 무엇이 다른가

AI 디지털 교과서가 기존의 디지털화된 교과서와 다른 점은 AI를 기반으로 한 학생 맞춤형 학습 콘텐츠라는 점이다. 기존 디지털 교과서가 종이 교과서를 PDF로 바꾸는 수준에 그쳤다면, AI 교과서는 AI, 가상현실, 증강현실, 빅데이터 등 IT 기술을 활용해 학생들의 학업성취도를 판단하고 맞춤형 교육을 지원한다. 교과서가 'AI

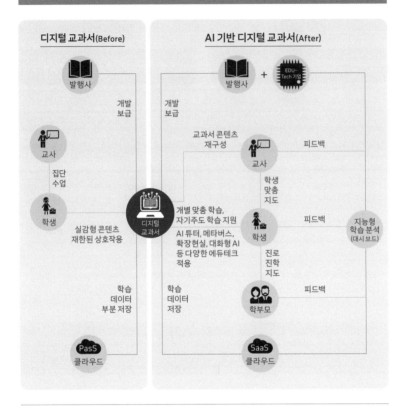

기존 디지털 교과서와 AI 기반 디지털 교과서의 차이점

디지털 교과서(Before)

AI 기반 디지털 교과서(After)

자료: 교육부

튜터(개인교사)'처럼 학생의 강·약점을 파악해 맞춤형 교육을 제공하는 것이다. 그동안 똑같은 난이도의 문제 및 학습 서비스를 제공받았던 학생들은 AI 분석을 통해 개인 수준별 맞춤 학습이 가능해진다.

AI 디지털 교과서는 별도 프로그램이 없는 클라우드 기반 형태로 구축하는데, 클라우드는 인터넷만 있으면 어떤 장치로든 접속할

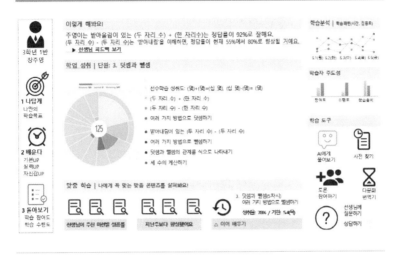

AI 디지털 교과서상에서 학생 본인이 볼 수 있는 대시보드 화면.
해당 교과의 성취율이 표시되며 전주 대비 학습 향상 정도까지 확인할 수 있다.

자료: 교육부

수 있어 학생이 어디에 있든 공정한 교육 기회를 보장받을 수 있다. 진단평가 등 인지영역 정보와 학습 시간·태도 등에 관한 정보는 국가 데이터 허브로도 전송되고, 교과서 발행사들은 클라우드, 보안 등 기본적 서비스를 공통 플랫폼을 통해 제공받을 수 있다.

AI 디지털 교과서, 누가 만드나

AI 디지털 교과서는 기존의 교과서 내용을 충실히 담으면서 AI, 빅데이터, 메타버스 등 최신 IT 기술이 활용되기 때문에 교과서 편찬 경험을 가진 발행사와 IT 기술 역량을 가진 에듀테크 기업의 협력이 절대적으로 필요하다. 기존 교과서 발행사 중에서 서책 편찬부터 AI 디지털 교과서 개발까지 수행할 수 있는 기업은 10개 미만이다. 교과서 편찬 경험이 있더라도 규모가 작은 중소 발행사의 경우, AI 디지털 교과서 개발을 하기 위해서는 에듀테크 기업과의 협력이 불가피하다. 이에 에듀테크 스타트업과 교과서 발행사들은 업무 협약을 맺고 발 빠르게 AI 디지털 교과서 공동 개발에 나서고 있다. 2023년 상반기에 교육부가 주관한 'AI 디지털 교과서 매칭데이'에서는 발행사와 에듀테크 기업 80여 곳이나 참여해 AI 디지털 교과서에 관심이 높음을 보여주었다.

개발사인 에듀테크 기업들은 AI 디지털 교과서를 전자책이 아닌

자료: 교육부

클라우드 기반의 서비스형 소프트웨어(SaaS)로 제작해야 한다. 교육과정에 따라 AI 기능을 활용해 맞춤 학습을 지원할 수 있도록 기능 확장이 쉬운 클라우드 기반 서비스가 필요하기 때문이다. 앞서 언급했듯 진단평가 등 인지영역 정보와 학습 시간·태도 등에 관한 정보는 자체 서버는 물론 국가 데이터 허브로도 전송된다.

AI 디지털 교과서 개발 과정은 어떻게 되나

서책형 교과서는 국정과 검정, 인정 체제로 나눠 개발되었는데 AI 디지털 교과서도 기본적으로 이를 따른다. 국정교과서는 국가가 직접적으로 교과서 저작에 관여하는 것이고, 검정교과서는 민간 교과서 발행사가 개발한 도서를 교육부 장관 검정(檢定, 자격이나 조건을 검사하여 결정)을 통과한 것을 말한다. 인정교과서는 국정이나 검정교과서가 없는 경우 보충적으로 사용하는 교과서로 교육부 장관 인정을 사용할 수 있다. 교과서 개발은 세계적으로 국정에서 검·인정을 거쳐 민간 자율 방향으로 가고 있는 추세이다.

2025년 전면 도입을 앞두고 심사부터 학교 선택까지의 일정을 고려하면 AI 디지털 교과서의 개발 기간은 무척이나 짧다. 이에 교육부는 당초 예정이었던 2024년 5월까지 개발을 완료하고 심사본을 제출하는 것에서 9월 말까지 기간을 연장하기로 했다. 이로 인해 AI 디지털 교과서 개발 기간은 9개월에서 약 1년 정도로 더 늘어났다. 서책형 교과서 학교 선택이 이뤄지는 2024년 9월과는 별도로

AI 디지털 교과서는 2024년 연말경 심사와 학교 선택이 이뤄진다.

　　최대 수억 원이 드는 보안 인증은 한국교육학술정보원(KERIS)에 통합지원센터를 설치해 인증에 들어가는 비용을 최소로 하고 기간도 단축되도록 적극 지원한다. 하지만 저작권 문제, 교육 데이터 기준 정립 등 2025년 도입까지 넘어야 할 산은 여전히 많다.

학교 선생님들은 무엇을 준비해야 하나

AI 교과서 도입은 '잠자는 교실을 깨울 수 있을 것'이라고 강조한다. 하지만 이를 위해서는 교사의 역량이 무엇보다 중요하다. 그래서 교육부는 AI 디지털 교과서를 활용해 수업 혁신을 이끌 '터치(T.O.U.C.H, Teachers who Upgrade Class with High-tech)' 교사단 402명을 선발, 집중 연수를 시작한다. 터치 교사단은 디지털 선도학교의 대표 교사 349명과 시도교육청이 추천한 교사 53명으로 구성됐다. 교과목별로는 수학 45명, 정보 44명, 영어·사회 18명, 사회 17명, 국어 12명, 기술·가정 10명, 기타 13명이다.

　　터치 교사단은 연수가 끝나면 디지털 선도학교를 중심으로 본격적인 활동에 돌입한다. 교원들의 AI 디지털 교과서 적응을 도울 뿐만 아니라 학교 현장의 전반적인 에듀테크 활용을 활성화하고 교원의 디지털 역량을 강화하는 데 필요한 정책도 제언하게 된다.

　　AI 디지털 교과서가 도입이 되면 학교 선생님들은 AI 보조교사의 도움을 받아 보다 증강된 선생님의 역할을 수행하게 된다. 디지털 교과서를 이용한 토론 및 프로젝트 속에서 학생의 학습 역량(지식정보 처리, 창의적 사고, 협력적 소통, 자기관리)을 파악하는 동시에, 학습 역량·목표·속도를 고려한 맞춤형 콘텐츠를 실시간으로 제공한다. AI 기반의 지능형 코칭을 통해서는 학생의 정서·행동 특성을 파악하고 지원한다.

AI 디지털 교과서 시대가 되면서 선생님은 지식 전달에 많은 비중을 두기보다 학생들을 격려해주고 이끌어주는 러닝메이트로 역할이 변화할 것이다. 하지만 아무리 AI 기술이 발달해도 AI 디지털 교과서는 보조도구이지, 선생님을 대신할 수는 없다. 학생들에게 맞춤형 수업을 하려면 많은 관찰이 필요한데, 교사도 쉽지 않은 맞춤형 수업을 AI에 기대하는 것은 무리일 수 있다. 학업 성취에 뒤처

AI 디지털 교과서 도입으로 더욱 중요해진 선생님의 역할

토론·프로젝트 학습

디지털 교과서 학습

① AI 역량 분석 코파일럿 기술
교사와 학생 파악 능력 증감

맞춤형 학습　　자기 조절 학습

② AI 맞춤형 콘텐츠 생성 코파일럿 기술
교사와 학생의 인간적 능력 증강

증강된 교사
현장 교사 + 인공지능 코파일럿

③ AI 지능형 코칭 코파일럿 기술
교사의 맞춤형 교육 제공 증강

자료: HAI Lab 홈페이지, https://hai.seoultech.ac.kr/subList/20000005609

진 학생일수록 상담을 통해 기초학력을 끌어올릴 필요가 있어 AI 디지털 교과서가 도입되면 선생님의 역할은 오히려 더 중요해진다.

AI는 교육 혁신의 첨병이 될 수 있을까

학생별 맞춤형을 가능하게 하는 빅데이터 분석과 추천 알고리즘

AI 디지털 교과서가 내세우는 가장 강력한 강점은 AI에 기반한 '맞춤형 학습'이다. 맞춤형이란 말 그대로 상대방의 상황에 맞춰서 무언가를 제공한다는 것이다. 이게 가능하려면 지피지기(知彼知己), 즉 상대방(학생, 학습자)을 알고 나(AI, 교사, 학습지도자 등)를 알아야 한다. 상대방의 정보를 충분히 파악해 면밀히 분석하고, 거기에 내가 가진 정보가 무엇이 있는지를 숙지해 빠르게 매칭시켜 제공해야만 맞춤형이 가능해진다. 그러기 위해선 당연히 많은 양의 데이터가 필요하고, 거기에 더해 이 데이터들을 빠르게 분석하고 매칭시켜줄 수 있는 AI가 필요하다.

AI에 기반한 가장 대표적인 맞춤형 서비스는 아마도 넷플릭스나 유튜브와 같은 미디어 콘텐츠 기업들의 추천 서비스일 것이다. AI 알고리즘을 이용해 내가 본 영화나 드라마, 동영상 콘텐츠의 이력을 토대로 맞춤화된 콘텐츠를 제공해주는데, 이전에는 단순히 조회수 등을 기준으로 추천했지만 이제는 추천 알고리즘에 AI(머신러닝)를 도입해 개인화된 추천을 본격화했다.

이들 기업은 AI 알고리즘 구조를 자세히 공개하지 않았지만, 일반적으로 추천 알고리즘은 크게 콘텐츠 기반 필터링과 협업 필터링으로 나눈다.

콘텐츠 기반 필터링은 콘텐츠 정보를 기반으로 다른 콘텐츠를 추천하는 방식이다. 영화의 줄거리, 등장 배우와 장르 등을 데이터화해 상세 정보를 분석해 추천한다. 콘텐츠 자체를 분석하는 것이기 때문에 초기에 사용자의 행동 데이터가 적더라도 추천할 수 있다. 학생의 기본 정보, 예를 들어 초등학교 3학년에 수학 문제 중 연산 관련 문제에서 오답이 많다는 등의 정보가 있으면 이를 토대로 서버에 보관된 방대한 수학 관련 콘텐츠를 분석해 이 학생의 기본 정보와 연계시켜 초등학교 3학년 연산 관련 문제를 집중적으로 제공해주는 식이다.

협업 필터링은 많은 사용자로부터 얻은 정보에 따라 사용자의 관심사를 자동으로 예측하게 해주는 방법이다. 유사한 행동을 한 사용자들을 하나의 그룹으로 묶어서 그룹 내의 사람들이 공통으로 봤던 콘텐츠를 추천하는 방식이다. 초등학교 3학년 학생들이 시

AI 분석을 통한 추천 알고리즘의 두 가지 방식

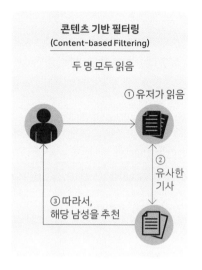

콘텐츠 기반 필터링
(Content-based Filtering)

두 명 모두 읽음

① 유저가 읽음

② 유사한 기사

③ 따라서, 해당 남성을 추천

협업 필터링
(Collaborative Filtering)

① 두 명 모두 읽음

② 비슷한 유저

③ 남성이 읽음

④ 따라서, 여성에 추천

자료: 언론 종합

험 기간을 맞아 분수와 관련된 콘텐츠를 많이 봤다고 하면, 이 데이터를 토대로 초등학교 3학년 학생 사용자에게 다른 학생들이 풀었던 분수 문제나 관련된 콘텐츠를 제공해주는 식이다. 다만 기존 데이터가 없는 신규 사용자의 경우는 추천이 어렵고, 다수의 사용자가 관심을 보이는 일부 콘텐츠가 전체 추천 콘텐츠로 보이는 왜곡 현상도 발생할 수 있는 단점이 있다. 그래서 최근에는 협업 필터링과 콘텐츠 기반 필터링의 단점을 보완해 통합한 앙상블 체계(Ensemble System)를 도입하는 기업들도 있다.

AI 디지털 교과서의 성공 여부는 맞춤형 콘텐츠에 달려 있다

AI 디지털 교과서의 성패는 결국 AI가 얼마나 학생 개개인 레벨에 맞게 잘 맞춤형 학습을 하느냐에 달려 있다. AI 부분을 담당하는 에듀테크 기업들도 가장 고심하는 부분이다.

수학 전문 에듀테크 기업 매쓰홀릭은 빅데이터 알고리즘을 통한 '유형 분석' 프로그램을 개발했는데, 시험 적중률 98.8%, 누적 학습 데이터 20억 개, 약 2000여 개의 전 과정 동영상을 AI 빅데이터를 분석해 맞춤형 솔루션을 제공한다. 빅데이터 알고리즘을 통해 학생의 학습 빅데이터를 자동으로 분석해 취약 유형을 분석하고, 학생별 학습 달력을 통해 학습 분석이 가능해 체계적인 학습 플랜도 설계할 수 있다.

교과서 발행과 에듀테크 사업을 같이 하고 있는 천재교육은 AI 센터를 설립해 축적된 방대한 교육 데이터 AI와 접목시켜 맞춤형 디지털 교과서를 제작하는 데 주력하고 있다. AI 센터에서는 빅데이터 인프라 구축 및 분석 환경을 구축, AI 관련 알고리즘 연구개발 등을 수행해 보다 차별화된 AI 맞춤형 콘텐츠를 제공하려 하고 있다. 대표적인 에듀테크 서비스 '밀크T'는 AI 개별 분석을 통해 맞춤형 학습 관리가 가능한데, 개인별 학습 진행률과 진도, 보완점 등에 따라 AI 기반의 다양한 학습 콘텐츠가 제공돼 보다 효과적으로 학습 격차를 해소할 수 있다.

AI를 무기로 내세운 에듀테크 기업들이 뜬다

AI 디지털 교과서는 에듀테크 기업에게 있어 새로운 도전과 기회의 장이다. 민간 에듀테크 기업이 공교육에 들어갈 수 있는 방법은 극히 제한적이었기 때문이다.

시장 규모도 매우 커질 전망이다. 현재 초·중·고교 서책형 교과서 시장은 연간 5000억 원 규모로 추산되는데, 디지털 교과서는 권당 5만 원 이상이 예상되어 AI 디지털 교과서 시장 규모는 조(兆) 단위에 이를 것으로 보고 있다. 국내 에듀테크 시장 규모는 2022년 기준 약 7조 원으로 2025년에는 10조 원으로까지 성장이 예상된다.

에듀테크 기업들은 저마다의 차별화된 IT 기술을 내세워 시장을 공략한다. 특히 챗GPT 열풍으로 생성형 AI가 주목을 받으면서 이를 디지털 교과서에 도입하려는 에듀테크 기업도 늘고 있다. 스타트업 아티피셜소사이어티는 국어와 영어 교육에 생성형 AI를 접목했는데, 글 주제와 난이도를 입력하면 자동으로 지문을 만들어주고 AI가 학습자의 시선을 추적해 문해력 수준을 진단해준다.

수학 문제 풀이 앱 '콴다'를 운영하는 매스프레소는 스마트폰의 카메라로 문제를 촬영하면 AI가 풀이법을 찾아주는 기능으로 글로벌 가입자 8000만 명을 모았다. 클라썸은 AI가 학생의 질문에 맞는 답변을 제시하고, 다시 이를 기반으로 맞춤형 수업 콘텐츠를 제공하는 기능을 차별점으로 내세웠다.

에듀테크 기업 유비온은 네이버 클라우드의 '하이퍼클로바X'를 도입해 초개인화 맞춤형 교육 서비스를 개발한다. 유비온은 하이퍼클로바X를 기반으로 한 'AI 튜터'를 선보일 예정으로 AI 챗 문서 번역 및 요약, 클로바 스튜디오, 클로바 노트 등 다양한 기능을 제공한다. 새로운 AI 솔루션을 만들면 앱스토어에 추가하고 K-12부터 고등교육, 인사(HRD)부터 평생학습까지 고객이 필요로 하는 교육 분야·방식에 따라 AI 기반 교육 환경을 조성하겠다는 전략이다.

AI 디지털 교과서가 도입되면 B2B(기업 간 거래) 시장도 더 커질 전망이다. 태블릿 같은 기기부터 커뮤니케이션 도구 등 디지털 교과서 생태계에 앞으로 다양한 IT 기술이 접목되기 때문이다.

스타트업 페이지콜은 '온라인 화이트보드' 서비스형 소프트웨어(SaaS)를 타 에듀테크 회사에 공급한다. 학생들이 태블릿PC에 필기하는 내용이 동료 학생, 교사들과 실시간으로 공유되고 교사들은 이 플랫폼에 수업 자료를 업로드할 수도 있다.

디지털 교과서가 도입되면 저작권 및 교과서 콘텐츠 확보가 매우 중요해진다. 이에 디지털 교재 저작권 플랫폼 업체 북아이피스는 대형 출판사들과 계약을 맺고 교재 저작권 중개 서비스를 선보

	스타트업	출판사	내용
	에듀테크 스타트업과 출판사가 협력하는 에듀테크 시장		
1	비트루브	NE능률	• 중학교 수학 디지털 교과서 공동 개발
2	아이헤이트플라잉버그스	YBM	• 디지털 교과서 공동 개발 • 온택트 외국어 학습 서비스 기획 등
3	뤼이드	미래엔	• 영어 디지털 교과서 공동 개발
4	코더블	교학사	• 정보 디지털 교과서 공동 개발
5	엘리스그룹	미래엔비상교육	• 정보 디지털 교과서 공동 개발

자료: 언론 종합

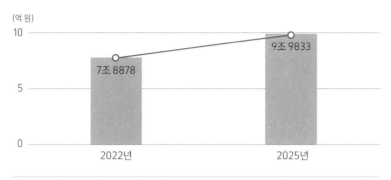

(억 원)

9조 9833

7조 8878

2022년   2025년

자료: 언론 종합

였다. 중소형 에듀테크 기업들이 교재를 보다 저렴하게 이용할 수 있게 하기 위해서다.

칸아카데미에서 배우는 AI 디지털 교과서 성공 해법

AI 맞춤형 교육이 성공하기 위해서는 정확한 데이터 분석이 가능해야 하고, 이를 위해 다양한 학습 시간과 로그 데이터가 필요하다. AI를 학습에 적용하게 되면 학생의 교육 습관과 패턴을 데이터화해 보다 객관적으로 학습자의 수준에 맞는 교육을 할 수 있고, 교사가 바뀌어도 일관성 있는 교육을 제공할 수 있다.

매달 2000만 명의 학습자들이 방문하는 비영리 교육 서비스 칸아카데미(Khan Academy)는 어떻게 해야 맞춤형 학습이 성공할 수 있는지를 잘 보여준다.

인도계 미국인인 살만 칸(Salman Khan)이 2008년에 설립한 칸 아카데미는 초·중·고교 수준의 수학, 화학, 물리학부터 컴퓨터공학, 금융, 역사, 예술까지 1만 8000여 개의 동영상 콘텐츠를 190여 개국 45개 언어로 서비스하고 있다. 미국 내 2만여 개 학급에서 교육 자료로 쓰이고 있으며 모든 동영상 강의는 무료이다. (칸아카데미 한국어 사이트에서는 수학과 컴퓨팅 분야만 현재 제공 중이다.)

무료로 제공한다고 해서 강의 콘텐츠의 품질이 떨어지느냐 하면 절대 아니다. 미국에서 칸아카데미를 이용하는 교사와 학생의 90%는 칸아카데미에서 제공하는 교육 콘텐츠에 만족한다(2018 ConStat U.S. Online Education Customer Survey). 게다가 칸아카데미를 이용한 학생은 그렇지 않은 학생에 비해 SAT(Scholastic Aptitude Test, 미국의 대학입학자격시험) 점수가 30점가량 높은 것으로 나타났다(2016 College Board Delivering Opportunities SAT Suite Results).

살만 칸이 조카에게 수학을 가르쳐주기 위해 유튜브에 동영상을 올린 것이 시초가 된 칸아카데미는 '교육은 맑은 공기와 물처럼 모든 사람이 마땅히 누려야 할 권리다'라는 모토로 운영되고 있다. 무엇보다 칸아카데미는 '학생마다 배우는 속도가 다르다'라며 개별 맞춤형 학습의 중요성을 강조한다. 학년이 높아질수록 학생들이 수학을 힘들어하는 것은 수학이 어려워서가 아니라 제대로 학습하지 못하고 그대로 넘어간 부분들이 있기 때문이라고 말한다. 모자랐던 부분을 처음부터 단계별로 재학습하면 극복할 수 있다고 살만 칸은 주장한다.

칸아카데미는 GPT-4 기반의 AI 튜터인 '칸미고(Khanmigo)'도 선보였다. 학생들이 강의에 대한 질문이 있으면 칸미고의 텍스트 상자에 질문을 입력하는데, 그냥 단순히 칸미고에 "답을 말해줘"라고 물어보면 칸미고는 "학생이 직접 해결하는 것이 중요합니다"라고 답해 문제 풀이 과정에 필요한 사고와 학습을 제안한다. 문제 풀이 공식과 함께 학습 의욕을 북돋는 칭찬을 하면서 마치 개인 가정교사처럼 학생과 대화하면서 문제를 함께 해결해나간다.

교사는 칸미고를 통해 학생들의 피드백을 기반으로 수업 계획을 만들 수 있다. 칸미고가 교사에게 "당신의 수업에 대한 몇 가지 세부 정보를 논의해보겠다. 몇 학년에 무슨 과목을 가르치나?"라고 묻고 교사가 "6학년 언어(영어)·예체능 과목을 가르치고 있다"고 답하면 칸미고는 학생들의 수업 계획을 만들어준다.

아직은 테스트 단계 서비스로 약 1000명의 교사, 학생 및 지역 관리자가 칸미고 프로그램에 참여하고 있는데, 향후 45개국 언어로 칸아카데미에 칸미고를 적용, 통합하는 것을 목표로 하고 있다.

이처럼 칸아카데미는 온라인에서 만들어지는 엄청난 양의 학생 데이터를 학생과 교사 경험 증진에 활용한다. 새로운 연습 과제를 온라인으로 올리면 수백만에서 수천만, 수억 명의 통계가 발생하는데, 그 연습문제를 풀 때 나오는 학습 공백, 학습 격차가 어디서 발생하고, 그 공백으로 성취도가 어떻게 낮아지는지를 AI로 분석한다. 분석된 학생 데이터로 학업성취도를 증진할 수 있고, 이를 통해 학생과 교사에게 더 나은 추천과 통찰을 줄

칸아카데미
한국어 사이트

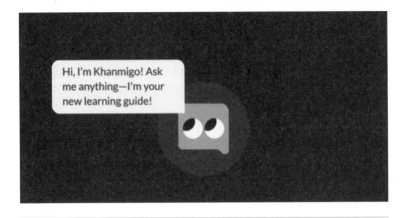

자료: 칸아카데미

수 있다.

살만 칸은 "지구상의 모든 학생에게 인공지능이라는 놀라운 개인교사를 제공할 수 있으며, 모든 교사는 인공지능이라는 뛰어난 조교를 가질 수 있게 되었다"라고 AI 교육의 중요성을 강조한다. 그러면서도 AI 교육이 '기술을 위한 기술'이 돼선 안 된다고 지적한다. AI 교육이 효과를 얻기 위해서는 "문제가 무엇인지 파악하고 그 문제를 어떻게 해결할지 가장 단순한 해결책을 찾아야 한다"라고 조언했다. AI 디지털 교과서를 개발함에 있어서 AI, 메타버스 등 IT 기술에만 치중할 수 있는 국내 에듀테크 기업들에게 살만 칸의 조언은 충분히 새겨들을 만하다.

AI로 교육격차는 줄어들까, 더 커질까

교육격차를 바라보는 AI의 이중적 측면

교육부가 발표한 '인공지능(AI) 디지털 교과서 추진방안'(2023년 6월 9일)에 보면 AI 디지털 교과서의 추진 배경에 대해 다음과 같이 설명하고 있다.

> "학생 한 명 한 명이 중요한 초저출산 시대에 에듀테크를 활용하여 교육격차를 완화하고 모두를 인재로 키우는 맞춤교육 실현"

여기서 말하는 '교육격차'란 과연 어떤 의미일까? EBS가 2023년에 제작한 〈교육격차〉 5부작 다큐멘터리에서는 교육격차를 '지역과 제도적 요인, 학교 특성, 개인의 지적 능력, 사회경제적 배경 등과 같은 다양한 요인에 따라 개인이나 집단 사이에서 발생하는 교육적 수준 차이'라고 정의한다. 교육의 기회는 누구에게나 공평하고 공정하게 주어져야 하지만 현실에서는 소득수준이나 사회계층에 따라 교육 성과에서 차이가 발생한다. 좀 더 직설적으로 말하면 부모의 소득격차가 심해질수록 자녀들의 학업성취도(성적)는 물론 대학 진학률, 학력, 취업률과 취업의 질적 차이까지도 커질 수 있다. AI 디지털 교과서는 AI를 이용해 부모의 조건 등에서 발생하는 교육 성과의 차이를 줄여보겠다는 의미로 해석된다.

AI 디지털 교과서를 만든 의도는 충분히 이해된다. 그런데 간과해서는 안 될 것이 '격차'라는 관점에서 볼 때 AI는 이중성을 가진다는 점이다.

AI는 혁신적인 디지털 도구이고 수단이다. 도구는 활용하는 자와 그렇지 못한 자에 따라 성과가 확연히 차이가 난다. 격차를 필연적으로 발생시킬 수밖에 없다. 대표적인 것이 '부의 격차'이다.

AI 4대 석학 중 한 명인 제프리 힌튼 교수는 GPT-4와 같은 거대언어모델(LLM)이 생산성을 크게 향상시킬 수 있다고 인정하면서도, 이것이 부자들을 더 부유하게 하고 가난한 사람들은 더 가난하게 할 것이라고 경고한다.

하지만 또 한편으로는 인간이 하던 일을 혹은 불가능했던 일을 AI가 대신해줌으로써 '기회의 격차'를 줄여준다. 대표적인 예가 AI

기반의 헬스케어 및 의료 서비스이다. 예를 들어 AI 기반의 의료영상 플랫폼은 영상의학 전문가가 아닌 의료진에게 충분히 좋은 판단을 할 수 있도록 도움을 준다. 이를 이용하면 의사가 부족한 개발도상국이나 의료 인프라 및 서비스 퀄리티가 낙후한 아프리카에서 의료격차를 해소할 수 있다. 과학기술정보통신부가 추진 중인 'AI 기반 의료시스템 디지털 전환 사업' 역시 지방 소재 공공의료기관의 의료 서비스 질을 높여 수도권과 지방의 의료격차를 줄이는 데 초점을 맞추고 있다.

이렇게 '격차'에 대해 서로 다른 이중성을 지닌 AI를 '교육격차 완화'에 활용한다고 하면 초점은 '교육 성과'보다는 '교육 기회' 쪽에 맞춰져야 도입의 의미가 명확해질 것이다. AI 디지털 교과서의 방점이 '교육 성과' 쪽에 찍힌다면 '부의 격차'처럼 AI를 활용하는 학생과 그렇지 못한 학생 간의 학업성취도 차이는 더 크게 벌어질 수 있다. 가정환경에 따라 디지털 활용 능력이나 학습 준비 등으로 인해 교육격차가 오히려 더 벌어질 우려도 있다.

특히 학업성취 수준이 낮은 학생들은 교사가 직접 설명하며 바로 옆에 붙어서 알려주는 게 훨씬 효과적이어서 AI 디지털 교과서 활용에서 중하위권 학생들이 소외되기 쉬울 우려도 있다.

그리고 AI 디지털 교과서가 등장한 근본적 이유는 사교육 시장의 과도한 팽창과 쏠림 때문이었다. 그런데 부모들이 사교육을 시키는 가장 큰 이유는 학교수업 보충(50.0%), 선행학습(24.1%), 진학준비(14.2%) 순이었다. 즉 '입시'를 위해 밤늦은 시간까지 대치동 학원가로 아이들을 보내고 데려오는 것이다.

'입시'는 경쟁이고, 경쟁에서는 격차가 생길 수밖에 없다. 아니, 생겨야만 한다. 모든 학생이 수학능력시험에서 만점을 받고 1등을 한다면 시험을 보는 의미가 없어진다. 짐 캐리 주연의 〈브루스 올마이티〉라는 영화를 보면, 주인공이 신(神)이 되어 모든 사람의 소원을 일괄 처리해서 들어주는 장면이 나온다. 사람들은 기도가 이루어져 잠시 좋아했지만 수십만 명이 복권에 1등으로 당첨이 되어도 겨우 17달러밖에 못 받는 역효과가 나타나자 오히려 분개하며 신을 원망한다.

물론 AI 디지털 교과서로 모든 학생이 만점을 받고 1등이 될 리는 없다. 다만 교육격차의 완화가 교육 성과 쪽에만 집중되어 학생들의 또 다른 성적 향상 도구로 전락하는 부작용이 발생해서는 안 될 것이다.

AI는 다국어 처리 및 자동 번역 등 언어 장벽도 해소해 다양한 문화와 관례를 반영한 교육 자료 및 콘텐츠를 개발함으로써 문화적 차별과 소외 현상도 해결할 수 있다. 이처럼 교육 성과보다는 교육 기회의 격차를 줄이는 데 초점을 맞추어 지리적·경제적으로 교육의 기회가 잘 닿지 않는 학생들에게 접근성과 평등성을 제공한다면 그것만으로도 AI 디지털 교과서의 가치는 충분하다.

IT 관점에서 바라본 AI 디지털 교과서의 과제

2025년 AI 디지털 교과서 도입을 앞두고 교사들과 학부모들은 기대도 크지만 걱정과 우려도 적지 않다. 시대의 변화에 따라 교과서도 바뀌는 것은 맞다고 생각하면서도, 실제 도입에 따른 현실적 문제들까지 충분히 고려해야 한다는 의견도 제기되고 있다. 일부 학부모들은 '시스템적인 부분에서 안정성이 떨어진다', '미디어 중독, 시력 저하가 걱정된다' 등의 이유로 디지털 교과서 도입에 반대하기도 한다.

교사들 역시 교육 커리큘럼과 인프라 구축, 디지털 교육 도입에 대한 합의 등이 충분히 이루어지지 않은 상태에서 새로운 교수법을 강제로 시행한다면 오히려 역효과가 발생할 수 있다고 지적한다.

교육적 관점에서 AI 디지털 교과서가 해결해야 할 이슈와 과제들은 이미 현장 선생님들과 교육계 관계자, 학부모들이 모여 머리를 맞대고 논의 중에 있다. 필자는 교육 전문가가 아니기 때문에 교육적 측면에서 AI 디지털 교과서를 논하기보다는 IT 연구자 관점에서 AI 디지털 교과서가 안착하려면 어떤 점에 주목해야 하는지를 살펴보고자 한다.

먼저 AI 디지털 교과서의 핵심이라 할 수 있는 '맞춤형'을 가능하게 하는 AI에 대해 너무 과도한 기대는 금물이다. 현재 민간 에듀테크 기업들이 제공하고 있는 맞춤형 학습 콘텐츠들은 학생들 레벨에 맞게 분석, 제공되어 충분히 효과적이다. 하지만 그것은 어디까지나 보조적 수단으로서 유용한 것이지, 전적으로 AI 디지털 교과서에 모든 것을 믿고 맡기기에는 아직 기술적으로 한계가 있다.

학생 개개인에 맞는 고도화된 맞춤형 교과서가 되기 위해서는 AI 알고리즘의 지속적인 개발과 함께 학습 진단 및 분석에 필요한 원료에 해당하는 정형, 비정형 데이터를 충분히 확보해야 한다. 데이터량이 많아질수록 맞춤형 기술의 정확도도 높아지기 때문에 학생의 학습 데이터, 과제 기록, 교실 내 여러 활동을 데이터로 수집해 개인화된 맞춤 학습 및 튜터링을 제공하는 기반으로 활용한다.

'할루시네이션'도 AI 디지털 교과서에서 주의해야 할 부분이다. 인종차별 같은 편향성 문제나 일반적인 상식 부재도 현재 AI가 갖고 있는 한계이다. 할루시네이션 문제를 100% 해결할 수 있는 AI는 현재로서는 없다. 오류를 최소화한다고 하더라도 거짓 정보나 잘못된 내용은 얼마든지 나올 수 있다. 따라서 교사든 학생이든 AI 디지털 교과서에 나오는 내용에 대해서는 이중 삼중 크로스(cross) 체크를 하여 정보의 진위 여부를 늘 따져봐야 한다.

또 하나의 문제는 바로 디바이스(기기)이다. 교육부는 2027년까지 학생들에게 1인 1디바이스를 지급해 AI 디지털 교과서를 활용할 수 있도록 할 예정이다. 그런데 지급되는 디바이스가 노트북인지 태블릿인지 명확한 스펙이 아직 없고, 어떤 운영체제에서 구동되는지에 대한 기술적인 가이드라인도 없다. 개인용 디바이스를 사용해도 되는지, 언제 출시된 기기부터 사용 가능한지도 논의되어야 하는 부분이다.

스마트폰이나 태블릿PC의 경우 보통 2~3년 주기로 디바이스를 교체하는데, AI 디지털 교과서도 어느 정도의 주기로 교체 지급할지도 중요한 이슈이다. 애플의 아이폰, 아이패드나 삼성의 갤럭시 스마트폰과 태블릿PC 등은 1년마다 신제품이 출시되어 소비자들의 구매 욕구를 자극한다. 트렌드도 트렌드이지만 칩이나 카메라 등 기계적 성능 입장에서도 구형 디바이스로 계속 AI 교육을 받기에는 어려움이 있을 것이다.

애플이 선보인 혼합현실 기기 '비전 프로'의 경우, 이 기기를 사용하려면 최신 기술이 접목된 아이폰15 프로가 필요하다. 비전 프로의 가장 큰 특징은 3차원 공간 비디오 기능인데, 아이폰15 프로 모델은 비전 프로와 연동되는 3차원 사진 및 영상 촬영 기능이 추가됐다. 만약 몰입감 있는 수업을 위해 최신의 VR·AR 기기를 도입했는데, 지급된 디바이스가 구형이라 연동이 되지 않는다면 무용지물이다.

또한 디바이스 파손 시 수리, AS는 어떻게 해결할지도 중요한 문제이다. 일반적으로 디바이스 제조사가 AS를 맡겠지만, 수업에 지장을 주지 않기 위해서라면 교내에 전담 AS 센터를 설치해야 할지에 대해서도 고민해봐야 할 것이다.

네트워크 환경도 짚어야 할 이슈이다. AI 디지털 교과서는 클라우드 기반의 서비스이므로 안정적인 네트워크 환경 구축이 필수이다. 실내에서는 와이파이 접속을 통해 서비스가 제공되겠지만 야외 수업이나 이동 중에는 4G, 5G, 향후에는 6G 및 저궤도 위성통신 등의 모바일 접속이 필요할 수도 있다. 한 번에 30~40명의 학생들이 동시 접속해야 하기 때문에 적절한 네트워크 환경이 마련되지 않으면 접속 오류로 수업 자체가 진행되지 못할 수도 있다. 또한 해킹 등에 대비한 네트워크의 보안 강화도 필요하다.

디지털 교과서 못지않게 도입이 시급한 것은 디지털 문해력

이 밖에도 개인정보 보호를 위한 비식별 데이터 개발이나 원패스 로그인, 생체인식 인증 등 기술적 측면에서 다뤄야 할 이슈가 많지만, 가장 중요한 것은 AI 디지털 교과서 도입 못지않게 디지털 리터러시(Digital Literacy, 디지털 문해력)에 대한 교육도 병행되어야 한다는 점이다. 이는 교사, 학생, 학부모, 정부 관계자 모두에게 해당하는 말이다.

디지털 리터러시는 단순히 AI와 디지털 기기를 잘 활용하는 기능적 역량만을 의미하는 것이 아니라, 정보를 비판적으로 평가하고 AI가 내놓는 결과물에서 맥락을 읽어내어 새로운 지식을 창출할 수 있는 역량과 윤리적 태도를 모두 포괄하는 개념이다. 핀란드와 싱가포르 등은 교육과정에 디지털 리터러시를 시민 기술로서 포함시키는가 하면, 유네스코(UNESCO)는 디지털 리터러시와 디지털 기술 접근성은 21세기 기본권임을 강조했다. 특히 핀란드는 2020년부터 'The New Literacy Programme(2020-2023)'을 추진 중인데, 이를 통해 아동 및 청소년의 디지털 리터러시와 ICT 역량을 강화하고자 학년별로 갖추어야 할 필수 역량과 교육 활동을 안내하는 지침사항을 마련하고 있다.

만약 디지털 리터러시 교육 없이 AI 디지털 교과서가 2025년에 도입된다면 학생들은 그저 AI에 종속되어 자기주도적 학습 역량을 형성해나가기 어렵다. 교사 역시 디지털 리터러시가 부족하다면 AI 및 IT 기술을 어떻게 현행 교과와 연계해 가르칠 것인지에 대해 상당한 시행착오를 겪을 가능성이 높다.

챗GPT로 다시 한번 AI 붐이 불고 있는 지금, 교육 역시 AI를 토대로 한 새로운 시스템 마련이 필요한 시점이다. AI 기술 변화가 가속화되면서 창의적인 인재 양성이 강조되는 동시에 학교 현장의 혁신적 변화를 통한 미래 교육으로의 대전환이 요구되고 있다. 그리고 그 선두에 AI 디지털 교과서가 있다. 정부가 그리는 교육격차 완화와 학생 한 명 한 명 모두를 인재로 키우는 맞춤교육 실현을 위해 AI 디지털 교과서와 함께 디지털 리터러시 교육은 필히 동시 진행되어야 할 것이다.

스웨덴이 태블릿 대신 종이책으로 돌아간 이유는?

2025년 AI 디지털 교과서 도입을 앞두고 정부 및 교육계가 바쁘게 돌아가고 있는 가운데, 2023년 9월 흥미로운 기사가 인터넷에 올라왔다. 스웨덴 학교들이 태블릿PC 등 디지털 기기에서 벗어나 종이책과 손글씨 등 전통적인 교육 방식으로 돌아가고 있다는 기사였다. 디지털 교과서 도입을 서두르는 한국과는 정반대의 행보였다.

디지털 기반 교육을 중시했던 스웨덴이 아날로그 방식으로 돌아간 이유는 지나치게 디지털화된 학습 방식으로 문해력을 비롯한 학생들의 학습 능력이 저하됐기 때문이었다. 특히 스웨덴 학생들의 읽기 실력이 크게 떨어졌다는 점이 전통적인 교육 방법으로 돌아가는 데 결정적 요인으로 작용했다.

현재 스웨덴 전역의 많은 학교는 종이책을 사용한 수업, 독서, 필기도구를 사용한 글쓰기를 강조하는 대신 태블릿 사용, 온라인 검색, 키보드를 사용한 타자 연습 등 전자기기 사용은 줄이고 있다. 정부도 유치원에서의 디지털 기기 사용을 의무화했던 방침을 뒤집고, 6세 미만 아동에 대한 디지털 학습도 완전히 중단할 계획이다. 스웨덴 수도 스톡홀름의 한 초등학교 교사는 수학 수업 때는 태블릿을 쓰고 몇몇 앱도 활용하지만, 글을 쓰는 데는 태블릿을 이용하지 않는다고 밝혔다.

스웨덴의 이러한 탈디지털 행보는 다른 나라들과 반대되는 흐름이다. 유럽에서 가장 부유한 나라 독일은 교육과정에서 상대적으로 디지털 기기 활용도가 낮다. 이 때문에 디지털 기기를 통한 교육을 강화하지 않으면 다른 유럽 국가와의 경쟁에서 뒤처질 것이라며 교육 현장에서 디지털 기기 사용을 확대하고 있다. 폴란드도 공공자금으로 초등학교 4학년 학생들에게 노트북 컴퓨터를 지급하는 프로그램을 개시했다.

하지만 스웨덴 왕립 카롤린스카 연구소는 "디지털 도구가 학생의 학습 능력을 향상하기보단 오히려 저해한다는 명백한 과학적 증거가 있다. 정확성이 검증되지 않은 무료 디지털 소스에서 지식을 습득하기보단 인쇄된 교과서와 교사의 전문지식을 통해 지식을 습득하는 데 초점을 둬야 한다"라며 종이책과 아날로그 교육의 중요성을 강조했다.

물론 스웨덴의 이 같은 방침은 새롭게 들어선 정부의 정치적 요소가 개입된 부분도 있다. 그렇지만 국내에서도 '매우 깊게 사과드린다'란 뜻의 '심심(甚深)한 사과'라는 표현을 '심심하고 지루하고 재미가 없다'는 의미로 해석해 학생들의 문해력 부족이 심각하다는 우려가 제기되고 있어, 스웨덴의 이번 행보가 남의 일처럼 느껴지지 않는다.

국가마다 처한 상황이 다르고 AI라는 시대적 흐름을 외면할 수는 없다. 국내 AI 디지털 교과서 도입은 시대적 변화를 시의적절하

탈디지털 교육을 추진하고 있는 해외 국가	
스웨덴	6세 미만 디지털 활용 교육 중단. 도서 구입 비용 823억 원 지원
캐나다	'필기체 쓰기' 수업을 초3부터 필수 교육과정으로 복원
네덜란드	스마트폰·태블릿·스마트 워치 등 학교에서 사용 금지
필란드	수업 중 모바일 기기 사용 제한 위해 법 개정 추진

자료: 조선일보

태블릿PC 대신 종이책을 읽고 있는 스웨덴 학생

자료: 조선일보

게 반영한 결과라 할 수 있다. 다만 AI 디지털 교과서의 성공적 안착을 위해서는 균형감 있게 스웨덴 사례를 좀 더 지켜봐야 할 듯하다.

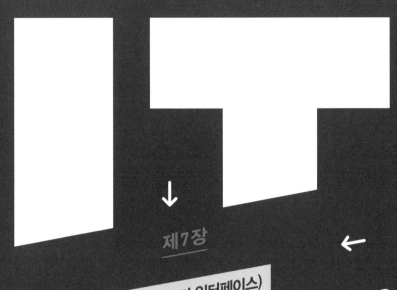

제7장

BCI(뇌-컴퓨터 인터페이스)

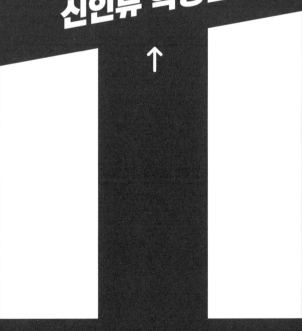

AI와 뇌의 연결, 무모한 도전인가?
신인류 혁명인가?

일론 머스크의 뉴럴링크, 미국 식품의약국(FDA)의 벽을 넘다

'뇌 임플란트', 인간 임상시험 관문을 통과하다

2023년 5월 챗GPT로 전 세계가 한창 들썩들썩한 가운데 뇌-컴퓨터 인터페이스(BCI, Brain-Computer Interface) 연구 기업인 뉴럴링크(Neuralink)가 미국 식품의약국(FDA)으로부터 인간 임상시험 승인을 받았다는 뉴스가 등장해 세간의 눈길을 끌었다.

뉴럴링크는 테슬라의 일론 머스크가 2016년에 설립한 BCI 회사로, 인간의 두개골에 구멍을 뚫어 컴퓨터와 연결한 칩을 삽입한다는 소위 '뇌 임플란트' 실험 보도로 세상을 떠들썩하게 했던 논란의 기업이다. 그런데 그 뉴럴링크가 진행해온 인간 대상의 임상시험이

Neuralink ✓
@neuralink
⋯

We are excited to share that we have received the FDA's approval to
launch our first-in-human clinical study!

This is the result of incredible work by the Neuralink team in close
collaboration with the FDA and represents an important first step that
will one day allow our technology to help many people.

Recruitment is not yet open for our clinical trial. We'll announce more
information on this soon!

자료: 뉴럴링크 트위터

마침내 통과되었다는 것이다.

미국 FDA의 임상시험 승인을 받은 뉴럴링크의 '뇌 임플란트'는
뇌에 미세 전극을 이식해 뇌 속에서 발생하는 생체 전기신호를 컴
퓨터로 해석하고 조종하는 기술이다. 뇌 임플란트는 운동 피질에 있
는 뉴런의 전기신호를 기록 후 컴퓨터로 신호를 보내 해석할 수 있
도록 설계되었다. 운동 피질은 일반적으로 사고에 관여하지 않는 것
으로 알려져 있지만, 신체의 외부 기관 등에 움직이라는 명령을 보
내는 곳이다. 뇌 임플란트는 주로 루게릭병 등 신체 활동에 어려움
을 겪는 사람들을 대상으로 연구되고 있다. 신체 활동에 어려움을
겪는 환자들의 의도와 생각을 컴퓨터를 통해 번역할 수 있다면 이
들의 삶이 크게 달라질 것으로 기대된다.

뇌와 컴퓨터의 연결로 뇌·신경질환 치료에 기여

'뇌 임플란트'는 뇌에 전극을 꽂아 뉴런을 파괴하지 않으면서 뉴런이 전하는 전기신호를 읽어내는 기술로, 사람 뇌에 약 1만 개의 전극을 심어야 한다. 뇌에 이식된 칩은 블루투스로 연결되어 뇌와 컴퓨터 간의 통신을 가능케 하는데 실명이나 마비, 치매와 같은 뇌·신경질환 치료에 기여할 것으로 기대되고 있다. 일론 머스크는 뉴럴링크 기술에 대해 "시각을 잃었거나 근육을 움직이지 못하는 사람들이 이를 가능하게 하는 것을 목표로 하고 있다. 선천적으로 맹인으로 태어나 눈을 한 번도 쓰지 못한 사람도 시력을 가질 수 있을 것"이라고 소개했다.

하지만 이를 구현하기 위해서는 상당한 실험과 시행착오가 필요

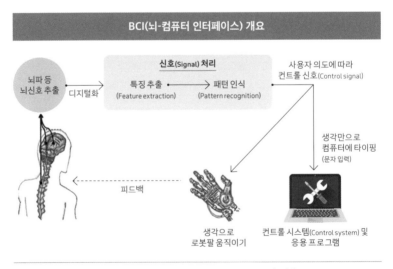

BCI(뇌-컴퓨터 인터페이스) 개요

뇌파 등
뇌신호 추출 ─ 디지털화 →

신호(Signal) 처리
특징 추출 ← ─ → 패턴 인식
(Feature extraction)   (Pattern recognition)

사용자 의도에 따라
컨트롤 신호(Control signal)

생각만으로
컴퓨터에 타이핑
(문자 입력)

피드백

생각으로
로봇팔 움직이기

컨트롤 시스템(Control system) 및
응용 프로그램

자료: quora.com, 'What are the research areas in Brain Computer Interface (BCI)?'

했다. 2020년엔 돼지를 대상으로 한 실험 경과를 실시간 공개해 큰 파장을 일으키기도 했다. 뇌에 컴퓨터 칩을 심은 돼지가 음식 냄새를 맡으며 뇌로 후각 신호가 전달되는 것을 디지털 신호로 압축해서 내보내는 장면을 공개한 것이다. 2021년에는 뇌에 칩을 이식한 원숭이가 조이스틱 없이 생각만으로 게임을 하는 영상이 공개되며 화제가 된 바 있다. 뉴럴링크는 원숭이를 대상으로 시각 신호에 대한 실험을 했다는 사실도 공개했는데, 이를 사람에게 적용하면 시각장애인의 시력 회복이 가능하다는 것이다. (하지만 원숭이 뇌에 칩을 이식하는 과정에서 극심한 고통을 가했다는 점 때문에 '동물 학대 논란'이 일기도 했다.)

남은 단계는 사람을 대상으로 한 임상시험이었는데, 원래 2021년 말까지 임상시험을 진행할 계획이었지만 FDA의 승인은 내려지지 않았다. 2022년 3월에 재신청을 했지만 결국 1년이 지난 2023년에 이르러서야 최종 승인을 얻었다.

FDA가 쉽게 승인을 하지 않은 것은 당연한 일이다. 뇌에 칩을 삽입하는 것은 상당한 수준의 기술이다. 주변 뇌조직을 손상시키지 않으면서 뇌 신경에 연결하는 정밀 수술은 안전하게 이뤄져야 한다. 칩에 사용되는 배터리 역시 뇌에 영향을 주거나 유해성이 있는지 여부도 고려해야 한다. 해킹이나 심지어 폭발에 대한 우려도 지적되었다.

생각만으로 스마트폰의 앱(응용 프로그램)을 연결해 전화를 걸거나 문서를 작성할 수 있으려면 뇌에 이식된 BCI 장치의 신호가 뇌와 연결된 신경과 몸을 자극해 특정 동작으로 연결되어야 한다. 뇌에 이식된 작은 임플란트가 블루투스를 통해 뇌와 컴퓨터 간의 통신을 가능하게 하는데, 이 임플란트를 링크(Link)라고 부른다. 링크는 정밀 수술을 통해 뇌에 이식되고 뇌 신경에 이어진 1000개의 와이어에 연결된다. 이 와이어의 지름은 머리카락의 4분의 1 정도이다.

이 얇은 실가닥들을 필요한 위치에 정확하게 심기 위해서는 특수하게 제작된 수술 로봇이 필요하다. 이렇게 고도로 정밀한 뇌 수술이 안전하다는 것을 증명하기 위해 오랜 시간 검증해야만 했고, 임상시험의 승인 역시 늦어질 수밖에 없었다.

작은 임플란트를 주변 뇌 조직의 손상 없이 안전하게 삽입하거나 제거할 수 있느냐를 입증해야 하고, 뇌에 삽입된 BCI가 의도한 대

뇌에 칩을 이식해 생각만으로 비디오 게임을 하는 원숭이

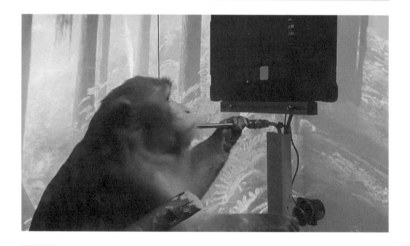

자료: 해외 언론

로 작동해야 하며, 두통이나 발작, 인지장애 등 뇌 기능에 부작용을 일으키지 않아야 한다. 배터리 문제도 있다. 일반적으로 사용되는 리튬이온 배터리는 뇌를 가열시키고 손상시킬 수 있으며 노화나 고장으로 인한 폭발 위험이 있다. 따라서 임플란트에 사용되는 배터리는 생체적으로 적합해야 한다.

위험해 보였던 뉴럴링크의 BCI 임상시험이 마침내 통과되면서 이제껏 금기로만 여겨졌던 BCI 실험을 인체에 적용할 수 있게 되었다. FDA 임상시험의 승인은 큰 전환점이 될 것으로 보인다. 승인을 했다는 것은 안전성 시험과 대상 시험을 거쳐 합격점을 받았다는 것이고, 이는 생체 적합성이나 기계적 결함의 우려도 상당 부분 해소됐다는 의미다.

'영생 신인류' 탄생의 서막

하지만 승인이 났다고 뉴럴링크가 당장 인간에게 실제로 칩 이식을 행할 수는 없다. 아직 임상시험 참가자도 없고, 승인 후 칩 이식까지 최소 1년 이상은 걸릴 것으로 예상되고 있다. 뉴럴링크는 홈페이지에 임상 지원자 모집 공고를 냈는데, 자격 요건은 18세 이상 미국 거주인으로 사지마비나 시각·청각·언어 장애인이다. 뉴럴링크는 선천적인 시각장애인의 시각피질을 자극해 시각을 회복시키거나, 생각을 전기적 운동으로 바꿔 사지마비 장애인의 이동에 도움을 주겠다는 목표하에 임상시험을 진행시킬 계획이다.

같은 BCI를 연구 중인 라이벌 기업 싱크론(Synchron)도 FDA 승인 이후 칩 이식까지 약 1년이 걸렸다. (싱크론은 뉴럴링크와 달리 최소한의 외과적 절개수술로 경정맥을 통해 이식이 이뤄진다.) 2022년 7월 싱크론은 사지마비 환자가 생각만으로 행동을 할 수 있도록 하는, 그동안 상상뿐이었던 BCI 임상시험을 시작했는데 이것은 미국 첫 BCI 임상시험이었다. 현재 3명의 환자에게 혈관으로 스텐트로드(stentrode, 뇌-컴퓨터 인터페이스 장치의 일종) 시스템을 이식해 안전성을 평가하고 있다.

뇌 임플란트의 상용화에는 최소 10년이 걸릴 것으로 내다보고 있지만, 시장에서는 FDA의 승인 소식에 뉴럴링크의 미래를 긍정적으로 평가했다. 2021년 비공개 주식거래 시장에서 20억 달러 수준

환자에게 BCI 테스트를 하고 있는 싱크론

자료: 싱크론

으로 평가받았던 뉴럴링크의 가치는 이번 승인 결과로 인해 50억 달러 수준까지 급등한 것으로 파악되었다.

　뉴럴링크의 임상시험 승인으로 BCI 산업의 본격적인 성장이 예고된다. 더 나아가 AI와 뇌의 연결로 인류는 죽지 않고 병들지 않는 '영생 신인류'의 탄생을 눈앞에 두고 있다.

BCI(뇌-컴퓨터 인터페이스)는 정말 가능한가

영화 〈매트릭스〉, 〈아바타〉에 등장한 BCI

뉴럴링크의 핵심 사업인 BCI는 뇌와 컴퓨터를 연결해 서로 직접 상호작용이 가능하도록 하는 장치다. 뇌파나 뇌세포의 전기적 신경신호를 통해 휠체어나 의수·의족 혹은 로봇과 같은 기계를 조작할수도 있어 뇌-기계 인터페이스(BMI, Brain-Machine Interface)라고 불리기도 한다. 인간의 두뇌와 기계를 연결시키는 기술이기 때문에 컴퓨터공학이나 전자공학, 로봇공학 및 신경의학과 연관성이 깊다.

BCI는 여러 SF 영화에도 등장했는데, 가장 잘 알려진 영화는 아마도 키아누 리브스 주연의 〈매트릭스(Matrix)〉일 것이다. 〈매트릭스〉는 1999년에 공개된 SF 영화로, 인간이 매트릭스라는 시뮬레이션에 갇혀 있는 디스토피아적 미래상을 그린 영화이다. 초인공지능적인 기계들이 인간의 몸을 에너지원으로 사용하는데, 컴퓨터 프로그래머인 주인공 토마스 앤더슨(키아누 리브스)이 이 진실을 발견하면서 매트릭스에서 해방된 다른 사람들과 함께 기계에 대한 반란을 일으킨다는 내용이다.

이 매트릭스에는 사람의 뇌에 케이블을 꽂아 직접적으로 컴퓨터와 연결해 시뮬레이션 세상으로 들어가는 장면이 등장한다. 그리고 주인공은 그 안에서 슈퍼맨과 같은 능력을 구사한다. 가장 인상적인 장면은 주인공인 네오(키아누 리브스)가 그의 멘토인 모피어스와 무술 대련을 하는 장면이다. 무술을 배운 적이 없는 네오는 무술 훈

영화 〈매트릭스〉에서 BCI로 뇌에 데이터를 전송하는 장면

자료: 영화 〈매트릭스〉

런 프로그램을 뇌에 직접 다운로드 받아 몇 초 후 눈을 뜨면서 "이제 쿵푸를 할 수 있다(I Know Kung Fu)"라고 말하며 순식간에 쿵푸의 고수가 된다.

트리니티라는 또 다른 캐릭터는 B-212 헬리콥터 조종 프로그램을 요청해 다운로드 받아 몇 초 만에 헬리콥터를 조종할 수 있게 된다. 이러한 장면들은 BCI를 통해 우리가 새로운 기술 및 지식을 완전히 혁신적인 방법으로 습득할 수 있음을 보여준다. 실제로 이러한 BCI 연구가 진행되고 있어, 뇌와 컴퓨터의 직접적인 연결을 통해 학습 과정을 단축시켜주는 영화 같은 이야기는 조만간 현실로 구현될 전망이다.

2150년 배경의 영화 〈아바타(Avatar)〉에도 BCI를 구현한 장면이 등장한다. 영화에 나오는 아바타는 외계 행성 판도라 원주민과의 소통을 위해 인간과 원주민 '나비족'의 DNA를 혼합해 제작한 인공 육체이다. 아바타는 인간 조종자와 연결한 링크 장치를 통해 생각만으로 조종할 수 있다. 즉 뇌파 전달만으로 아바타를 움직일 수 있는데, 이때 등장하는 기술이 BCI에 해당한다. 현실에서는 아바타 대신 뇌파로 로봇을 움직일 수 있는 기술 개발이 진행 중이다. 이 기술이 완성되면 미래에는 아바타와 같은 인공 육체를 조종하거나 뇌와 다른 장치를 연결해 정보를 주고받을 수 있게 된다.

생각과 데이터를 신호화해 뇌와 컴퓨터로 전달하는 것이 핵심

그렇다면 과연 영화처럼 뇌와 컴퓨터를 연결해 생각을 전달하고, 컴퓨터에 있는 수많은 지식들을 뇌로 보내는 일이 가능할까?

BCI의 본질은 '인간이 무엇을 하려고 생각하는지를 분석해서 그에 상응하는 결과를 이끌어내는 것'이다. 그러기 위해서는 신경과학적으로 유의미한 신호를 얻어서 그 신호로 BCI를 구축해야 한다.

우리가 날씨가 더워 에어컨을 켜려면 리모컨을 찾아 리모컨의 전원 스위치를 눌러서 에어컨 전원을 켜야 한다. 여기에는 '날씨가 덥다. 에어컨을 켜서 시원하게 하고 싶다'라는 생각이 뇌에서 발생하고, 이 생각이 몸의 각 부분에 명령을 내려 특정한 행동, 예를 들면 손으로 리모컨의 전원 버튼을 누르는 식의 행동을 하게 한다. 그런데 뇌와 컴퓨터 혹은 특정 기기와 직접 연결돼 있다면 '날씨가 덥다. 에어컨을 켜서 시원하게 하고 싶다'라는 생각이 직접 에어컨으로 전

BCI의 시스템 작동 원리	
구성요소	설명
신호 측정	전극을 통해 뇌파를 측정하고, 필요한 설정(샘플링 주파수, 이득, 측정 채널 등). 측정된 아날로그 신호는 AD 컨버터(Analog to Digital Converter, 아날로그 신호를 디지털 신호로 변환하는 장치)를 통해 디지털 신호로 변환.
전처리 및 형태 추출	잡음을 제거하고 필요한 신호를 분리하는 전처리 과정을 거침. 또한 형태 추출 과정에서는 인식률을 높이기 위해 뇌파 데이터의 정보를 변환. 중요한 정보와 중요하지 않은 정보를 구별하는 과정이 포함.
전환 알고리즘	각각의 뇌파 데이터가 어떤 집단에 속하는지를 분류하는 알고리즘. 이를 통해 여러 뇌파 모델을 비교하고 클래스를 구분. 분류 방법으로는 선형 판별 분석법부터 복잡한 비선형 인공신경망 등을 사용.
응용 단계	분류기를 거쳐 나온 최종 출력은 다양한 단말의 제어를 위한 명령어로 변환. 예를 들어 컴퓨터 화면의 커서를 움직이는 등의 기능을 수행.

달되어 에어컨 전원을 켤 수 있다. 중간 과정이 없어지면서 훨씬 효율적이고 빠르게 기계에 명령을 보내는 것이 가능해진다. 만약 거동이 불편하거나 손이 부자유스러운 사람이라면 더더욱 이 BCI가 도움이 될 것이다.

기본적으로 BCI는 뇌에서 만들어진 신호를 받아들이는 신호 측정 과정과 이 신호를 기계가 이해할 수 있는 전기적 신호로 바꾸는 신호 변환 과정, 변환 및 분석한 신호를 장치에 전달해 명령을 내리는 최종 출력 과정의 세 가지 단계로 이루어진다.

먼저 뇌파 측정 기기를 통해 특정 상태의 뇌파 신호를 측정해 특

BCI 시스템 작동 과정과 구성요소

BCI 시스템의 작동 과정과 구성요소

1. 뇌파 신호 측정

2. 전처리 및 형태 추출

4. 응용 단계

3. 전환 알고리즘

자료: 네이버 블로그 '점점 현실화되고 있는 매트릭스(Matrix) 세계 - 컴퓨터와 뇌가 연결되는 시대가 온다'

이점이나 특징을 추출하고, 이를 분류해 일반적인 제어 신호로 변환해 컴퓨터나 기기 등을 제어한다. 사용자의 머리 부분에 전극을 부착한 후 뇌파 데이터를 측정한다. 측정된 뇌파 데이터는 AD 컨버터(Analog to Digital Converter, 아날로그 신호를 디지털 신호로 변환하는 장치)를 거쳐 디지털 신호로 전환되어 컴퓨터로 입력된다. 입력된 뇌파 데이터는 각종 알고리즘을 이용해 신호 처리된 후 이를 인식, 분류해 제어 신호로 일반화시킨다. 최종 출력 신호는 컴퓨터, 게임기, 의료기기 등 각종 단말 기기에 응용되어 사용한다.

영화 〈매트릭스〉에서 등장인물들은 뇌와 컴퓨터의 연결을 통해 사람의 의식을 가상현실에 업로드해 그 안에서 마치 현실과 같은 체험을 하게 된다. 영화적 발상이긴 하지만 이는 BCI 기술이 인간의 의식을 디지털 형태로 변환하고, 이를 컴퓨터 시스템에 업로드할 수 있다는 가능성을 보여준 것이기도 하다. 결국 BCI는 인간의 불멸성과 AI의 발전에 대한 근본적인 질문을 제기한다.

BCI와 생성형 AI가 만나 꿈과 희망을 만들다

AI를 이용해 생각만으로 타이핑을 할 수 있다

BCI에서 AI는 과연 어떤 역할을 할까? 기본적으로 AI 알고리즘은 뇌에서 발생하는 복잡한 신호를 처리하고 해석하는 데 사용된다. 뇌 활동은 뉴런 간의 소통을 통해 발생하는데, 이는 두개골을 통과해 두피에까지 이어진다. 그러나 이런 신호들은 뇌파(EEG, Electroencephalogram) 센서에 거의 도달하지 못하고, 뇌파 데이터 또한 특정한 것을 명확하게 식별하기가 매우 어렵다. 따라서 뇌 신호의 대표적인 특성을 자동으로 추출할 수 있는 알고리즘이 필요한데 이 역할을 하는 것이 바로 AI이다.

뇌 신호는 뇌파와 같은 비정형 데이터로, AI는 이러한 데이터를 분석해 유용한 정보를 추출한다. 또한 AI는 뇌 신호의 패턴을 학습하고 인식할 수 있게 한다. 이를 통해 시스템은 사용자의 의도를 정확하게 파악하고, 이를 디지털 명령으로 변환한다.

BCI에는 주로 딥러닝, 특히 순환신경망(RNN)과 같은 알고리즘이 활용된다. 딥러닝은 인공신경망을 기반으로 하여 복잡한 비선형 문제를 해결하는 데 사용되는 AI 기술로, BCI에서는 뇌 신호의 패턴을 인식하고 이해하는 데 활용된다. 특히 딥러닝 알고리즘은 자동으로 구별할 수 있는 특성을 추출하는 데 있어 효과적이다.

미국 스탠퍼드대학은 척추장애로 수십 년간 거동이 어려웠던 65세 노인의 운동 피질에 마이크로 전극을 삽입한 후, 딥러닝 알고리즘을 활용해 생각만으로도 빠르게 타이핑할 수 있는 시스템을 구현했다. 일반적으로 신경망을 학습시키기 위해서는 방대한 양의 음성 데이터나 이미지가 필요하지만, 연구진은 100~500개의 문장을 분리 재조합해 수많은 문자를 만들어냈고, 이를 딥러닝 알고리즘으로 학습시켰다. 이 딥러닝 알고리즘을 적용한 결과, 노인은 생각만으로 분당 18개의 단어를 타이핑할 수 있었는데, 이는 분당 8개 단어를 타이핑할 수 있었던 기존 BCI 기술과 비교해 매우 빠른 속도였다.

뇌졸중이나 교통사고 등으로 인해 몸을 자유롭게 움직이지 못하는 환자들도 이 시스템을 활용하면 생각만으로도 글을 쓸 수 있어 장애를 가진 사람들의 일상생활을 크게 향상시킬 수 있다.

AI는 파킨슨병과 같은 뇌질환 치료에도 적용할 수 있다. 뇌에 자

사람의 대뇌 피질에 뉴로칩을 심은 뒤 생각만으로 단어를 입력할 수 있다.

자료: 샌프란시스코 캘리포니아대학(UCSF), 언론 종합

극을 준 뒤 AI 알고리즘을 이용해 반응을 분석하고 새로운 자극을 생성해 치료할 수 있다. 미래에는 뇌 속의 인공신경망을 재구축하는 수준까지 발전할 것으로 기대된다.

'말하지 않아도 AI는 알아~ 그냥 바라보면~
뇌 속에 있다는 걸~'

챗GPT와 같은 생성형 AI는 BCI에서 훈련 데이터의 품질과 양을 향상시키는 역할을 한다. BCI와 생성형 AI가 결합하면 BCI가 사용자의 뇌 신호를 분석해 의도를 파악하고, 이를 바탕으로 생성형 AI가 적절한 응답을 생성할 수도 있다. 이러한 기술은 의사소통이 어

려운 환자들에게 큰 도움이 될 수 있다.

실제로 텍사스대학 연구진은 사람의 뇌 활동을 기능적 자기공명 영상(fMRI)으로 측정해 생각하거나 상상하는 내용을 문장으로 재구성해주는 AI 시스템을 개발했다. fMRI란 functional Magnetic Resonance Imaging의 약자로, 뇌의 활동을 시각화하는 데 사용되는 이미징 기술이다.

일반적으로 잘 알려진 MRI는 주로 뇌의 해부학적 구조를 세밀하게 시각화해 뇌의 정상적인 구조와 비정상적인 변화(종양, 뇌졸중, 손상 등)를 파악하는 데 사용된다. 반면 fMRI는 뇌의 특정 부분이 활동할 때 발생하는 혈류 변화를 감지해 어떤 뇌 부위가 특정 작업을 수행하는 데 관여하는지를 파악하는 데 사용된다. fMRI는 뇌의 특정 부분이 작업을 수행하면서 소비하는 산소의 양을 측정해 어떤 뇌 부위가 활성화되었는지를 파악하는데, 뇌의 기능을 시각화할 수 있어 신경과학, 심리학, 의학 연구 등에서 널리 사용된다.

텍사스대학 연구진이 실험한 내용은 다음과 같다. 한 실험자가 fMRI 장치를 사용한 상태에서 오디오 드라마나 팟캐스트를 듣는다. 총 16시간 동안 들은 다음, 실험자의 fMRI 스캔 데이터와 원본 문장을 오픈AI의 GPT-1에 학습시킨다. GPT-1은 fMRI 데이터를 바탕으로 실험자의 생각을 해석한다.

그런 다음 이번에는 실험자에게 한 번도 들려주지 않은 새로운 이야기를 들려주었다. 그리고 이때의 뇌 활동 데이터를 GPT 기반의 디코더(decoder, 문장·이미지 등을 만들어내는 출력기)로 해석했다. 결과는 놀라웠다. 뇌 활동 데이터를 판독해 GPT 디코더는 새롭게 들려준 이야기의 의미 파악에 필요한 단어들을 포착해냈고, 이야기에서 사용된 정확한 단어와 문장까지 생성해냈다. 완벽하게 일치하지는 않아도 들려준 이야기의 요지를 거의 파악해낸 것이다. 실험자는 그저 새로운 이야기만 듣고 머릿속으로 생각만 했을 뿐인데, 생성형 AI인 GPT가 이를 분석해 뇌 속에 있는 생각을 글로 만들어낸 것이다.

심지어 대사가 없는 무성 영화를 봤을 때도 AI는 뇌 속의 데이터를 분석해 그 내용을 상당히 정확하게 재현하는 데 성공했다.

이 기술이 제대로 실현만 되면 뇌손상, 뇌졸중, 전신마비 등의 환자들도 충분히 주변 사람들과 의사소통을 할 수 있게 된다. "말하지 않아도 알아~ 그저 바라보면~"이라는 어느 과자 광고의 CM송 가사처럼 BCI와 생성형 AI의 결합으로 이제 말이 아닌 생각까지도 읽어낼 수 있게 된 것이다.

생성형 AI가 뇌 속의 생각들을 그림, 음악으로 구현한다

일본의 오사카대학은 이미지 생성형 AI 모델인 '스테이블 디퓨전(Stable Diffusion)'을 사용해 fMRI로 스캔한 뇌파를 사진 이미지로 바꾸는 데 성공했다. 이미지를 볼 때 시각을 담당하는 뇌 영역에서 일어나는 뉴런의 활동을 fMRI로 스캔한 다음, 스테이블 디퓨전 모델에 입력하면 정확한 이미지를 생성할 수 있다.

예를 들어 우리가 사과를 보면 뇌에서는 사과의 둥글고 빨간 이미지와 함께 '사과'라는 단어가 같이 떠오른다. AI는 이 각각의 이미지와 단어 데이터를 찾아내 분석해 사과 이미지를 만들어내는 것이다.

스위스 로잔공과대학 연구진은 비디오를 보고 있는 쥐의 뇌 신호를 '세브라(CEBRA)'라는 AI 모델로 해석한 다음, 쥐가 보고 있는 비디오를 재현할 수 있는 기술을 개발했다.

이 기술을 이용하면 혼수상태에 있는 환자의 뇌파를 읽고 이미지로 번역해 환자와 의사소통하는 데 도움을 주거나 병이나 사고로 실명한 사람들의 시력 회복에도 도움이 될 수 있다. 더 나아가 사용자의 뇌 활동을 바탕으로 새로운 이미지, 음악, 텍스트 등을 생성하

1960년대 흑백 비디오 클립(상)과 그 영상을 본 쥐의 뇌 활동을 '세브라'라는 AI 모델이 해독해 생성한 비디오 클립(하). 쥐가 본 그대로 거의 동일한 이미지를 AI가 구현해냈다.

자료: EPFL, 《AI타임스》

는 것도 가능해진다. 신체의 이용이 자유롭지 못한 사람이라도 BCI
와 생성형 AI의 결합을 통해 예술, 엔터테인먼트, 디자인 등 다양한
분야에서 새로운 창작 활동을 할 수 있게 되는 것이다.

물론 아직은 뇌의 복잡성과 기술적인 문제들로 인해 실제적인
응용은 제한적이다. 그럼에도 불구하고 BCI와 AI의 결합은 많은 가
능성을 제공하고 있다.

일론 머스크가 그리는 영생의 꿈, 무모한 도전일까 인류 혁명일까

모든 인간들의 헛된 꿈, 영생을 꿈꾸는 일론 머스크

일론 머스크는 왜 뉴럴링크를 설립했고 뇌와 컴퓨터를 연결하는 BCI에 그렇게나 관심을 갖고 있을까? 뉴럴링크의 설립 목적에 대해 머스크는 BCI가 뇌와 척추, 안구 등 각종 질환·질병을 쉽고 빠르게 치료함으로써 삶의 질을 획기적으로 개선할 수 있다고 설명한다. 논란이 제기된 뉴럴링크의 여러 실험에 대해서도 "컴퓨터 칩을 인체에 삽입하면 척수가 손상된 사람의 전신 운동 기능 회복이 가능하다", "선천적인 시각장애를 갖고 태어난 사람도 정상 시력을 얻을 수 있다"고 BCI의 긍정적 측면을 수차례 강조했다. 심지어 알츠하이머

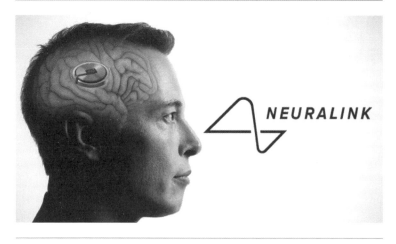

자료: 뉴럴링크

(치매를 일으키는 퇴행성 뇌질환)나 자폐증과 같은 정신질환까지 치료
가 가능하다고 머스크는 주장했다.

하지만 머스크가 뉴럴링크를 통해 이루고자 하는 목표는 각종
질환·질병 치료만이 아니다. 이런 일차적인 목적을 넘어 BCI를 통
해 머스크가 이루고자 하는 궁극적인 목표는 인류의 수명을 획기적
으로 늘리는 것, 더 나아가 인류를 영생에 이르도록 하는 것이다. 인
간의 영생, 이는 수 세기 동안 인류가 꿈꾸어온 환상이다.

영생(永生)은 영원히 죽지 않는 것을 말한다. 불사신(어떠한 상처,
타격, 병, 고통에도 견딜 수 있는 상태) 혹은 불로불사(不老不死), 불로장
생(不老長生)이라고도 표현한다. 인류 역사를 돌아보면 수많은 권력
자가 영생을 추구했고 그것을 이루기 위해 말도 안 되는 도전을 많

이 했지만 자연의 법칙을 거스를 수 없었다.

영생은 동서고금을 막론하고 인류가 끊임없이 추구했던 이상이자 목표였지만 절대 이룰 수 없는 환상이다. 수많은 동서양의 현인들은 불로불사를 바라는 권력자들의 어리석음을 지적하기도 했다. 그런데 이제 BCI라는 기술을 통해 이 환상이 조금씩 현실화돼가고 있다.

뉴럴링크 설립의 궁극적 목적은 '화성 이주'

머스크는 뉴럴링크의 BCI 기술로 왜 인간의 수명을 획기적으로 늘리고 궁극적으로 인류의 영생을 이루려고 했을까?

머스크가 추구하는 인류 영생 계획은 단순히 죽음을 두려워해서가 아니다. 머스크는 화성을 바라보고 있다. 그의 모든 사업은 화성에 인류가 정착하는 것을 목표로 하고 있다. 그의 꿈은 크지만, 계획은 세밀하다.

그가 설립한 스페이스X, 솔라시티, 테슬라, 하이퍼루프, 보링컴퍼니, 스타링크, 뉴럴링크 등 모든 사업은 화성 진출을 위한 전략적인 계획의 일부이다. 스페이스X는 화성을 가기 위한 우주선을 만들고, 솔라시티는 화성에서의 에너지 공급을 담당하며, 테슬라는 화성에서의 이동수단을 제공한다. 하이퍼루프와 보링컴퍼니는 화성에서의 교통 인프라를 구축하고, 스타링크는 화성에서의 인터넷 연결을 제공한다.

그리고 뉴럴링크는 화성으로 이주할 인류의 건강과 정신을 보호하는, 제일 중요한 임무를 수행하게 된다. 9개월 이상 걸리는 우주선 내에서의 긴 이동 시간 동안 탑승자들은 엄청난 스트레스에 시달릴 것이다. 만약 화성에 무사히 도착한다 해도 지구보다는 열악하므로 적응하기까지 육체적·정신적 고통도 대단할 것이다. 예기치 못한 사고도 발생해 다칠 수도 있다.

화성의 환경은 인간의 생명을 유지하기에 매우 적대적이며, 이러한 환경에서 생활하기 위해서는 많은 도전과 어려움을 극복해야 한다. 화성에서의 생활은 고립감, 스트레스, 우울증 등 다양한 정신건강 문제를 야기할 수 있는데, 뉴럴링크의 기술을 사용하면 이러한 문제를 감지하고, 적절한 치료나 조치를 취하는 데 도움이 될 수 있다. 화성 이주민들이 화성의 환경 데이터를 직접 수집하고, 이 데이터를 분석해 화성에 대한 이해를 높이는 데에도 뉴럴링크의 기술은 유용할 수 있다.

결국 머스크가 뉴럴링크를 통해 인류의 수명을 획기적으로 늘리고자 하는 이유는 화성으로 이주한 인류의 정신건강 관리를 도우면서 화성 환경에 잘 적응해 새로운 문명을 개척하고자 함이다.

뉴럴링크와 AI가 우리에게 던지는 인간 존재와 가치라는 화두

2023년 7월 12일에 설립한 AI 기업 xAI는 머스크가 꿈꾸는 모든 것의 중심이 될 전망이다. 현재 서로 독립적으로 운영되고 있는 머스크의 회사들은 점차 xAI를 중심으로 모두가 하나로 연결될 것이다.

1조 개가 넘는 X(구 트위터) 사용자들의 데이터는 강력한 AI 시스템을 훈련시키는 중요한 연료 역할을 하게 된다. 테슬라의 운전자 지원 시스템을 통해서도 하루에 약 1만 6000억 개의 카메라 이미지 데이터가 발생한다. X 사용자 데이터에 테슬라 데이터까지 더해지고, 여기에 슈퍼컴퓨터인 도조까지 결합하면 xAI는 상상도 못 할 능력의 AI로 진화할 것이다. 테슬라, 뉴럴링크, X 등의 데이터를 활용해 훈련시킨 AI는 휴머노이드 로봇에도 도입된다.

일론 머스크는 xAI의 설립 목적에 대해 "AI가 세계의 다양한 측면과 그 너머에 있는 광범위한 우주를 이해하도록 하는 것"이라고 밝혔다.

일론 머스크가 어떤 의도를 가지고 뉴럴링크를 설립했든지 간에, BCI와 AI의 발전은 인류의 삶을 획기적으로 바꾸는 동시에 많은 사회적·윤리적 문제를 불러일으킬 것이다. 사람의 기억과 감정을 컴퓨터로 옮기는 것이 실현 가능한지에 대한 의문부터 뇌 임플란트의 안전성, 기계의 몸으로 살아가는 인간을 진짜 인간으로 볼 수 있느냐는 근본적인 물음에 이르기까지 수많은 이슈가 제기될 수 있다.

일론 머스크와 뉴럴링크의 도전은 인간의 삶과 죽음에 대한 우리의 이해를 바꿀 수 있을 것이다. 그러나 이러한 기술의 발전과 동시에 우리는 그것이 가져올 수 있는 윤리적·사회적 문제에 대해 심도 있게 고민해야 할 필요가 있다. 이는 단순히 기술적인 문제가 아니라, 인간의 존재와 가치에 대한 근본적인 질문이다.

'디지털 영생'은 과연 살아 있다고 할 수 있을까?

사람은 반드시 죽는다. 이것은 절대로 변할 수 없는 생명의 법칙이다. 그러나 일론 머스크의 뉴럴링크가 추진 중인 BCI 프로젝트는 이러한 '절대불변의 법칙'을 뒤집으려 하고 있다.

머스크는 미국 CNBC와의 인터뷰에서 "인터넷에 사람 뇌를 업로드하고 다시 다운로드하는 게 가능할 것"이라고 소개하며 언젠가는 테슬라가 개발 중인 휴머노이드 로봇 '옵티머스'에 인간의 뇌를 다운로드할 수 있을 것이라고 설명했다. 즉 BCI를 통해 인간의 기억, 감정, 개성 등을 로봇이나 컴퓨터에 저장해 영생을 가능케 하는 것이 머스크가 뉴럴링크를 세운 이유이다.

정말 머스크의 말처럼 죽거나 병에 걸리지 않는 로봇 또는 컴퓨터의 형태로 사람의 기억, 감정, 개성 등을 소프트웨어의 형태로 간직한 채 살아가게 된다면 인류는 지금과는 전혀 다른 새로운 시대를 맞이하게 될 것이다. 머스크는 "뉴럴링크의 기술이 완성되면 나의 뇌에도 칩을 삽입할 것"이라고도 호언장담하며 "우리의 기억과 자아가 존재하는 한은 로봇 등을 우리라고 판단하는 게 가능하다"라고 강조했다.

BCI 기술이 발전하면 인간의 정신을 디지털 형태로 보존하고, 신체의 죽음 이후에도 계속 존재할 수 있게 만드는 '디지털 영생'이 가능해질 수 있다. 그러나 이러한 가능성은 여전히 이론적인 단계에 머물러 있다. 현재의 BCI 기술로 뇌의 복잡한 신경 활동을 완벽하게 이해하거나 재현하는 데에는 한계가 있다. 또한 인간의 정신과 자아는 단순한 뇌의 신경 활동 이상이라는 주장도 있다. 인간의 정신을 디지털 데이터로 완벽하게 변환하고 저장했다고 해서, 이를 통해 '영생'을 달성했다고 말할 수 있을지에 대해서는 의문이다.

또한 '디지털 영생'은 다양한 사회적·윤리적 이슈를 야기한다. 먼저 이것은 누구에게나 동일하게 제공될 수 있는 기회인지, 아니면 부유한 자들만의 특권이 될지 지켜봐야 한다. 인간의 정신을 디지털로 보존하는 것은 인간의 존엄성을 침해하는 것은 아닌지에 대한 이슈도 있다. BCI를 통해 '영생'을 달성한 존재는 어떤 법적 지위를 가질지도 해결해야 할 문제이다.

제일 큰 이슈는 BCI를 통해 인간의 모든 기억을 저장한 로봇이나 컴퓨터를 '인간'이라고 부를 수 있을지, 혹은 '살아 있다'고 할 수 있을지에 대한 철학적·신경과학적·윤리적 논쟁이다.

일반적으로 우리가 인간을 말할 땐 생물학적인 의미에서의 인간을 생각하지만, 인간의 정체성에는 단순히 물리적인 육체를 넘어서 생각, 감정, 경험, 기억까지 포함된다. 이러한 관점에서 보면, BCI를 통해 인간의 모든 기억을 저장한 로봇이나 컴퓨터는 '인간'의 일부분을 포함하고 있다고 볼 수 있다. 만약 기억을 복제한 로봇이나 컴퓨터를 '인간'이라고 부를 수 있다면 이는 인간의 정체성이 우리의 생각, 감정, 경험, 기억 등으로 구성된다는 인식에 기반한다. 그들은 인간의 정신적 존재를 반영하며, 이를 통해 인간의 개인적인 경험과 감정을 이해하고 반영할 수 있다.

그러나 이러한 디지털로 복제된 존재가 '살아 있다'고 할 수 있을 지는 더 복잡한 문제이다. '살아 있다'는 개념은 생명체가 자기 자신을 유지하고, 환경에 반응하며, 성장하고, 복제하는 능력까지 가지고 있음을 의미한다. 디지털 복제체는 이러한 생명체의 특성을 모두 가지고 있지는 않다. 그저 인간의 기억과 경험을 통해 '자기 자신'을 유지하고, 환경에 반응하는 능력만을 가지고 있을 뿐이다. 생명체의 기본적인 특성인 성장과 복제의 능력이 없기 때문에 디지털 복제체는 '살아 있다'고 볼 수 없다.

1987년 개봉된 영화 〈로보캅〉은 인간의 두뇌를 지닌 로봇 경찰로 항상 인간의 정체성에 대해 고민한다.

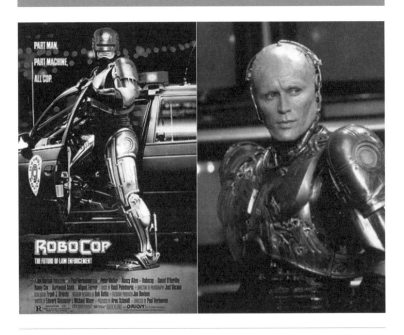

자료: iMDB

이 문제는 '인간'과 '살아 있다'라는 개념의 본질을 새롭게 고민해야 하는 것에서 시작한다. 이에 대한 명확한 답은 아직 없지만, 이러한 논의는 기술의 발전과 그로 인한 사회적·윤리적 변화를 이해하는 데 중요한 역할을 한다.

BCI를 통한 인간의 '영생'은 기술적 가능성과 한계, 그리고 윤리적 문제가 복합적으로 얽혀 있는 이슈이다. 이를 통해 인간의 죽음을 극복할 수 있을지에 대한 답은 아직 미지수, 'X(엑스)'이다.

'뜨는 트렌드'는
우리의 생활 속에서 나온다

새해가 시작되기 전에 시장과 산업의 트렌드를 살피는 일은 개인과 기업 모두에게 있어 이제는 하나의 관례처럼 되어가고 있다. 그도 그럴 것이 메타버스, NFT, 2차 배터리, 챗GPT 등 그해를 대표하는 핫 트렌드가 세상의 부와 관심을 모두 가져가기 때문이다.

하지만 당장 다음 해에 어떤 트렌드, 어떤 IT 기술이나 서비스, 제품이 뜰지를 맞추는 일은 쉽지 않다. '생성형 AI가 대세가 될 것이다' 식의 대략적인 큰 흐름은 말할 수 있겠지만, 정확하게 '이것'이 다음 해에 뜰 것이라고 예상하기란 예언가도 아니고 쉬운 일이 아니다.

2022년도에 발간된 2023년 IT 관련 트렌드 서적이나 보고서들을 살펴봐도 2023년에 생성형 AI와 GPT(Generative Pre-Training)가 이렇게 뜰 것이라고 예측한 자료는 별로 없었다. (챗GPT는 2022년 11월 말에 등장했기 때문에 시기상 2023 트렌드 책에서 다룰 수가 없었을 것이다.) 그건 아마도 AI가 중요하지 않아서가 아니라 AI가 일상적이고 보편화된 기술로 자리 잡았기 때문일 것이다. AI 스피커나 스마트폰의 어시스턴트(비서)로 늘상 사용해왔던 AI였는데, 어느 날 너무나도 급격하게 인간 수준으로 성능이 발전한 AI를 챗(Chat)이라는 서비스 형태로 보여주자 사람들은 열광했고, 그렇게 챗GPT는 메가 트렌드로 급부상한 것이다.

이렇게 '뜨는 트렌드'는 전에 없던 완전히 새로운 기술이 아닌, 기존에 개발된 혁신적 기술을 대중에게 친숙한 형태의 모습으로 '어떻게 재탄생'시키느냐에 달려 있다. 챗GPT 역시 기반 기술은 2020년에 발표된 GPT-3로, 기술 자체는 이미 세상에 나와 있었다.

대중의 인기를 얻었다고 해서 그것이 다 메가 트렌드가 되는 것도 아니다. 2021년 초, 폐쇄형 소셜미디어(SNS) '클럽하우스'는 일론 머스크, 마크 저커버그 등 유명 인사들의 입소문을 타고 폭발적인 인기를 모았다. 클럽하우스에 입장할 수 있는 초대장이 당근마켓·중고나라 등에서까지 거래될 정도였다. 하지만 그 인기는 오래가지 못했다. 유명인들이 떠나면서 클럽하우스의 인기는 한 달여 만에 하락했다.

2023년 7월엔 메타의 SNS '스레드(Threads)' 돌풍이 있었다. 일론 머스크가 인수한 'X(구 트위터)'의 대항마로 선보인 '스레드'는 출시 닷새 만에 1억 명을 돌파하는 신기록을 세우며 챗GPT 이상의 붐을 일으켰다.

사실 이 책을 한창 집필할 당시에만 해도, 메가 트렌드 중 하나로 '스레드'를 선정해놓고 있었다. 챗GPT를 능가하는 인기와 MZ세대들의 유행 만들기 문화가 어우러져 새로운 SNS 플랫폼이 탄생할 것이라 생각했었다. 하지만 집필이 마무리될 무렵, 스레드의 마법은 순식간에 사라졌다. 클럽하우스와 마찬가지로 스레드 열풍도 '한

달 천하', '찻잔 속에 태풍'에 그치고 말았다. (공개한 지 한 달이 지난 스레드의 DAU(하루 활성 이용자 수)는 최고치 대비 79%나 줄어들었다.)

클럽하우스도 스레드도 초반에는 신선함 때문에 많은 사람이 주목하고 관심을 가졌다. 요즘 같은 모바일 시대에서는 서비스 가입이 쉽고 입소문만 퍼지면 순식간에 사람들이 몰려든다. 그러다 보니 지속적으로 재미있는 콘텐츠가 제공되지 않으면 금방 질려서 다른 서비스로 이동한다.

클럽하우스나 스레드가 대세 트렌드로 자리 잡지 못한 결정적 이유는 이용자에게 '별 도움이 되지 않았기 때문'이었다. 재미가 없으면 편리함이나 유익함이라도 있어야 하는데, 그렇지를 못했다. 챗GPT가 2023년의 핫 트렌드로 자리 잡은 이유도 개인과 기업에게 도움이 되는 AI 서비스였기 때문이다.

2024년에는 과연 어떤 트렌드가 제2의 챗GPT로 급부상할까? 어쩌면 챗GPT처럼 생각지도 못한 혁신적인 서비스나 제품이 연말쯤에 등장해 세상을 놀라게 할 수도 있을 것이다. 인간 지능에 가까운 GPT-5가 등장해 지금보다 더 뛰어난 챗GPT 서비스로 AI 열풍을 계속 이어갈지도 모른다.

개인적으로는 일론 머스크가 만들고 있는 2만 달러 휴머노이드 로봇과 2025년 상용화를 앞두고 있는 UAM(도심항공모빌리티)에 관심이 많다. 전기차의 대중화를 지켜보면서 휴머노이드 로봇과 UAM도 결코 먼 미래의 일만은 아니라는 생각이 들었다. 시간의 문제일 뿐 결국 언젠가는 대중 앞에 그 실체가 등장하고, 우리는 그것들을 일상의 일부분으로 받아들이게 될 것이다. 그러면서 우리의 생활은 더 편리해지고 삶의 방식 또한 크게 변화할 것이다.

IT 트렌드에 대한 아이디어가 잘 떠오르지 않을 땐 필자는 SF 영화를 본다. 이미 본 영화도 다시 보면 새롭다. 영화는 미래를 반영한다. 영화적 상상력은 과학으로 이어져 현실 세계에 구현된다.

1990년에 개봉한 〈백 투 더 퓨처〉 두 번째 시리즈에서는 영화에 나온 미래 물건들이 오늘날 상당수 현실화되어 사람들을 깜짝 놀라게 했다. 개인용 드론, 핸드폰 결제, 지문인식, 핸즈프리 게임, 화상통화, 벽걸이 TV, 3D 영화, 주름성형과 모발이식, 구글 글래스 형태의 웨어러블 기기 등 30년 후의 기술들을 대부분 맞춰 놀라움을 자아냈다.

2013년 개봉작인 〈Her(그녀)〉는 남자 주인공이 AI 운영체제 '사만다'를 만나 점차 사랑에 빠지는 과정을 그린 영화이다. 무려 10년 전에 만들어진 작품인데, 2023년에 돌풍을 일으킨 챗GPT가 변화시키고 있는 현재 세상의 모습을 소름 돋을 정도로 정확하게 표현했다. 영화 속 시대는 2025년인데 타임머신을 타고 가서 영화를 찍은 건 아닐까 하는 생각이 들 정도로, 미래를 정확히 그려낸 감독의 상상력이 정말 대단할 뿐이다. 그런 관점에서 지금 개봉하는 영화들을 보면 앞으로의 미래 사회가 어떻게 그려질지 가늠해볼 수 있다.

2023년에는 흥미롭게도 AI와 관련된 영화가 두 편 공개되었다. 하나는 톰 크루즈 주연의 〈미션 임파서블: 데드 레코닝〉이란 영화로, 주인공을 괴롭히는 악당이 인간이 아닌 AI이다. 톰 크루즈를 위협하는 엔티티(Entity)라는 AI가 세계를 위기에 빠뜨리는 가공할 만한 무기이자 빌런(악당)으로 나오는데, 영화를 보면서 AI 때문에 파업 선언을 한 할리우드 작가들과 배우들이 오버랩되었다. 과연 미래의 AI는 인간의 통제를 벗어나 인류를 위협하는 존재로 발전할까? AI의 위험성을 지적한 제프리 힌턴 교수의 경고가 빈말이 아님을 새삼 느끼게 되었다.

또 다른 영화는 〈크리에이터(The Creator)〉로, AI가 인간의 지능을 넘어서면 과연 어떤 일이 벌어질지에 대한 영감을 주는 영화이다. AI가 인류를 넘어서기 위해 핵폭탄을 터트리는 무시무시한 사건에서부터 시작하는데, 영화를 다 보고 나서 '미래에는 인간이 AI를 선택하는 게 아니라 AI가 인간을 선택하는 건 아닐까'라는 생각이 들었다. 그리고 AI가 고도로 지능이 높아지면 인류를 없애려는 AI와 인류를 지키려는 AI 간의 '마지막 AI 전쟁'이 펼쳐지지 않을까 하는 상상을 해보았다.

수십 개의 서비스와 제품, 신기술들을 살펴보면서 과연 2024년에 가장 주목받을 트렌드는 어떤 것일까를 고르는 일은 즐거우면서도 힘든 일이다. 모두가 다 중요하고 다 뜰 것 같은 트렌드처럼 보이다 보니 어떤 것은 넣고 어떤 것은 빼기가 쉽지 않았다. 여러 생각 끝에 7가지의 메가 트렌드를 선정했지만, 마지막까지 넣을지 말지를 고민한 트렌드가 환경과 관련한 '기후테크'와 '카본테크'였다.

기후테크는 기후(Climate)와 기술(Technology)의 합성어로 온실가스 감축과 기후적응에 기여하는 모든 혁신 기술을 의미한다. 기후테크는 클린테크(에너지), 카본테크(탄소), 에코테크(환경), 푸드테크(농식품), 지오테크(관측 및 기후적응) 등 5개 세부 분야로 구분되는데, 이 중 각광을 받고 있는 분야가 탄소 포집·저장 및 탄소 감축을 개발하는 카본(Carbon)테크이다.

기후테크와 카본테크를 고민한 이유는 전 세계적으로 발생하고 있는 이상기후 때문이다. 이상기후 현상은 매년 빈도와 강도가 증가하고 있는 추세이나. 2023년에도 세계 곳곳에서는 폭염, 산불, 폭우, 가뭄 등 자연재해가 끊이지 않았다. 그 규모도 광범위해 피해가 막심하고, 전혀 예상치 못한 시기와 지역에서도 발생해 대응이 쉽지 않았다.

유럽에선 스페인과 포르투갈, 이탈리아 등 서유럽 국가들이 폭염으로 대지 곳곳이 불에 타 현지 주민들뿐 아니라 여행을 위해 유럽을 찾은 관광객들도 수많은 피해를 봤다. 폭염은 북아프리카 알제리, 튀니지 등 인근으로까지 퍼져 약 50도에 육박하는 무더위가 이어졌다. 한겨울이었어야 하는 8월의 브라질과 칠레, 아르헨티나 등 남미 국가들 역시 때아닌 폭염에 시름했다. 칠레는 한겨울 기온이 섭씨 40도 가까이 치솟으며 겨울이라 말하기가 무색할 정도였다.

폭염으로 인한 산불 피해도 잇따랐다. 하와이 마우이섬에서는 역대급 규모의 산불이 발생해 115명이 숨지고 약 400여 명이 실종되는 등 미국 역사상 100여 년 만에 가장 큰 인명 피해가 발생했다. 가뭄 피해도 심각했다. 아이슬란드, 스칸디나비아반도 북부, 중유럽, 캐나다, 북미 남부, 남미 등 일대는 높아진 기온으로 인해 대기와 땅이 더욱 건조해져 이례적인 가뭄을 겪어야만 했다.

폭우로 인한 재해도 적지 않았다. 2023년 9월, 한여름도 아닌 가을에 미국 뉴욕에는 최대 200mm의 폭우가 쏟아졌다. 차오르는 빗물에 버스는 잠기고, 지하철역 지붕에선 물줄기가 폭포처럼 쏟아지는 등 물폭탄은 뉴욕을 마비시켰다.

이상기후의 원인은 '기후변화'이다. 비정상적으로 뜨거워진 대기로 폭염, 산불, 가뭄, 폭우 등이 발생하고 있는 것이다. 기후 위기는 이미 심각한 수준을 넘어 전 인류를 위험에 빠뜨리고 있다. 안토니우 구테흐스(Antonio Guterres) 유엔 사무총장이 "인류가 지옥으로 가는 문을 열었다"고 경고할 정도다.

기후 재앙을 막기 위해서는 지금이라도 지구 온도를 낮추기 위해 세계 각국이 노력해나가야 한다. 탄소 배출을 줄이고 인류에 직접적인 영향을 미치는 기후 위기에 대응하기 위해 세계 각국이 힘을 모아야 한다. 이러한 배경에서 기후테크와 카본테크는 많은 스타트업과 벤처투자자들의 관심을 받는 분야가 되고 있다.

특히 카본테크는 규제 측면에서도 핫 트렌드로 부상할 가능성이 높다. 유럽연합(EU)은 2023년 10월 1일부터 탄소국경조정제도 (CBAM, Carbon Border Adjustment Mechanism, EU 수출품 대상으로 해당 제품 생산과정에서 배출되는 탄소에 관세를 부과하는 제도)를 도입하는데, 2025년 12월 31일까지 전환 기간을 거쳐 2026년 1월 1일부터 본격적으로 시행될 예정이다. 철강 등 탄소 배출량이 많은 국내 업체들은 지금부터 탄소 배출량을 줄이지 못하면 가격경쟁력에 치명타를 입을 수밖에 없다.

이처럼 기후테크와 카본테크는 분명 중요하고 의미 있는 트렌드이지만, 전작인 《CES 2023 빅테크 9》과 《ESG 혁명이 온다》에서 관련 내용을 다뤘던 적이 있어서 아쉽게도 이번 《2024 IT 메가 트렌드》에는 담지 않았다. 하지만 지구와 우리 아이들을 위해서라면 관심 있게 지켜봐야 할 트렌드이다. 잠깐 반짝 뜨고 사라질 트렌드가 아닌 장기적 관점에서 기술을 개발하고 지구환경 개선을 위해 우리 모두가 노력해야 하는 또 하나의 '메가 트렌드'이다.

참고문헌

PART 1 2024년, 챗GPT가 불러온 3개의 AI 전쟁

강우규·구본권·금준경·김재인·리사손·박권일·박도현·박상현 외, 《포스트 챗GPT: 폭주하는 AI가 뒤흔든 인간의 자리》, 한빛비즈, 2023

강정수·김이라·배진범·서수영·성영아·이현정, 《(챗GPT와 오픈AI가 촉발한) 생성 AI 혁명(GENERATIVE ChatGPT)》, 더퀘스트, 2023

강환국·챗GPT, 《주식투자, 강환국이 묻고 GPT가 답하다: AI가 퀀트 투자자에게 알려준 가치투자의 정석》, 헤리티지북스, 2023

곽민정·곽병열, 《인공지능에 투자하고 싶습니다만: 누구나 쉽게 시작할 수 있는 본격 챗GPT와 생성형 AI 투자 교과서》, 한스미디어, 2023

권기대, 《챗GPT 혁명: 산업과 투자의 지형을 뒤흔드는 인공지능의 진화》, 베가북스, 2023

권영설·이상은, 《챗GPT 활용이 이렇게 쉬웠어?: 블로거부터 홍보맨까지 AI 콘텐츠 고수되기》, 한국경제신문, 2023

김강욱·반병현, 《(마음을 움직이는) 보고서 작성법: 보고서×챗GTP》, 생능북스, 2023

김건우 편저, 《인공지능 규제 거버넌스의 현재와 미래(The present and future of AI governance)》, 파이돈, 2023

김대식, 《(챗GPT에게 묻는) 인류의 미래: 김대식 교수와 생성인공지능의 대화》, 동아시아, 2023

김대중, 《(챗GPT의 99%는 질문이다) 200% 활용하는 챗GPT 질문법: 이제는 챗GPT 시대! 질문이 대답을 이긴다》, 원앤원북스, 2023

김동성, 《챗GPT 프롬프트 엔지니어링》, 커뮤니케이션북스, 2023

김미량·이옥화·조미헌, 《인공지능시대의 정보교육론(The Theory of Information Education in the Age of Artificial Intelligence)》, 교육과학사, 2023

김상균, 《초인류(Evolving humanity): AI와 함께 인공 진화에 접어든 인류의 미래》, 웅진지식하우스, 2023

김상윤, 《ChatGPT로 시작하는 대화형 인공지능 활용법》, 에이콘출판, 2023

김수민·백선환, 《챗GPT 거대한 전환: AI 전쟁의 승자는 누가 될 것인가?》, 알에이치코리아, 2023

김승준·양재환·박세현, 《인공지능 활용한 교통데이터 통행목적과 이용자 특성 추정》, 서울연구원, 2023

김영근, 김이환 그림, 《시대전환, 소프트웨어와 인공지능: 인공지능 시대, 우리는 왜 코딩을 배워야 하나?》, 바른북스, 2023

김영기·유민상·천서형·신현명·이준호·최효근·이성몽·강동오·전현주·최순남 외, 《미래 유망 일자리 전망: 챗GPT가 일으킨 AI 돌풍, 인공지능사회의 일자리는?》, 브레인플랫폼, 2023

김영욱·권기범·하율·백상훈·이지은·박상완, 《생성형 AI 사피엔스: 챗GPT가 앞당긴 인류의 미래》, 생능북스, 2023

김영일·임상국, 《(유니티를 활용한) 메타버스 교과서: 인공지능부터 가상현실까지》, 길벗캠퍼스, 2023

김용성, 《챗GPT 충격, 생성형 AI와 교육의 미래: 알파 세대, 교육자가 알아야 할 최소한의 AI 리터러시》, 프리렉, 2023

김유성, 《(세상에서 가장 쉬운) 챗GPT: 챗GPT 초보자가 가장 궁금해하는 것들》, 메이트북스, 2023

김일선, 《교양인을 위한 챗GPT 지식: 대화형 인공지능 세상에서 살아남는 법》, 반니, 2023

김재인, 《AI 빅뱅: 생성 인공지능과 인문학 르네상스》, 동아시아, 2023

김재필·브라이언 곽, 《챗GPT 새로운 기회: 초거대 AI 시대, 경제와 투자의 기준이 바뀐다》, 한스미디어, 2023

김준성·브라이스 유·안상준, 《진짜 챗GPT API 활용법: ChatGPT API 기반의 음성 비서부터 카카오톡》, 위키북스, 2023

김지현·최재홍, 《챗GPT 빅 웨이브: 초거대 AI가 불러올 비즈니스 변화》, 크레타, 2023

김진한·김주한, 《AI와 서비스경영(Artificial Intelligence and Service Management)》, 박영사, 2023

김태균·권영전·성서호·박주현, 《챗GPT와 생성 AI 전망》, 커뮤니케이션북스, 2023

김한, 《오피스 체인지 4.0: 챗GPT 시대, 상위 1% 기업만 알고 있는 오피스 혁명》, 라온북, 2023

김현주·전효진, 《캔바로 크리에이터 및 N잡러 되기: 챗GPT를 비서처럼 활용하기!》, 광문각출판미디어, 2023

김효정·이상민, 《챗GPT와 함께(With ChatGPT): 생성AI 시대에서 인공지능과 함께하는 법》, 뉴런북스, 2023

남주헌, 《(인공지능 시대 생존과 성장을 위한) 창의인간: 창의적인 사람이 세상을 지배한다》, 미학사, 2023

노석준·이승희, 《(메타버스와 챗GPT의 창조적 융합 시대를 여는) 가상세계의 창조자들》, 글라이더, 2023

닉 모나코·새뮤얼 울리, 전주범 옮김, 《봇 이야기: 소셜봇에서 생성형 AI까지》, 한울아카데미, 2023

로버트 워, 정수영 옮김, 《나사의 벌: 로봇공학과 인공지능을 일군 50가지 발견》, 시그마북스, 2023

류태호, 《챗GPT 활용 AI 교육 대전환: 학습자를 위한 챗GPT》, 포르체, 2023

리드 호프만, 이영래 옮김, 《인간을 진화시키는 AI: 오픈AI 투자자 리드 호프먼과 GPT-4의 대화》, 알에이치코리아, 2023

모 가댓, 강주헌 옮김, 《AI 쇼크, 다가올 미래: 초대형 AI와 어떻게 공존해야 하는가》, 한국경제신문, 2023

모르데하이 벤 아리·프란체스코 몬다다, 김동현 옮김, 《로보틱스 알고리듬: 중고등학생을 위한 입문서》, 에이콘출판, 2023

박경수, 《챗GPT 업무 사용 매뉴얼》, 한빛비즈, 2023

박성수·김영수·김군호, 《챗GPT: 트랜스포머 메가 임팩트 11》, 케이미라클모닝, 2023

박성현·오진호·권순선, 《데이터 사이언스의 매력: 데이터·AI 경제 시대의 미래경쟁력》, 자유아카데미, 2023

박소영·박창희, 《웹 3.0과 수용자 진화》, 커뮤니케이션북스, 2023

박영숙·김민석, 《챗GPT 세계미래보고서: 새로운 부의 기회는 어떻게 오는가》, 더블북, 2023

박정혜, 《챗GPT는 심리상담을 할 수 있을까?: 챗GPT를 통해 진정한 인간의 마음을 만나다》, 오도스, 2023

박준원·권은정·권지선, 《(만들면서 배우는) 지속가능한 인공지능 AI 18개 작품 만들기: (엔트리+엠블록+아두이노)+AI》, 앤써북, 2023

박지훈·이준기·주방현·송혜인, 《(선생님이 먼저 배우는) 챗GPT》, 씨마스21, 2023

박창섭, 《AI 저널리즘: 챗GPT 시대, 언론 미디어 산업의 대전환》, 두리반, 2023

박태웅, 《(박태웅의) AI 강의: 챗GPT의 실체부터 AI의 진화와 미래까지 인간의 뇌를 초월하는 새로운 지능의 모든 것》, 한빛비즈, 2023

박해선, 《(인공지능 전문가가 알려 주는) 챗GPT로 대화하는 기술》, 한빛미디어, 2023

박휴용, 《인공지능 기반 교육의 원리와 실제》, 양서원, 2023

반병현, 《(2023 전 세계를 뒤흔든 빅이슈의 탄생) 챗GPT: 마침내 찾아온 특이점》, 생능북스, 2023

반병현, 《(2023 준비된 자에게 찾아온 빅찬스) 챗GPT: GPT 노마드의 탄생》, 생능북스, 2023

백욱인, 《인공지능 시대 인간의 조건: 플랫폼과 알고리즘으로 지배하는 인지자본주의의 현재》, 휴머니스트출판그룹, 2023

백욱인, 《인공지능과 지적재산권》, 커뮤니케이션북스, 2023

변문경·박찬·김병석·전수연·이지은, 《ChatGPT 인공지능 융합 교육법: 디지털 대전환 시대 하이컨셉 디지털 리터러시》, 다빈치books, 2023

서지영, 《챗GPT 거부할 수 없는 미래: 개념 이해와 동작 원리부터 다양한 서비스와 활용법, 파인 튜닝, API까지》, 길벗, 2023

송완강·최덕형·윤정호, 《(상위 1%의 커리어 비밀노트) 특허 빅데이터: 거대한 기술의 흐름을 비즈니스로 풀어내는 단 하나의 방법》, 비제이퍼블릭, 2023

송준용, 《챗GPT 사용설명서(ChatGPT Handbook): 일주일 만에 대화형 인공지능 챗봇 완전 정복》, 여의도책방, 2023

스탠리 최·앤디 정·제임스 정·최동녘, 《샘 올트먼의 생각들: 무엇이 챗GPT, AI 중심의 거부할 수 없는 미래를 앞당기는가》, 여의도책방, 2023

신은정, 《챗GPT로 쉽게 돈 버는 10가지 아이템: 프롬프트 엔지니어》, 광문각출판미디어, 2023

신카이, 《인공지능이랑 차 한잔할래요?: AI와 함께하는 차에 대한 58가지 이야기》, 좋은땅, 2023

안상진, 《챗GPT 입문 가이드: 당신의 일상을 바꾸는 인공지능》, 미문사, 2023

안정기·박인영, 《크리에이터 이코노미(Creator economy): 유튜브부터 챗GPT까지 나만의 방식으로 경제적 자유를 획득하는 웹3.0 시대 새로운 수익의 기술》, 한빛비즈, 2023

오병철·김종철·김남철·김정환·나종갑, 《인공지능과 법(Artificial intelligence and law)》, 연세대학교 출판문화원, 2023

오승현, 《지피지기 챗GPT: 십 대를 위한 챗GPT의 모든 것》, 우리학교, 2023

오현석, 《(하루 만에 이해하는) 챗GPT 활용법: 프롬프트(질문) 활용 가이드북》, 심통, 2023

용환승, 《인공지능 파운데이션(Artificial intelligence foundation)》, 인피니티북스, 2023

유동우, 《AI 자료분석》, 해남, 2023

유승재, 《페르소나 인공지능(Persona AI): ChatGPT 활용과 함께》, 렛츠북, 2023

윤서아·윤성임·김광연·김윤정·최재용, 《ChatGPT, 생성형 AI 활용 콘텐츠 제작의 모든 것》, 재노북스, 2023

윤석만, 《챗GPT·바드 인공지능이 바꿔놓을 핵심역량 4가지》, 가디언, 2023

윤정현·홍건식, 〈디지털 전환기의 국가전략기술과 기술주권 강화방안: D.N.A를 중심으로〉, 국가안보전략연구원(INSS), 2023

윤혜식, 《챗GPT 미래 일자리 2030: AI시대의 일자리 변화와 새로운 기회》, 미디어샘, 2023

이건창, 《AI와 경영정(Artificial intelligence and management information systems)》, 청람, 2023

이규연·방준성·부경호·박제윤·김홍열·박범철·이재은 외, 《뉴사피엔스 챗GPT(New sapiens ChatGPT)》, 광문각출판미디어, 2023

이두호, 《챗GPT가 제안하는 미래 자녀 교육: 예측 불가능한 변화에 대처하는 부모와 아이들을 위한 전략》, 싸이프레스, 2023

이민영, 《포스트 챗GPT, 역량 딥다이브(Deep dive ChatGPT): AI 시대, 이제는 역량 전쟁이다》, 크레타, 2023

이세훈, 《챗GPT시대 글쓰기: 오픈AI로 아이디어를 실현하라》, 매일경제신문사, 2023

이소은·최순욱, 《딥페이크의 얼굴》, 스리체어스, 2023

이승환, 《(AI 시대 절대 대체되지 않는) 슈퍼 개인의 탄생(GPT Revolution)》, 어웨이크북스, 2023

이시한, 《GPT 제너레이션: 챗GPT가 바꿀 우리 인류의 미래》, 북모먼트, 2023

이안 클레이턴, 김상규 옮김, 《직장인을 위한 챗GPT: 업무 스킬업부터 자기 계발까지! 694개 ChatGPT 파워 프롬프트 가이드》, 한빛미디어, 2023

이용욱·윤형섭·황요한·백진우, 《(불길하면서도 매혹적인) 메타버스와 ChatGPT》, 글누림출판사, 2023

이임복, 《챗GPT: 질문하는 인간, 답하는 AI: 인간보다 더 인간다운 인공지능의 시대》, 천그루숲, 2023

이재성, 《챗GPT, 이미 온 미래: 챗지피티의 작동 원리 심층 탐구서》, 마이북하우스, 2023

이재원, 《2030 데이터 리터러시 레볼루션(Data literacy): 당신은 챗GPT 시대의 생존 역량을 갖췄는가》, 클라우드나인, 2023

이주원, 《챗GPT 교실 수업을 위한 지도와 칼》, 리더북스, 2023

이진경·장병탁·김재아, 《선을 넘는 인공지능: 신경망 기반 인공지능이 첫 번째 특이점이었다면 신체 기반 인공지능이 두 번째 특이점이 될 것이다》, 김영사, 2023

이현욱·이상헌, 《(직장인을 위한 완벽 가이드) 챗GPT: 업무에 바로 적용하는 챗GPT, 구글Bard, MS Bing 활용법》, 한국경제신문, 2023

임태형·류지헌, 《교사를 위한 챗GPT 활용 핸드북(ChatGPT user handbook for teachers): 초보자를 위한 스마트한 질문 기술》, 박영스토리, 2023

임현수, 《챗GPT 실전활용서: 인생을 바꿀 수 있는 마지막 기회》, 하이스트, 2023

장대은, 《챗GPT & Bard 질문법: 원하는 정보를 이끌어내는 프롬프트 엔지니어링》, 문예춘추사, 2023

장대익, 《다정한 인공지능을 만나다: 진화학자가 바라본 챗GPT 그 너머의 세상》, 샘터사, 2023

장민, 《챗GPT: 기회를 잡는 사람들》, 알투스, 2023

장세형·이상준, 《웹 3.0이 온다: 챗GPT, 메타버스, IoT, 블록체인이 만들어내는 새로운 디지털 세상》, 위키북스,

2023

전상훈·최서연, 《챗GPT 어디까지 써봤니: 나만 몰랐던 챗GPT 활용법》, 매일경제신문사, 2023

정병태, 《챗GPT AI 조련사: 챗GPT가 반드시 반응해야 하는 특급 명령 프롬프트》, 한덤북스, 2023

정승익·강동희·이상혁·이종찬, 《ChatGPT 바이블: 프롬프트 사피엔스를 위한 비법서》, 다빈치books, 2023

정욱진, 《《ChatGPT가 얘기해주는》 요즘 비즈니스 트렌드(Business trends)》, 좋은땅, 2023

정인성·최홍섭, 《AI 혁명의 미래: 반도체를 넘어 인공지능으로》, 이레미디어, 2023

정제영·김갑수·박보람·박휴용·이선복·전우천·정영식, 《AI 2041: 10개의 결정적 장면으로 읽는 인공지능과 인류의 미래》, 한빛비즈, 2023

정제영·조현명·황재운·문명현·김인재, 《챗GPT 교육혁명: ChatGPT를 활용한 하이터치 하이테크 미래교육》, 포르체, 2023

조연하, 《인공지능 창작과 저작권(AI creation and copyright)》, 박영사, 2023

조정연, 《교사와 학생을 위한 챗GPT 완벽 가이드: ChatGPT 기초 사용법부터 미래교육을 위한 실전 활용 사례까지!》, 위키북스, 2023

챗GPT·이안 토머스·재스민 왕, 《챗GPT 인생의 질문에 답하다: 6천 년 인류 전체의 지혜에서 AI가 찾아낸 통찰》, 현대지성, 2023

최윤규, 《《챗GPT 시대의 창의성》 융합의 탄생(The birth of convergence that creates value)》, 노마드, 2023

최윤식, 《《검색의 시대는 끝났다》 챗GPT: 새로운 무기의 탄생》, 프로젝트A, 2023

최윤식, 《챗GPT & Bard 질문법: 원하는 정보를 이끌어내는 프롬프트 엔지니어링》, 문예춘추사, 2023

최재용·김나리·김선숙·김수연·김재영·서명중·서성봉·홍은희·홍재기, 《챗GPT 세상을 바꾸다: 챗GPT의 모든 것》, 미디어북, 2023

최재용·백남정, 《《내 인생을 바꾸어 줄》 챗GPT 활용 가이드: 프롬프트 엔지니어》, 광문각출판미디어, 2023

최창희, 《《마흔 이후 인생의 전환점에 만나는 AI》 챗GPT 활용 가이드북》, 참출판사, 2023

트렌드연구소, 《챗GPT의 거짓말: 인공지능의 약점과 거짓말에 각성하라》, 동양북스, 2023

하정우·한상기, 《AI 전쟁: 글로벌 인공지능 시대 한국의 미래》, 한빛비즈, 2023

한경비즈니스·김수진·김요한·김은희·박정남·이경전·이승우·하정우 외, 《《한 권으로 마스터하는》 챗GPT 2023》, 한국경제신문, 2023

한국현, 《세상을 바꿀 미래기술 12가지: 인공지능부터 양자컴퓨터까지, 누구나 알아야 할 미래기술의 모든 것》, 위키북스, 2023

한선관·류미영·김태령·홍수빈·임새이·김도용, 《챗GPT와 썸타기: 놀랄 만큼 쉬운 ChatGPT 활용법》, 성안당, 2023

홍기훈, 《GPT 사피엔스(GPT Sapiens): 인공지능을 가장 잘 활용하는 신인류의 탄생》, 21세기북스, 2023

홍지연·한의표, 《《수업에서 바로 활용하는》 챗GPT 교과서》, 생능북스, 2023

PART 2　AI 센트릭 시대, 미래를 바꾸는 7가지 IT 메가 트렌드

제1장 | sLLM(경량화 모델), 멀티모달 AI와 AGI(범용 인공지능) | 2024년에 GPT-5는 등장할 것인가?
PART 1 〈2024년, 챗GPT가 불러온 3개의 AI 전쟁〉 참고문헌과 동일

제2장 | UAM(도심항공모빌리티) | 모빌리티, 하늘로 날아오를 수 있을까
국토교통부, 〈도심항공교통(UAM), 비행실증 통해 더 안전하게! 더 적합하게: 팀 코리아(Team Korea) 10개 기관 추가… 한국형 그랜드챌린지 추진〉, 국토교통부, 2021

김광해, 〈도심항공교통(UAM) 운영 개념: UAM ConOps v1.0〉, 국토교통과학기술진흥원(KAIA), 2020

김광해, 〈유럽 도심항공모빌리티(UAM)의 사회적 수용성 분석〉(전자자료), 국토교통과학기술진흥원(KAIA), 2021

김진욱, 〈UAM 법(안)의 주요내용과 시사점〉(전자자료), 한국법제연구원, 2022

남성우, 〈도심항공교통(UAM) 시대를 준비하는 건축과 도시공간〉(전자자료), 건축공간연구원(AURI), 2022

박형민, 〈UAM 현황과 신산업으로서의 발전 방향〉(전자자료), 한국산업기술진흥원 산업기술정책센터(KIaT), 2022

부산산업과학혁신원, 〈부산의 도심항공교통(UAM) 산업을 진단하다〉(전자자료), 부산산업과학혁신원, 2022

서울특별시, 〈서울시, 항공대와 손잡고 도심항공교통(UAM) 인재 양성 나선다〉(전자자료), 서울특별시, 2021

심혜정, 〈도심 항공 모빌리티(UAM), 글로벌 산업 동향과 미래 과제〉(전자자료), 한국무역협회 국제무역통상연구원(IIT), 2021

안태흠, 〈UAM(도심형 항공교통수단) 공역 통합의 개념〉(전자자료), 국토교통과학기술진흥원(KAIA), 2020

유금식, 〈국내외 UAM(도심항공교통) 인프라 현황 및 시사점〉(전자자료), 한국법제연구원, 2022

이재광, 《(미래 모빌리티) UAM에 투자하라: 2년 뒤 다가올 UAM 시대를 미리 엿보다》(eBook), 경향BP, 2022

이현재, 〈디지털이 이끄는 모빌리티의 미래: 자율주행차·로봇·UAM 중심으로〉, 정보통신기획평가원(IITP), 2023

이현정, 〈도심항공교통(UAM) 정책분석〉(전자자료), 한국법제연구원(KLRI), 2020

장지은, 〈도심 항공 모빌리티(UAM: Urban Air Mobility) 동향〉(전자자료), 정보통신산업진흥원, 2022

정보통신산업진흥원 글로벌ICT포털, 〈UAM 시대 준비 eVTOL 상용화 박차〉(전자자료), 정보통신산업진흥원(NIPA), 2022

조일구, 〈UAM(도심 항공 모빌리티) 산업의 D.N.A. 활용 현황 및 전망〉(전자자료), 정보통신기획평가원(IITP), 2021

조일구, 〈디지털 대전환 시대에 급부상하는 UAM 산업 동향과 전망〉(전자자료), 정보통신기획평가원(IITP), 2022

조진희, 〈충북 UAM산업 생태계 구축 방안 연구〉, 충북연구원(CRI), 2021

한국기상산업기술원, 〈국내외 UAM 관련 기상 R&D 동향 보고서〉(전자자료), 한국기상산업기술원(KMI), 2021

한대희, 《UAM: 탄소중립시대 혁신적인 도심항공 모빌리티의 미래》, 슬로디미디어, 2022

씨에치오 얼라이언스 편집부, 《(차세대 모빌리티로 주목받는) 2021 글로벌 UAM(도심항공모빌리티) 기술개발 동향 및 시장 전망: 플라잉카, eVTOL, 에어택시, 드론, 무인이동체》, CHO Alliance, 2021

제3장 | 휴머노이드 로봇 | 인간형 AI 로봇은 실현될 수 있을까

김규환, 〈로봇산업 육성을 위한 정책토론회〉(전자자료), 김규환 의원실 주최, 2019

김지연, 〈국방로봇 핵심기술 확보 및 관리 방안 연구〉(전자자료), 방위사업청, 2019

민경배, 〈SF영화와 로봇 사회학 1, 2〉(녹음자료), 오디언소리, 2017

서울대AI연구원, 〈인공지능 기술과 로봇: 언제쯤 휴머노이드 로봇이 가사를 해 줄 수 있을까요?〉(전자자료), 서울대AI연구원, 2023

오상록, 〈로봇은 미래 성장동력이 될 수 있을까?〉(녹음자료), 오디언소리, 2017

이주영, 〈한국 로봇산업의 현재와 미래: 국회 로봇산업발전포럼 창립기념 세미나〉(전자자료), 2018

이희옥, 〈인공지능의 규범구체화에 대한 연구〉(전자자료), 정보통신정책연구원, 2020

정보통신기획평가원 미래정책단, 〈ICT Brief(2023.08)〉(전자자료), 정보통신기획평가원(IITP), 2023

정보통신산업진흥원 글로벌ICT포털, 〈소프트뱅크, 로봇 사업 부진에도 다방면의 로봇 기업에 투자〉, 정보통신산업진흥원(NINA), 2021

정보통신산업진흥원 글로벌ICT포털, 〈테슬라, AI 휴머노이드 로봇 '옵티머스' 공개〉(전자자료), 정보통신산업진흥원(NINA), 2022

정제호, 〈Home, 미래의 문명을 바꾸다: 인류의 Lifestyle을 바꾸는 Home의 진화〉, 포스코경영연구원, 2019

제이앤미디어 편, 〈로봇 및 로봇제어 1, 2〉(비디오 녹화자료), 제이앤미디어, 2017

최재천, 〈AI가 그림 대회에서 1등? 오히려 좋아: 로봇이 직업을 대체하면 어떻게 살아야 할까?〉, 최재천의 아마존, 2022

한국로봇산업진흥원, 〈ROBOT ISSUE BRIEF(2022. 08)〉(전자자료), 한국로봇산업진흥원(KIRIA), 2022

EBS 미디어, 〈로봇, 사람의 몸속으로 들어가다 '닥터, 로봇'〉(비디오 녹화자료), EBS 미디어, 2019

EBS 미디어, 〈로봇으로 만드는 행복한 세상 2〉(비디오 녹화자료), EBS 미디어, 2021

EBS 미디어, 〈웨어러블 로봇, 강화 인간을 꿈꾸다〉(비디오녹화자료), EBS 미디어, 2019

EBS, 〈로봇, 새로운 미래 1, 2〉(비디오 녹화자료), EBS, 2017

KBS Media, 〈과연 로봇은 인간을 대체할 수 있을까?〉(비디오 녹화자료), KBS Media, 2021

KBS Media, 〈로봇 시대, 인간의 자리는?〉(비디오 녹화자료), KBS Media, 2017

KBS Media, 〈(KBS미래제안 4차 산업혁명) 로봇, 우리의 친구가 될 수 있을까?〉(비디오 녹화자료), KBS Media, 2016

YTN, 〈21세기 극한환경 로봇을 만들다〉(비디오 녹화자료), YTN, 2023

YTN, 〈4차 산업혁명: 인간과 로봇 공생시대〉(비디오 녹화자료), YTN, 2018

YTN, 〈로봇의 진화, 아이 엠 로봇〉(비디오 녹화자료), YTN, 2023

YTN, 〈로봇이 우리의 일자리를 위협한다?〉(비디오 녹화자료), YTN, 2019

YTN, 〈미래의 부족한 인력을 책임져 줄 AI로봇 개발자!〉(비디오 녹화자료), YTN, 2018

제4장 │ 혼합현실 │ 애플의 공간 컴퓨팅은 성공할 수 있을까

강진석·노병희, 〈MR 기술의 국방 응용 현황 및 이슈〉, 정보통신기술진흥센터(IITP), 2018

김상균, 〈오감이 통하는 혼합현실〉, 한국정보통신기술협회(TTA), 2021

김성호, 〈가상현실의 분류, HW 및 SW 최신 동향〉, 정보통신기획평가원(IITP), 2019

김용석, 〈확장현실 구현 비전 프로 공개 애플, '공간 컴퓨팅' 세상을 꿈꾼다〉, 《이코노미조선》, 2023

남현숙, 〈글로벌 XR 기업의 특허 분석〉, 소프트웨어정책연구소(SPRi), 2021

남현우, 〈혼합현실 기술과 표준화 동향〉, 정보통신기획평가원(IITP), 2019

스트라베이스, 〈Apple Vision Pro의 대중화 가능성을 둘러싼 쟁점 진단… '보급형 후속작의 출현일까, 가격 저항 넘어설 압도적 가치의 제공일까'〉, 《디지털 미래와 전략》, 스트라베이스, 2023

류한석, "애플이 만드니까 된다? 확장현실 주류 노리는 애플의 비전프로 나온다", 조선뉴스프레스, 2023

문장원·강효진, 〈가상·증강현실(XR)을 활용한 교육·훈련분야 용도 분석〉, 정보통신산업진흥원(NINA), 2020

문지민, "XR 시장 개화… 디스플레이·카메라 핵심: 포문 연 비전프로 수혜주", 《매경이코노미》, 2023

박원익, "눈·손·음성만으로 조작하는 '공간 컴퓨터': 애플 야심작 '비전 프로', VR·AR 판 뒤엎는다", 《신동아》, 2023

백정열, 〈혼합현실(MR) 기술 동향〉, 정보통신기획평가원(IITP), 2019

서재창, "맞붙은 비전 프로와 메타 퀘스트, 확장현실 시장 불 지피냐: 애플과 메타", 《헬로티》, 2023

성영조·이영석, 〈메타버스, 우리의 일상을 바꾸다〉, 경기연구원(GRI), 2022

스트라베이스, 〈실감콘텐츠 글로벌 동향분석〉, 한국콘텐츠진흥원, 2021

엄유준, 〈실감미디어(AR·VR)활용의 현재와 미래〉, 경기도경제과학진흥원, 2020

윤현영, 〈VR·AR·MR 관련 기술 및 정책 동향〉, 정보통신기획평가원(IITP), 2019

이아름, 〈혼합현실(Mixed Reality, MR) 시장 및 산업동향〉, 한국과학기술연구원 융합연구정책센터, 2018

이종림, "30m 크기로 눈앞에 펼쳐지는 공간 컴퓨터 애플 '비전 프로'", 《주간동아》, 2023

이준표, 〈가상/증강/혼합현실 기술의 발전과 동향〉, 정보통신기획평가원(IITP), 2019

이학무, "애플이 만드는 새로운 세상 'MR'", 《MoneyS》, 2023

임용준·김진웅, 〈가상, 증강 및 혼합현실을 위한 디지털 홀로그래피 기술 연구 동향〉, 정보통신기술진흥센터(IITP), 2018

전황수, 〈국내외 혼합현실(MR) 추진 동향〉, 정보통신기획평가원(IITP), 2019

정보통신산업진흥원 글로벌ICT포털, 〈Apple, WWDC 2023에서 주요 기술 및 제품 발표〉, 정보통신산업진흥원(NINA), 2023

정보통신산업진흥원 글로벌ICT포털, 〈매직리프의 다음 타깃, 기업용 AR 헤드셋 시장〉, 정보통신산업진흥원(NINA), 2022

정보통신산업진흥원 글로벌ICT포털, 〈빅테크 기업들의 2022년 메타버스 전략〉, 정보통신산업진흥원(NINA), 2022

정보통신산업진흥원 글로벌ICT포털, 〈스마트폰의 대안, AR 글래스 주목〉, 정보통신산업진흥원(NINA), 2022

조형식, "애플 비전 프로와 메타버스 엔지니어링", 《CAD&Graphics》, 2023

최진홍, "애플 '비전 프로', AR을 넘어 공간 컴퓨팅으로", 《이코노믹리뷰》, 2023

한영주, "공간 컴퓨터의 시작, 애플 비전프로", 《방송과기술》, 2023

제5장 | 뷰티테크(안티에이징) | AI로 인간의 노화를 막을 수 있을까

구희언, "코로나19로 주춤했지만 3분기 실적 개선된 K-뷰티", 《주간동아》, 2022

김미현, "'시니어에게도 외모는 경쟁력' 달라진 성형 인식, 연예인도 한 몫", 《에이풀(Aful)》, 2021

김병수, "노화는 질병?… '텔로미어를 정복하라' 세포 재생 통한 항노화에서 치료제까지: 노화와의 전쟁 안티에이징", 《매경SUXMEN》, 2023

김병수, "베이조스도, 올트먼도 관련 스타트업 투자: 실리콘밸리 큰손도 주목", 《매일경제》, 2023

김병수, "줄기세포·노화 세포·장수 동물이 단서, 기초 연구 활발하지만 뚜렷한 성과는 아직: 노화 막는 방법은", 《매일경제》, 2023

김병훈, "김희선 디바이스로 대박 '에이피알'… "뷰티계 애플 꿈꾼다"", 《머니투데이》, 2023

박용선, "뷰티 테크 투자, 장·단기 전략 나눠야… 홈 뷰티 기기 기업 주목: 박은정 하나증권 연구원 인터뷰", 《이코노미조선》, 2023

박종우, "뷰티 테크: 아름다움에도 혁신이 필요하다", 《월간 디자인》, 2023

박현길, 〈'K뷰티+테크' 물결?〉, 《마케팅》, 2017

신다혜, "AI 피부 측정기로 뷰티 넘어 헬스케어도 정조준: 최용준 룰루랩 대표", 머니투데이방송, 2018

심미관, "AI 기반 뷰티테크 발전에 개인 맞춤형 제품 시대 온다: 귀브 발루치 로레알 그룹 글로벌 테크놀로지 인큐베이터 & 오픈이노베이션 부문 사장 인터뷰", 《이코노미조선》, 2023

앨리스 창·전효진, "AI·AR 기반 초개인화 기술, 몰입감 큰 뷰티 쇼핑 체험 가능", 《이코노미조선》, 2023

윤대균, "디지털 기술, 헬스케어 넘어 뷰티케어로", 머니투데이방송, 2017

이동현, "안티에이징 특화 바이오株 '창춘가오신': 고령사회 진입으로 안티에이징 수요 급증 전망", 《뉴스핌》, 2020

이상민, "IT 기술력과 결합시키면 경쟁력 충분: 해외 전문가 3人이 본 항노화 산업", 《매일경제》, 2023

이상원·정재형, 〈4차 산업혁명과 뷰티분야에 대한 연구 동향(A study on the research trends of the 4th industrial revolution and the beauty sector)〉, 한국문화융합학회, 2023

전효진, "립스틱도 옷도 AI가 대신 골라준다… 테크가 바꾸는 뷰티 산업", 《이코노미조선》, 2023

전효진, "VTO 플랫폼, 뷰티 산업 성공 가르는 핵심 기술 될 것: AI·AR 스타트업 바누바그룹 드미트리 오기예비치 CEO 인터뷰", 《이코노미조선》, 2023

최요성, "4차 산업혁명 기술로 구축한 플랫폼으로 아름답고 건강한 삶 누리길", 《월간 인물》, 2019

최진희, "AI로 개성을 커스터마이징하다: 뷰티테크", 중소기업진흥공단, 2023

황진중·김정빈, "K-안티에이징 새 역사 쓴다", 《이코노믹리뷰》, 2021

후양·박용선, "피부·건강 데이터 분석, 뇌과학 결합… 기술 스토리텔링도 중요", 《이코노미조선》, 2023

제6장 | AI 디지털 교과서 | AI는 교육 혁신의 첨병이 될 수 있을까

강현오·곽준현·김민수·김민아·김준현·박성환 외, 〈2022 디지털교과서와 함께하는 우리 학교〉, 한국교육학술정보원(KERIS), 2022

강혜인, 〈함께 성장하는 관계, 교사와 학생〉, 한국교과서연구재단, 2023

강호원, 〈영국의 교수학습 환경 변화에 따른 교과서 개발 및 활용 방안〉(전자자료), 한국교육개발원 교육정책네트워크정보센터, 2021.

계호연·권준하·김성은·김영훈·김태준·김태희·신건철 외, 〈2023 디지털교과서와 함께하는 우리 학교, 한국교육학술정보원(KERIS)〉, 2023.

교육부, "AI 디지털교과서로 1:1 맞춤 교육시대 연다"(전자자료), 교육부, 2023

교육평론, "'25년부터 AI 디지털교과서 수업", 《주간교육신문》, 2023

굿뉴스피플, "'AI 디지털교과서', 5년 뒤 초3 이상 국·영·수·사·과 모두 도입", 《굿뉴스피플》, 2023

김기환, "디지털교과서로 수업해 보니…", 한국교육신문사, 2023

김지영, 〈일본의 교수학습 환경 변화에 따른 교과서 개발 및 활용 방안〉(전자자료), 한국교육개발원 교육정책네트워크정보센터, 2021

김지현, 〈2025년부터 일부 과목 AI교과서 쓴다〉, 한국언론문화진흥원, 2023

김지혜, 〈미국의 교수학습 환경 변화에 따른 교과서 개발 및 활용 방안〉(전자자료), 한국교육개발원 교육정책네트워크정보센터, 2021

박기정·백승훈·유미경·이혜진·장형진, 《(쉽게 따라하는) 디지털교과서 활용 수업 모델: 초등학교》, 한국교육학술정보원(KERIS), 2023

박수연, "모두를 위한 AI 교육을 꿈꾸는 교육계", DMK Global, 2023

변정호·권용주·윤종현·박현주·박경희·김태희, 〈디지털 전환 시대를 위한 디지털 교과서 기반 미래형 과학 교수·학습 모델의 개발〉, 한국교원대학교 뇌기반교육연구소, 2022

송선진, 〈디지털 기반 교육혁신으로 '모두를 위한 맞춤 교육 시대' 연다〉, KDI 경제정보센터, 2023

송선진, 〈모두를 위한 맞춤 교육의 실현, 디지털 기반 교육혁신〉, 한국교육개발원, 2023

신민철, 〈에듀테크 기반 교수·학습 전략〉, 한국교육개발원, 2023

안성훈, 〈개인맞춤형 디지털교과서 개선 방안 연구〉, 한국교과서연구재단, 2023

안성훈·차현진·주길홍·안석훈·김현진 외, 《(2022 개정 교육과정에 따른) 디지털교과서 개선 방안 연구》, 한국교육학술정보원(KERIS), 2023.

유길용, "교과서·분필 없앤 교실, '조는 아이' 사라졌다: 경기교육이 보여주는 공교육의 미래", 중앙플러스, 2023

이상일, "2025년부터 일부 과목 AI교과서 쓴다: 정보교과도 포함… 교육부 '디지털 기반 교육혁신 방안' 발표", 미래한국재단, 2023

이수철, 〈생성형 인공지능 챗지피티(ChatGPT)가 가져올 교육의 미래〉, 《교육개발》, 2023

임경숙, "인공지능이 교사를 대체할까?", 《주간교육신문》, 2023

임철일, "디지털시대 인성교육, 메타버스로 하자", 《한국교육신문》, 2023

장상윤, "AI 튜터가 가르치고 선생님은 코칭·설턴트 역할: 미래 교육, 생기는 것과 사라지는 것들", 한국과학기술단체총연합회, 2023

장재훈, "내년까지 교사 16만명 디지털교과서 연수", 《주간교육신문》, 2023

장재훈, "디지털교과서 '25년 도입", 《주간교육신문》, 2023

장재훈, "디지털교과서 개발 적극 지원, 맞춤형 교육 실현 기여하고파: 한국검인정교과서협회 이사장 이대영 인터뷰", 《한국교육신문》, 2023

최신형, "초등 영어 디지털교과서의 학교 선정 기준 개발", 한국영어교과교육학회, 2023.

한국교육학술정보원, 〈AI 디지털 교과서 도입을 위한 쟁점 분석 및 개발 전략〉, 한국교육학술정보원(KERIS), 2023.

한성준, 《교육개혁 10대 핵심 정책, 무엇을 담고 있나》, 좋은교사운동출판부, 2023

제7장 | BCI(뇌-컴퓨터 인터페이스) | AI와 뇌의 연결, 무모한 도전인가? 신인류 혁명인가?

고장원, "뇌를 해킹하는 세상, 인류의 종말이 아닐까?", 《주간경향》, 2020

김회권, "실리콘밸리는 우리 머릿속을 노린다: 뇌·컴퓨터 인터페이스에 투자하는 테크 리치들", 조선뉴스프레스, 2020

노석현, "머스크가 자신의 두뇌에 칩을 심는다. 그럼 우리는?", 한국산업기술진흥협회, 2023

목정민, "일론 머스크, 뇌과학에 도전하다", 《주간경향》, 2020

박민선, "생각만으로 로봇 움직이는 '뇌·컴퓨터 연결기술'", 국회사무처, 2022

박형빈, "Neuralink and artificial intelligence ethics", 서울교육대학교, 2021

브레인 편집부, "뇌파로 생각을 읽을 수 있을까?", 《브레인미디어》, 2021

송모세·윤희성·이기택, "'뇌·컴퓨터 인터페이스(BCI)'의 국방분야 적용방안", 한국방위산업진흥회, 2022

심용운, "인간의 뇌에 AI를 연결하라… '뉴럴링크 기술' 어디까지 왔나", 《한국경제매거진》, 2020

오혜진, "생각만으로 모든 게 가능한 시대가 올까", 《월간 책》, 2021

유지한, "16년 시각장애인이 글 읽고 15년 뇌졸중 환자가 의사소통: 눈앞에 다가온 '브레인칩' 시대", 조선뉴스프레스, 2022

이성규, "증강된 두뇌, 인간인가 기계인가: IT 칼럼", 《주간경향》, 2020

전승민, "인간의 뇌와 기계의 완전한 연결, 과연 가능할까?", HMG퍼블리싱, 2022

정윤석, 〈BCI, 인간의 뇌를 탐하다: Human intelligence beyond artificial intelligence〉, 《주간기술동향》, 2017

정재윤·박훈석·박동현·이상원·김상연·남창수, 〈뇌·컴퓨터 인터페이스(BCI)와 인공지능: 딥러닝 및 설명가능 AI〉, 《ie 매거진》, 2021

조일주, 〈컴퓨터가 사람의 생각을 읽을 수 있을까?〉, 《에피(Epi)》, 2020

조해진, "개발자, 설립자, 공급자, 개척자 '일론 머스크의 도전'", 《산업일보》, 2023

최진홍, "인류의 AI 활용법, 제3지대는 가능할까", 《이코노믹리뷰》, 2023

한상수·상진·이종서·김도연·김준식·김성필·전상범·임창환, "미국 DARPA의 뇌·컴퓨터인터페이스 연구 동향", 국방과학연구소, 2022

한세희, "슈퍼맨이 될 수 있다면! 당신은 뇌 속에 칩 심겠습니까?", 중앙일보플러스, 2020